蘇州文化叢書

◎『苏州文化丛书』向世人展示苏州文化的综合实力，用以提高苏州人的文化素养，提高人的素质，用以吸引与沟通五湖四海的朋友。

——陆文夫

◇苏州文化丛书

苏州史纪

（近现代）

Suzhou Culture Series

Suzhou Modern and Contemporary History

小田◇著

苏州大学出版社
Soochow University Press

图书在版编目（CIP）数据

苏州史纪. 近现代 / 小田著. -- 苏州 : 苏州大学出版社, 2025. 4. -- (苏州文化丛书). -- ISBN 978-7-5672-5205-9

Ⅰ. K295.33

中国国家版本馆CIP数据核字第2025RQ4254号

书　　名　苏州史纪（近现代）　SUZHOU SHIJI（JINXIANDAI）
著　　者　小　田

责任编辑　孙佳颖
助理编辑　宋宏宇
装帧设计　唐伟明
篆　　刻　王莉鸥

出版发行　苏州大学出版社　（Soochow University Press）
社　　址　苏州市十梓街 1 号　**邮编**　215006
网　　址　http: //www. sudapress. com
邮　　箱　sdcbs@ suda. edu. cn
印　　装　苏州工业园区美柯乐制版印务有限责任公司
邮购热线　0512-67480030　**销售热线**　0512-67481020
网店地址　https: //szdxcbs. tmall. com（ 天猫旗舰店 ）

开　　本　890 mm × 1240 mm　1/32　**印张**　9.625
字　　数　231 千
版　　次　2025 年 4 月第 1 版
印　　次　2025 年 4 月第 1 次印刷
书　　号　ISBN 978-7-5672-5205-9
定　　价　88.00 元

总　序

无论是从中国还是从世界来看，苏州都可以称得上是一座杰出的城市。先天的自然禀赋，后天的人文创造，造就了这么一颗美丽耀眼的东方明珠。

得山川之灵秀，收天地之精华，苏州颇获大自然的厚爱与垂青。自然向历史积淀，历史向文化生成。作为一个悠久的文化承载之地，苏州积淀了丰厚的文化底蕴，两千五百多年的历史风烟在这里凝聚成无尽的文化层积。说起苏州，人们不能不想到其园林胜迹、古桥小巷，不能不谈及其诗文画卷、评弹曲艺，不能不提到其丝绸刺绣、工艺珍品，如此等等。从物的层面上去看，园林美景、丝绸工艺、路桥街巷这些文化活化石，映显了苏州人丰硕的文化创造成果，生动地展示了其千年的辉煌。翻开苏州这本大书，首先跃入眼帘的就是这些物化的文化结晶体。外地人触摸苏州，大约更多的是从这一层面上去接受。这是一个当然的视角。再从人的层面上去看，赫赫有名的苏州状元，风流倜傥的苏州才子，儒雅淳厚的苏州宰相，巧夺天工的苏州匠人……在中国文化史上亦称得上是一大文化奇观。特别是在明清时代，其耀眼的光芒照亮了东南大地的星空，总为人们所津津乐道。从人到物，由物及人，这些厚厚实实的文化存在，就是人们在凝视苏州时所注目的两大焦点。当展读苏州这本大书时，那些活泼泼的文化人物与活生生的文化创造物，就流光溢彩般地凸显在眼前。作为在中国文化史上具有重大影响力的苏州地域文化，其文化的丰厚性不仅在于其（自然）文化生态的意义上，也不仅在于其具有诸如苏州园林、苏州刺绣这种物化形态的文化产品上，更在于其文化创造主体的庞大与文化创造精神的活跃，在于其文化性格的早熟与文化心理的厚重。自古以来，苏州就是一个文化重镇，散发与辐射出浓厚的文化气息。这里产生过、活动过、寄寓过数不清的文化名人，从文人学者到书家画士，从能工巧匠到医坛圣手……这里学宫书院林立，藏书楼阁遍布，到处都呈现出生生不息的文化创造与永不停顿的文化传播。这种文化承传与延递，从未湮灭或消沉过。

接近一座城市，就像是打开一本包罗万象的书；感受她是一种享受，而要内在地理解她，则又需要拥有健全的心智。读解一座城市，既是容易的，又是困难的，特别是在读解像苏州这样一座文化古城时，其情形就更是如此了。正是为了帮助读者去充分阅读与深入理解苏州这一文化存在，于是便有了这一套“苏州文化丛书”。

感谢丛书的作者们，他们辛勤的劳动，为我们提供了一套内容丰富的文本。之中，经过他们的爬梳与整理，捧献出大量的阅读资料，并且从其自身的特定视角出发，阐释了其对于苏州文化的认识与理解。作为对苏州文化事实知之不多或知之不深的外地读者来说，这等于提供了一个让其接近苏州文化母本的间接文本；对于熟知苏州文化的读者特别是本地读者来说，则是提供了一个“奇文共欣赏，疑义相与析”而便于展开共同讨论的文本。这对于扩大苏州文化的影响，对于深化关于苏州文化内涵的理解，都是甚有益处的。

有一千个读者，就会有一千个哈姆雷特。对于每一个文本的理解，都是一个独特的视角，都是一种个性化的文化理解方式。就“苏州文化丛书”而言，重要的不在于希望读者都能同意与接受作者们对于苏州文化的这种阐释，而在于希望他们能够从这些读解中受到某种启发，从而生发出对于苏州文化进一层的深入认识。正像有人所说的那样，你从这些资料中读出一二三四五，而他人则可能从中看出六七八九十。重要的不在于从这种读解中所得出来的结论，而在于对这种读解过程的积极参与，体现出对当下苏州文化的热爱。如果能在这种不断往复的文化探询中，达到某种程度上的视界融合，并对苏州现代化的伟大实践产生积极的推动作用，那么，这就正切合编辑出版这套“苏州文化丛书”的初衷与主旨了。

读解苏州，这是一项颇有意义的文化工作，既有其文化学上的意义，又有其重要的现实功能。读解苏州文化，并不仅仅在于发思古之幽情，更在于要在历史文化与现实发展之间寻找到一个连接点。纵观历史，苏州有着丰厚的文化底蕴；审视现实，苏州正率先进行着宏大的中国式现代化建设之实践。在这一历史与现实的衔接中，大力加强文化开发和文化建设，无论怎样评价其对于推动当下中国式现代化建设的重要意义都不会过高。而读解苏州文化，理解本地域文化的自身特点，正是建设文化大市的一项基础性的工程。文化苏州，文化兴市。文化——这是苏州的底蕴、源泉、特色和优势所在。中国早期资本主义的最初萌芽，为什么会萌发于明清时期的苏州一带？享誉中外的乡镇工业的“苏南模式”，为什么会出自苏锡常这一苏南地区？新加坡政府在反复的比较论证后，为什么会选择苏州作为其合作建立工业园区的场址？名闻遐迩的“张家港精神”“昆山之路”，为什么能产生于苏州地域？在这里，人们可以寻找出许多别的什么理由，但有一点是共同的，那就是苏州有着非同寻常的文化沃土。读解苏州，就是读解苏州文化，不仅注目于其物质文化的层面，更是要从读“物”的层面进入读“人”的层面，读解其内在的文化精神，并在这种文化传承中实现文化的大发展，创立体现当代精神文明水平之“苏州文化模式”，从而推进苏州现代化建设之伟大进程。

书有其自身的命运；书比人长寿。“苏州文化丛书”首次出版时，是以二十世纪末的视角对苏州文化的一种读解，在某种程度上代表了我们这一代人对苏州文化的当下理解和集体记忆。她是一群文化研究工作者在世纪之交对苏州文化的整理和总结，当然也带有对二十一世纪苏州文化的展望与畅想。读解苏州，是读解一种文化存在，读解一种文化精神，而其“读解”之自身亦体现为一种文化创新活动。只要人们的文化创造活动没有停止，那么，这种读解工作就不会有止境。我们热切地期待着人们对她的热情关注、充分参与与积极回应。

值此“苏州文化丛书”修订出版之际，我们还要向丛书初版的组织者、主持者高福民先生和高敏女士，向支持与关怀丛书初版的梁保华先生和陆文夫先生，致以我们深深的敬意！他们所做的惠及后人的工作，为这套丛书打下了良好的基础，从而使这次进一步的修订完善成为可能。

陈长荣

（苏州大学出版社编审）

2024 年初夏

目录

contents

第四章 ◎ 静悄悄的革命

第五章 ◎ 姑苏风骨

第六章 ◎ 浴血人生

第七章 ◎ 文化乳汁

第八章 ◎ 市井生活

结语 ◎ 历史传承与当代发展

引　言

在广袤的乡村里，有一个结点，产品赖其枢纽，人群为之集聚，她被称为城市；城市的胸怀多半是敞开的，其功能大体是相同的，面貌有些似曾相识，个性也就含糊其辞了。从事田野工作的社会学家、人类学家、民俗学家们，常常潜入一个不为人知的微观社区，选择某个个案，加以解读；至于一座城市，或生活其中，或近在咫尺，人们却懒得去琢磨和品味。实际上，一旦放眼生活世界，就会发现，城市并不是一个同质的整体。无量世界，万象城邑，各具个性。城市，连同作为其腹地的乡野，在长期的历史发展中，逐渐磨砺成自己的模样，有了专属的名称，比如“吴”。从特定自然生态和人文环境中成长起来的吴地社会，充满着独特魅力，尤其在苏州这般具有两千多年文化积淀的地方，她的气质更为独特。透过斑驳的历史表象，可以深切感受到这里浓郁的传统人文气息和从容开放的理性精神，并以此区别于其他地域社会。于是，人们开始寻求一种对苏州的表达。

20 世纪 20 年代，诗人郁达夫说：

> 苏州城，竟还是一个浪漫的古都，街上的石块，和人家的建筑，处处的环桥河水和狭小的街衢，没有一件不在那里夸示过去的中国民族的悠悠的态度。这一种美，若硬要用近代语来表现的时候，我想没有比“颓废美”的三字更适当的了。

20 世纪 30 年代，作家曹聚仁说：

> （苏州）是老年人的城市；杭州至少该是壮年人的城市。苏州的街巷，一望都是炭黑的墙头……

而今，艺术理论家余秋雨说：

> 唯苏州，能给我一种真正的休憩。柔婉的言语，姣好的面容，精雅的园林，幽深的街道，处处给人以感官上的宁静和慰藉……苏州，是中国文化宁谧的后院。

这样的表达已经很多，一定还有更多。我们暂且离开文化名人的笔端，在近代苏州的时空中风雨兼程，把浪漫的情调、浮掠的印记、理性的抽象衍化成千言万语的郑重史纪。

◎ 第一章 ◎

天堂·天国

一、天堂与天国

苏州素有“天堂”之称，谚有“上有天堂，下说苏杭”。在“天堂”住久的人总想弄清这个说法的来龙去脉。元人奥敦周卿《【双调】蟾宫曲》：

> 西湖烟水茫茫，百顷风潭，十里荷香。宜雨宜晴，宜西施淡抹浓妆。尾尾相衔画舫，尽欢声无日不笙簧。春暖花香，岁稔时康。真乃上有天堂，下有苏杭。

能肯定，天堂之说绝不会迟至元朝入主中原。老铁主编的《中国帝王辞典》上说：五代十国时期，中原纷争，东南一隅仍较太平。当时吴越王钱镠建都杭州，扩建府城，规模宏伟；他还统治苏州，大建花园，美化城市。“上有天堂，下有苏杭”的说法就是从此开始的。

时间是大大前推了，只是没有考证到这句话的最初出处。历史学家顾颉刚先生推测：“上有天堂，下说苏杭”的谚语大约是南宋时出现的，因为杭州是那时的政治中心，苏州是那时的经济中心。这两地真是如锦簇花团，说不尽的美丽。他也没提出处。但南宋诗人范成大的《吴郡志》已有“天上天堂，地上苏杭”之说了。到了明朝，郎瑛《七修类稿》卷二十二记“谚曰：上说天堂，下说苏杭”。

单说苏州，确是让人销魂的天堂。顾颉刚在《玉渊潭忆往》中指出：“饮酒、品茗、堆假山、凿鱼池、清唱曲子、挥洒画画，冲淡了士绅们的胸襟，他们要求的只是一辈子能够消受雅兴清福，名利的念头轻微得很，所以他们绝不贪千里迢迢为官作宦，也不愿设肆作贾，或出门经商，只是一味眷恋着温柔清幽的家园。”这样的天堂究竟建筑在实实在在的地上，便不得不有所依靠。顾颉刚揭示道：“茶馆、酒店、精美食品、幽雅庭园等等，全属于中产以上士绅阶级的享受，这种享受完全建筑在穷苦的佃农身上。苏州靠了太湖与运河的灌溉，土地肥沃，不患灾旱，是鱼、米、蚕、桑异常富饶的地方。但自耕农极少，却有好多拥着上千上万良田的大地主，他们大都住在城中，尽量风雅，尽量享受。”

其实，时常被人们视作苏州基本物质文化景观的小桥、流水、棚船，就是连接城市和乡村的筋脉。俞明的《船与水》将苏州城乡之间的这种千丝万缕的联系淡隐在氤氲诗意中：

待到每年秋后，一船船黄澄澄谷子往城镇摇去，交租、还债、剪点花布，置办些油盐酱醋以及灯罩洋火水烟丝等，还有在镇上赊欠的剃头钱、茶钱、南北货钱，在秋谷登场后都得清账。稍后，便是载着稻草和砻糠进城，那时城里人烧灶，除了逢年过节蒸年糕之类要用木柴外，一年四季全烧稻草。抽一把草，打个结，称之为草把，千家万户都有专门的草间。所有的老虎灶都用砻糠作燃料……所有这些，全是四乡八镇种田人用的船只的赐

人间天堂　鱼米之乡

与，靠近城市的船只，还有一种功用，清明前后，洗刷好船身，舱里摆些桌椅，备些酒菜，摇到城里接待到苏州乡下上祖坟的上海或苏州客人，碰到出手阔一些的，摇上半天可以挣得个把月的口粮钱。由是之故，这千条万条散落在广阔农村中的船只在城里进出往返。不难想象，会使方圆只有二十平方公里的苏城出现怎样的场面？

原本，神话般的天堂就寄生在富足的“鱼米之乡”的土壤里。11世纪初，几种早稻开始从占婆（安南的中部和南部）引入中国，陆续在南方诸省普及。双季稻在江南引发的农业革命，影响广泛而深远。高产的稻米能养活众多的人口，保证人口的高密度。一位也许过分乐观的历史学家认为，近六七个世纪以来，每个中国人每年拥有三百公斤稻米或其他粮食，约等于每天有二千卡热量的食物。正是在这个意义上，法国日常生活史家布罗代尔在他的大著中认为：中国的重心于1100年移向南方，水稻要负一定责任。1380年前后，据官方统计，南方有三千八百万居民，北方有一千五百万，相当于二点五与一之比。

从唐代开始，江南丝织业后来居上，逐渐成为全国丝绸业的中心。“遍身罗绮者，不是养蚕人”，农民不着绸缎，却得到了经济实惠。乾隆《震泽县志》载：绫绸之业，宋元以前，惟苏城人为之；至明洪熙、宣德年间（1425—1435），吴江乡民始渐事机丝，犹往往雇郡人织挽；成化、弘治（1465—1505）以后，乡人亦有精其业者，相沿成俗，于是吴江盛泽、黄溪四五十里间，居民尽逐绫绸之利。在产棉区，农民则赖机杼为之生计。在诗人的眼里，苏州的乡村亦“别有天地，非人间也”。明常熟邵圭洁过虞山、尚湖之间，欣然赋诗《湖田》：

> 行桥茅屋自成村，妻子欢呼共瓦盆。
> 渡口流花引舟入，此中亦自有桃源。
> 卖鱼小艇隔溪归，溪上家家启竹扉。
> 拍手儿童笑相报，晓来新得紫鲈肥。

在这燕舞莺歌中，有人听到了杜鹃的啼血。明魏校在《庄渠遗书》中明示后人：

> 吾苏蕞尔，地不能方二百里，而财赋当天下少半。郡城繁华，四方商旅辐辏，过者啧啧羡富饶。岂知乡氓凋敝！其力穑者

终岁勤动，仅能还官；乐岁尚咨寒饥，遇凶岁则饿莩满野，尸填于川，钱粮自此亏额矣……蕞尔吴壤，地利能几何？而国家征取以巨亿计，小民乐岁不得一饱，竭力上供，今百五十年矣。是世世忠孝，有功于国家甚大也。

降至清代，苏州对朝廷的“忠孝”一如既往。清政府在全国征收漕粮四百余万石，其中几乎半数取给于苏南。田赋既重，官吏又假此渔利，地租随之上浮，农民不堪重负。19 世纪 40 年代五口通商以后，洋布源源涌入，农民又少了一项生计。1846 年，包世臣在一封家书中写道：“江、浙之漕，今年幸得蒇事，然新漕瞬届，其事殆有不可知者。松（江）、太（仓）利在棉花梭布，较稻田倍蓰，虽暴横尚可支持，近日洋布大行，价才当梭布三分之一。吾村专以纺织为业，近闻已无纱可纺，松、太布市，消减大半。去年棉花客大都折本，则木棉亦不可恃，若再照旧开折，必无瓦全之理。”无法瓦全，只能玉碎，柔顺的苏州农民闻听太平军自两广北上，“民心稍稍动矣”。

被苏州地主斥为“匪”的太平军也要建立一个“天堂”，叫作“天国”，那是农民的“天堂”。太平天国信奉耶稣基督，确信凡是善人，灵魂就被接纳，安居在天国，那是上帝的居所。太平天国领袖洪秀全向其门徒们许诺的“天国”，不仅仅在其心中，也不仅仅在其身后，他要把天国建立在现世。1853 年，太平天国定都天京；这一年稍晚些时候，颁布了著名的《天朝田亩制度》，虚幻飘渺的“天国”蓝图在尘世变得清晰起来。

人们赖以为生的“田亩”是这个制度最重要的内容，故首先规定：天下土地按其产量多寡，分为三类九等，按照上帝的意旨，人人皆上帝子女，土地皆应平均分配，共有共享。凡分田照人口，不论男妇，依其家口多寡，人多则分多，人寡则分寡，杂以九等，如一家六人，分三人好田，分三人丑田，好丑各一半。凡天下田天下人同耕，此处不足则迁彼处，彼处不足则迁此处。凡天下田丰荒相通，此处荒，则移彼丰处以赈此荒处，彼处荒，则移此丰处以赈彼荒处。务使天下共享天父上主皇上帝大福，有田同耕，有饭同食，有衣同穿，有钱同使，无处不均匀，无人不饱暖。

天国的众生皆为“皇上帝”所生所养所佑，“天下总一家，凡间皆兄弟”。《天朝田亩制度》规定的生活资料分配原则是几千年来农民们既熟悉又神往的：凡当收成时，留足各家食用之需，余则归国库，凡麦豆苎麻布帛鸡犬各物及银钱亦然；“凡二十五家中所有婚娶弥月喜事俱用国库”。盖天下皆是天父上主皇上帝一大家，天下人人不受私，物物归上主，则主有所运用，天下大家，处处平均，人人饱暖矣。

天国是一个秩序井然的世界：二十五家组成一“两”，由两司马负责，两司马所在的地方，有国库，有礼拜堂，到了礼拜日，“伍长各率男妇至礼拜堂，分别男行女行，讲听道理，颂赞祭奠天父上主皇上帝”。

《天朝田亩制度》对苏州农民来说并不陌生，他们千年追求的天堂生活与之如此相似：家人妇子灯前共话桑麻，族党比闾雨后互谈故实。而今，他们记忆中的“天堂”将要在太平天国那里得到恢复，这多么令人兴奋！但不久传来的消息，又让他们胆战心惊。据说“太平天兵”个个都是杀人不眨眼的长毛魔鬼，恐怕不能指望他们在苏州建立“天国”。

但无论如何，1860 年 6 月，太平天国的忠王李秀成来到了苏州。

二、天堂里的天国

李秀成挥师东下，开疆拓土，略定苏南，建立了以苏州为首府的苏福省。太平天国的苏福省辖有常州郡、松江郡、太仓郡和苏州郡。在文献和史籍中提到的属县有武进、阳湖、宜兴、荆溪、江阴、无锡、金匮、常熟、昭文、昆山、新阳、镇洋、吴江、东山、青浦、吴县、长洲、元和等县。这些郡，原来是清朝的府或直隶州；郡下所属的各县，基本上是清朝的府或直隶州的属县。根据太平天国基本沿袭清朝府、县的行政区划情况看，苏福省还应包括太仓州属的嘉定、宝山、崇明等县；苏州府属的震泽县；松江府属的娄县、华亭、上海、南汇、川沙、奉贤、金山等县。

起初，李秀成专门处理一省军务，后因上海方面的战事，遂委托后军主将陈坤书主持，以逢天安刘肇钧、左同检熊万荃总理苏福省民务。太平军按照苏州六大城门方位，把阊门称为大西门，胥门称为小西门，盘门称为南门，葑门称为小东门，娄门称为大东门，齐门称为北门，城门处设立“乡官局”，城中心圆妙观附近地区另立一局，名为“城心局”，共计七局。

太平军到达常州城的时候，苏州城里的大小官员就忙着迁家眷，

位于苏州博物馆内的太平天国忠王府

藏财宝，抓紧逃命。百姓之家，亦门窗紧闭。太平军兵临城下，江苏巡抚徐有壬和守将马德昭下令焚毁沿城商民铺屋，留给“长毛”一片焦土，顿时阊门外山塘街到虎丘一片繁华之地火焰蔽日，货物资财，尽付一炬。有诗谓：“抚军下令烧民屋，城外万户成寒灰。”承平日久的苏州百姓也不知太平军是何青面獠牙的怪物，听说“长毛”进城，有的干脆准备上吊、投河了事。丝绸商人汪德门说，他的大侄媳上吊不成，被太平军救醒；他的侄儿投河三次，均被太平军救起。

早在这年的农历四月初，圆妙观八仙阁茶馆就传出消息：要想在太平军进城时平安无事，只需到金太史巷金济良家中领得一张黄布保单，贴在大门上，自然人丁平安。此话不假，四月十三日，忠王李秀成进阊门时，一方鸡犬无惊。后来，人们才知道，金济良早已是太平天国的人，城里居民和城郊农民抬着时花、鲜果、蔬菜、瓮油、腌鱼、猪羊，来到阊门民事总局“进贡”，太平军随即发给忠王瑞谕：“给予百姓封凭，俾其各居各室，同为天国良民。各队官兵人等，毋须入扰肆行。如有仍然滋扰，拿获即正典刑。”

苏州阊门外本是著名商业区，太平天国出于军事防卫考虑，禁止商人在城经商，以防良莠难辨，动员商人和贫民到此经商。民政长官让人沿途设立施粥站，免费供应给迁移的居民。贫民无力经商者，给予贷款，准许他们在阊门外山塘街到虎丘一带经商谋生。

这条经过太平天国将领与乡官共同勘定的商业一条街，叫做“买卖街”。一片瓦砾之地，不久便有了生机。

只有一事让民人放心不下：太平军占领苏州后，把妇女从家中集中到女馆，“分别男女行”，不免有渔色之嫌。后来，人们发现，女馆白天有人看守，深夜派员检查，还算安全。有些太平天国军官从民间特别是从女馆择偶，须领取“龙凤批”，类如后世的结婚证书。每当更深人静之时，临时辟门查检，夫妇持批对验乃得了事。

太平天国实行的半军事化管理，使苏州更像一座战争的堡垒。太平军是农民，农民们的天堂在乡村。

常常有人因为太平天国《天朝田亩制度》所描绘的图景过于美好，视之为乌托邦，形同一纸空文。20 世纪 80 年代初，常熟还发现了一册 1857 年重新颁布的《天朝田亩制度》刻本，它提示人们，太平天国的领袖们对此相当重视，一再申令执行，力图圆苏州农民一个天国之梦。

据吴大澂《吴清卿太史日记》记载，李秀成在构筑苏州城市营垒的同时，便按照《天朝田亩制度》所设想的社会组织原则，在乡村推行乡官制度，市镇要隘到处张贴着规劝百姓举官造册的谆谕：

查尔百姓当大兵云集之时，多有流亡失所之惨，每一念及，痛不可支！业已委令逢天安、左同检在此镇抚，已经谆谕在案，谅尔等已共见共闻矣。但不举官则民事无人办理，不造册则户口无从核查，何以为安抚之地乎？为此再行谆谕，仰尔百姓一体知悉：凡乡邻熟识之人，举为乡官，办理民务，其五家举一伍长，二十五家举一两司马，一百家举一卒长，五百家举一旅帅，二千五百家举一师帅，万二千五百家举一军帅，盖所举之人，必度其干事才能称职者充当其任。尔等一面开造民册，一面将所举之人，令其概行来城，听候铺派。

太平天国依靠劳动百姓的支持，在乡村反复荡涤地主武装，以血的代价建立起乡官制度。“从农村的社会地位上把地主权力打下去，把农民权力长上来。”（毛泽东《湖南农民运动考察报告》）苏州乡村的乡官出身十分复杂，董蔡时教授经过仔细地排比分析，得出结论：乡官大多由劳动人民担任。常熟城区有个地主知识分子叫龚又村，太平军攻克苏州前后，他长期在常熟县南乡的吴塔当塾师，与“长毛绅士”曹敬、当地军帅朱又村等过从甚密，熟悉地方情形，在他的《自怡日记》中记有木匠、屠夫、拳教师、寒儒等充当军帅、师帅或旅帅等的姓名，也记下了一些充任乡官的地主的姓名。但是，他概括地说：“受伪职者，唯朱、毛为绅富，余皆编户穷民耳！”

太平天国军事倥偬，《天朝田亩制度》许诺给农民的土地分配方案暂时还没有兑现，但这不是一个无法兑现的空想。天国只能建立在地上，农民承认了这一现实。1860 年 11 月 2 日，天王洪秀全向苏福省颁发诏旨曰："苏省所属郡县新附四民，前经胡妖抽捐抽税，竭尽尔等脂膏，厚敛重征，同天打斗……朕又念前时天兵征剿，尔等四民畏惧天威，抛弃家产；今虽欣然就抚，各安农业，际此新天新地之期，未有余一余三之积。朕格外体恤民艰，于尔民应征钱漕正款，今（令）该地佐将酌减若干。尔庶民得薄一分赋税，即宽出无限生机。其各体谅朕心，益坚信认，安居乐业，同顶爷哥朕幼纲常，同享真福于万万年也。"（中国社会科学院近代史研究所《太平天国资料》）

依照《天王诏旨》的精神，田粮减轻，租额当然也得降低。吴江芦墟一带，每亩租额由过去的一石至一石五斗，减为每亩五斗。1860 年 1 月 18 日，当地地主柳兆薰在日记中记道："终日收租五十千左右，阴雨所阻也。现算田数已千亩，而现钱不过八百千左右，粮、银而外，开销勉强，日用所需，来年无着。" 2 月 7 日的日记中又说："今夜拟酌帐房诸公，开发一切，自己用度，田上无叨光也……财如水流，恐不尽不休也。" 在土地上捞不到好处的柳兆薰，便于 1862 年夏天举家迁往上海了。

据英国商人呤唎在《太平天国革命亲历记》中描叙，1860 年秋天，他从上海出发前往内地收购生丝时路过芦墟，见到的是这样一幅图景：

> 这是一个大村庄，离上海有六十英里的水路。此处似有各色大宗贸易。运丝船、乡下船和上海船都停泊在村外，为数很多，全都满载货物，似乎这里是一个很好的现成市场。人们穿着很好的衣服，商店充塞着货品，处处都显出兴旺景象。最令人惊奇的是乞丐完全绝迹，其他同样大小同样繁荣的市镇都麇集着乞丐，

可是这里却一个也没有。村外，很多劳动者正在收割丰富的谷物，田野生气盎然。这是秋收季节，极目远望，辽阔的平原盖满了成熟的五谷，在早晨太阳光下，闪烁着金色的光辉。我完全看不见有任何杀人放火的痕迹。村里，只见到一群一群富裕的、忙碌的、面容和蔼的中国人，和一大堆一大堆刚由船上卸在岸上的货物；郊外，只见到大自然的富足和美丽；但是这里明明是太平天国区域的一部分，我所见到的人民也明明都是太平天国的百姓。后来，我在村庄附近看到一堆中国人用来盖房子的砖头，终于发现了所谓杀人放火的痕迹；因为这是一座被毁的菩萨庙，败瓦颓垣，残破不堪。太平军在扫除偶像的热诚中，把这座佛寺捣成粉碎，我在占地一英亩左右的废墟上，竟找不到一块完整的砖头。高高的茂草中隐现着庙里菩萨的残肢断脰。我开始觉得太平军的这种所谓“杀人放火”，并不是像某些人所宣传的那么可怕。

我们在芦墟逗留了几小时，船货管理员和译员调查了丝的情况。村里太平军很少；有六、七名兵士划着船把一名长官送到我们这里，这六、七名兵士是驻军的一半。他们都是芦墟厘卡上的兵士，那个官员是厘卡上的长官。我在村里散步时，见到人民态度友善，无拘无束，很感惊奇；许多人拉我到他们家里去喝茶饮酒，太平军也都竞相邀请我到他们的住处去。

1862 年 10 月，常熟南门外上塘街丰乐桥堍竖起一座报恩牌坊碑，碑序曰：“禾苗布帛，均出以时；士农工商，各安其业。平租庸之额赋，准课税之重轻。春树万家，喧起鱼盐之市；夜灯几点，摇来虾菜之船。”

从来没有、也永远不可能见识天堂的农民们已经生活在“天堂”

里，这是太平天国的农民在苏州乡村建立的“天堂”，是存在于地上“天堂”里的“天国”。身临其境，人们感到踏实而幸福。

在《天朝田亩制度》规划的天国蓝图里，去除了商品交换，掀翻了滋生贫富分化的温床，家家自给自足：“凡天下，树墙下以桑。凡妇，蚕绩缝衣裳，凡天下，每家五母鸡，二母彘，无失其时。”稍有余缺，则由“国库”调剂。过惯了自给自足生活的农民把他们的生活方式进一步理想化，将之在江南付诸实施的时候，便引起了严重的思想混乱和各方面的抵制。太平天国领袖们旋即更弦易张，在天京发展起“买卖街”贸易。在商品经济向称发达的苏州，“买卖街”蔚然成市，城乡商品交流日益活跃，据潘钟瑞《苏台麋鹿记》记载：“各乡传播，船来日多，售亦日盛，乡民过午，满载而归，奚止利市三倍”。一段时间之后，苏州又成为一如旧时的商业都会，“流民雨集，百货云屯，盛于未乱时倍蓰”。作为商品经济枢纽的乡村，缺少的是空中“天国”的肃穆，却飘散着地上“天堂”的烟火，江南农民习惯于这个熙来攘往的环境。吴江黎里镇的塾师黄熙龄在日记中记载：镇上有同福、泷泉、畅厅、雪馆、聚仙等茶馆，他常去“啜茗”，茶馆里演唱评弹；镇上还有德泰米行、山货店、松庆酒店、谦吉腌货店、叙隆面店等，一派安详。

花团锦簇的苏杭丝绸历来是营造天堂氛围的饰品。太平军占领苏杭，兵燹所及，官办苏杭、江宁织造局相继停歇，匠役星散，机具尽数毁失。一直与苏杭并驾齐驱的乡村绸都盛泽，却避开了兵锋。吴江盛泽镇东距大运河十里，地非孔道，不当要冲，兵家不争；附近的王江泾、双林、濮院等丝绸重镇，相继遭受重创，为避战乱，那里的士商纷纷迁移至盛泽，带来了资金，带来了技术，带来了劳力，也带来了盛泽日后的发展。

盛泽之于太平天国，有其特殊的经济意义。面对太平军凌厉的攻势，镇中首富王永义丝绸家族，派出族人王家鼎的妻弟沈枝珊及仲纶等主动向太平军纳贡，献枣子一桶，银锭十只，雄鸡十只，鸡附黄旗，上书“早定一统，雄冠三军”。受太平军委派把守盛泽的沈枝珊等被封为师帅，与苏州药商汪心耕一起，在镇开设“天章机捐局”，凡是绉纱、绸缎、湖丝在镇经过，抽取佣钱三分，每匹绸缎上须盖有“天章机捐局图记”，始得销售。同时，沈枝珊等还在镇上设立了“公估庄”，商人或农民等的银洋进出，须先到“公估庄”鉴定真伪，然后盖印，每洋捐钱七十文。在井然的商业秩序下，盛泽丝绸产销盛于战前，据地方史志《盛川稗乘》，乡官于“各路商贩必由之路……设卡抽厘，收捐极旺……两年有余，获银数十万”。

一样是在天国的界内，跟在芦墟见到的不同，在盛泽，特别吸引英商呤唎注意的不是丰收的五谷，而是发达的商务：“这里似乎是一个巨大的商务中心，设有炮垒，防御严密。我们停下备办粮食，粮价极廉。我特别记住盛泽，因为我在这里吃到了中国最美味的松糕。这是一个很大的村庄，居房达五千户以上，商店鳞次栉比。我头次到这里的时候，中国人的各项消费品都极为充斥。可是，最近我回国时又路经此地，一切都可悲地改变了；清军已在邻近，居民逃避一空；除了少数几个比较大胆贪利的商人似乎决心把生意做到底外，商店都已纷纷关闭，街道沉寂无人来往；使我不禁想起了哥尔德史密斯的《没有人烟的村庄》的景象。”

这段文字显然写在太平天国失败之后。伫立于刚刚喧腾过的天国废墟上，这位同情太平天国的异域商人悲从中来：不为政治权力的更迭继替，而为一个巨大梦境的无情幻灭。

三、消逝的天国

在西方基督教那里，天堂和天国其实是一回事，是上帝居住的地方。中国人原本不崇信上帝，但也能想象上帝居所的美好，便把人世间静好的生活环境称作天堂，苏州正是。太平天国拜奉上帝，不但认为天上存在天国，还要在尘世再造天国。农民的“天国”在苏州一步步变成了现实，地主的“天堂”则为之坍塌，两个敌对的阶级展开了激烈对抗。

在苏福省，苏州当地与太平天国敌对的武装势力主要有两股：一是枪匪，一是团练。

枪匪由枪船演变而来。早在清嘉庆年间，江南水网地带就有一种居民们用来捕鱼和运送货物的小船，因船上置枪，故名枪船。嘉、道以后，农民谋生发生困难，一部分生活无着的游民驾驶着枪船，干起了杀人越货的营生。太平天国定都天京，江南地区人心惶惶，枪匪渐见活跃。1860 年，清军江南大营崩溃，“苏、嘉、湖一带，人心渐觉浮动，桀骜不驯之辈，以保卫乡里为名，打造枪船，结党横行”（万流《枪船始末》）。当太平天国的兵锋指向吴江乡村时，遭到周庄费秀元枪匪的抵抗，陶煦在《周庄镇志》中说：“六（用）直、车坊、同里、黎里诸镇，先后被贼，秀元均往救，分船守之。贼（按，对太平军的诬称，下同）踞苏后，怯于水斗，而近地如金泽、盛泽、北厍，各有集众募枪船者，约一、二千艘，往往各不相下，间寻干戈，然得秀元一言，则立释，以此皆尊奉秀元。”太平天国将领认可了费秀元表面上的归顺，周庄成为天国之中由费秀元统治的独立王国。苏州城乡地主官僚纷纷逃往周庄。

在吴江盛泽，有孙金彪和朱法大两股枪匪。朱法大肆虐凶横，遭到清朝官府的忌恨，1859 年，苏抚徐有壬几欲捕之不得。太平军东下，令其训练团勇，朱法大愈为骄横。王永义商号为保一镇安宁，与枪匪孙金彪联手，一举剿灭朱法大。盛泽辛亥老人沈鹏（1883—1982）在《我的回忆》中描述了这一惊心动魄的过程：

当洪杨乱时，江浙两省已成混乱之局，吾镇为维持治安，乡人士筹设东西两保卫局，以朱法度（大）主持，其人本系流氓，素性跋扈，曾一度击退入侵的太平军，自此更形嚣张，镇绅畏之如虎，肆意敲诈，苟一不从，即遭生杀之祸，尤对富绅王永义家，强索威胁，不堪其扰，因以另设东局以谋抵制。时有孙金标（彪）号少骧者，年仅十六，膂力过人，且具胆识，小名四喜，其父亦颇四海，生前对于帮会中具有潜力。四喜早年丧父，曾师吾祖，尚知礼义，因即公推其出主东局，部下借父余荫，得四毛为助，所谓四毛者，四人都姓毛也，孙父之徒，培养实力，与西局对抗。但初时较弱，故第一次东西局相斗，几至全军覆灭，四喜仅以身免，只身逃遁。旋即在外得巢湖帮之助，重振声威，而四喜本人又骁勇善战，遂率四毛诸部及客军作第二次攻击。激战四昼夜，始击溃其主力。朱法度单身逃匿，遍搜不得，遂下令纵火烧搜，所有损失，由王永义保证负责赔偿，昭告市民。而居户以朱平时骚扰积怨之故，不敢隐护，就在一老妇家大水缸内捕获，而其余党亦悉被截获。经审讯后一并枭首示众，致东港血流成河……

其实，成为盛泽老大的孙金彪也在相机行事。

从1862年7月9日开始，由忠王李秀成统一部署和指挥，捉拿枪船。据沈梓《避寇日记》记载："迨至杭城破，湖城溃，贼无敌国之患，而所势不两立者独有枪船，而贼遂有图枪船之志矣。五月终，六月初，曾（国藩）兵围南京急，伪天皇（王）征各路贼兵入援，伪忠王思欲救南京，而恐枪船之蹑其后也。于是发令于六月十三日分兵各路擒获，凡苏、松、嘉、湖无不克期会同，而枪船竟为所制。"这场旷日持久的兜剿，使横行一时的枪匪遭到空前的打击。

太平天国苏福省境内的另一股敌对势力团练，是地主阶级为抵抗太平军而组织起来的地方武装。太平军大兵压境，先头部队抵达苏州郊村，武装团练已有准备。在苏州东乡甫里，团练头目宣称："凡粤东乱兵（按，太平军）入境，准以格杀勿论。未几，果有粤兵阑入吴淞水口，为西汇一局所获，殪其渠魁三人于保圣寺伽兰殿后。越日又获一舟，亦殪其人。至四月十一日，西栅外更来一大伙，里人摩厉以须，喜于造事，荷戈往捕之。粤兵亦不知里中虚实，弃械而跃入水中，里人下水，一一擒缚，俯首帖耳，如牵羊豕，殪之于郡城隍庙后，凡五十余人，埋之成大冢焉"（杨隐禅《甫里避难纪略》）。

待到太平军占领苏州，深入乡村腹地，苏州所属各乡兴起"白头”势力：“贼匪出城掳掠民间……乡民议奋击之，以白布裹头，号曰白头”，他们到处截杀太平军，以至太平军官兵不敢下乡。

据罗尔纲《李秀成自述原稿注》记载，起初，李秀成并不想遽开杀戒，其《自述》：“复城之后，当即招民，苏民蛮恶，不服抚恤，每日每夜，抢掳到我城边。我将欲出兵杀尽，我万不从，出示招抚，民具（俱）不归，连乱十余日……后我亲身带数十舟只直入民间，乡内四处子民手执器械，将我一人困在于内，随往文武人人失色，我舍死一命来抚苏民，矛枪一一（指）我杀命，我并不回手，将理说由，民心顺服，各方息手，将器械收。三日将元和之民先抚，自举安起，七日将元和、吴县、长洲安清平服，以近及远，县县皆从，不战自抚，

太平天国忠王李秀成铜像

是以苏、常之民即归顺。”天国的世界是和平的，通往天国的过程是血腥的，从血路杀出的忠王，只有片刻的犹豫。甫里小镇的团练分子似乎也意识到了天祚殆尽：“吾里素称善地，而杀人手滑如此，识谓自启杀机，将受刀兵之灾劫矣。”1860 年 6 月 19 日，太平军进攻距甫里五六里的章浦镇和大直村，“团练中好事者，轻身往救之，既无行伍，又无期约，或先或后，参差不齐。遇贼败还，又阻于水，枪刃及之，死一、二十人。晡时而败信至，人人胆寒。隆和典铺保当有刘楚山者……是日，遇前队跨马扬旗之贼，手舞铁蒺藜迎之，殪其二，贼遂披靡。徐顾其后无继者，乃合数十骑围之，步马之势不敌，为所戕。初一之晚、初二之晨，无家不迁，无人不避，纷纷扰扰，镇为

太平天国忠王李秀成王府

之空”。

这时，天国里的地主们正着手恢复失去的天堂；逃亡上海的巡抚衙门不断地派遣特务，潜入天国领地，与枪匪和团练互通声气，伺机颠覆这座已经不属于自己的天堂。

1861 年秋，李秀成率太平军主动进攻杭州，假意受抚的长洲县东永昌团练头子徐佩瑗以为时机已到，策划内应外援，在苏州城区叛变，一时杀气腾腾。讵料忠王当夜赶回苏州，粉碎了一场蓄谋已久的颠覆活动。

1862 年春，新任江苏巡抚李鸿章仍然寄希望于苏州的颠覆活动，认为可乘之机有三：曰乡团，曰枪船，曰内应。1862 年年底到 1863 年，徐佩瑗积极与常熟的钱桂仁、骆国忠部署谋叛。1863 年 1 月 7 日深夜，急于夺取首功、侵吞钱桂仁财产的骆国忠，勾结淮军水师游击周兴隆，在常熟发动叛变，大肆捕杀太平军守将高凤子等不肯从逆的官兵数百名，李鸿章迅速派遣中外联合武装增援常昭叛军，苏福省根据地的侧翼被打开了一个缺口，悲壮的苏州保卫战开始了。如果从 1863 年 1 月的慕王谭绍光讨伐常昭叛军算起，到同年 12 月 4 日苏州陷落，太平军将士为肩扛起既倾的“天国”，血战了将近一年。我们不拟描述各个战役的具体过程，只留下董蔡时教授的研究成果以备忘：

就整个苏州保卫战来说，可以分为三个阶段。从 1863 年 1 月讨伐常昭叛军至 6 月上旬杨舍保卫战为止，是苏州保卫战的第一阶段。在此期间，李鸿章指挥中外联合武装侵占常昭，攻陷太仓、昆新，从正面威胁苏州，分兵侧犯杨舍，企图进陷江阴，切断苏州太平军的后路，逐渐形成包围苏州的态势。太平军在各个地区英勇反击，而有讨伐常昭叛军战役、太仓保卫战、昆新保卫战与杨舍保卫战。以上各个战役都在苏州外围进行，实际上是苏州保卫战的外围战。

苏州保卫战的第二阶段开始于1863年7月的江震保卫战，结束于11月下旬的锡金反击战。清军插入锡金北境，企图跨越金匮县境的伯渎，南下切断苏州与锡金之间的运河通道，于是发生了江震保卫战和江阴保卫战。为了保卫苏州的后路，李秀成调集侍王李世贤、章王林绍璋等部太平军五万人左右在伯渎沿线布防，屏蔽运河，拒止敌军于伯渎以北，而有惊心动魄的锡金反击战。

苏州保卫战的第三阶段是苏州城防战。在锡金反击战期间，李鸿章亲自督率程学启、戈登等猛扑苏州，慕王谭绍光指挥苏州城防太平军奋勇抗击，而有悲壮激烈的苏州城防战。

太平天国在苏州城与敌手进行的你死我活的最后搏斗，将人类微妙而复杂的情感裸露在天国城雉上，只留给后人喟叹的语锋。

谭绍光是太平天国的慕王。1863年11月29日晚，忠王李秀成提议让城别走，慕王主张坚守到底，因为这是天王的旨意。12月1日凌晨，自知死期迫近的忠王，与慕王恸哭而别，将杀身之祸留给了慕王。

郜永宽是太平天国的纳王，12月4日通知清将：一切均已布置停当，只待慕王登上娄门，将其推下城墙，由城下清兵生擒。李鸿章有令：欲得死绍光，不欲得生绍光。

汪安钧是太平天国的康王，当日下午，抽出匕首，刺入慕王颈项，其他诸王砍下他的头颅，连同齐门一起献给了李鸿章。

12月6日，在娄门外军营，太平天国降清八王就坐宴席，急待李鸿章升其红顶花翎。转瞬间，身边武弁手起刀落，八颗头颅皆落武弁之手。数日后，李鸿章致函友人：擒杀伪王，皆忠逆部下悍党，聊可自娱。

苏州的陷落，标志着太平天国已陷入了绝境。三年间，天堂中的天国一隅为支撑起整个太平天国竭尽全力。据董蔡时教授估算，太平天国每年在苏州各县征收田赋达一百万石以上，至于每年收入的捐税如红粉捐、田凭费、门牌费、军需捐、商税等，其数字约与田粮相当。

脆弱的天国瞬息殒灭，只留下一片废墟。徘徊在天国废墟间的文人，满目泪水，把无数可怖的场面写进了日记、笔记和志书。今天我们可以读到的这些文字，几乎全是由“焚掠”“烟埃”“颓垣”“瓦砾”“白骨”“荒蒿”等连缀而成，这样的文字还在不断地被发现。

苏州陷落不久，路经芦墟的英国商人呤唎发现：一座新的佛寺正在昔日的废墟上动工兴建。天国军破除异教庙宇，在其所在地建立教堂；而清政府却在重建庙宇，扑灭崇拜真神的人们。

◎ 第二章 ◎

晚清氛围

一、林则徐抚苏

在中国，林则徐的名字妇孺尽晓。是他，翻扬起虎门海滩的销烟漫雾，把历史的篇章掀到了近代；是他，登上历史的铁血战车，碾碎了清王朝“天朝上国”的呓梦，成为近代中国“睁眼看世界的第一人”；是他，在新的民族危机关头，赋予中华民族反抗外来侵略的传统以崭新的意义，成为近代民主革命的先驱。

然而，在苏州，林则徐一直以清官的形象留在人们的心中。那是一个平民百姓的忧乐系于“青天”的时代，苏州人惊喜地发现：林公来矣！

从 19 世纪初开始，鸦片在中国渐成泛滥之势，给中国社会带来了深重的灾难。包世臣写于 1820 年的《庚辰杂著》这样记述苏州的鸦片之害：“以苏州一城计之，吃鸦片者不下十数万人。鸦片之价较银四倍。牵算每人每日至少需银一钱，则苏城每日即费银万余两，每岁即费银三四百万两，统各省名城大镇，每年所费，不下万万。”

1823 年 3 月，林则徐至苏州，就江苏按察使任。在这里，林则徐《云左山房文钞》留下了关于他禁烟活动的最早文字记载：

吴中有不治之症二：在官曰疲，在民曰奢。即如游手好闲之民，本业不恒，日用无节，包揽伎船，开设烟馆，要结胥役，把持地方。渐渍既非一朝，剪除势难净尽，惟有将积蠹有名之棍，密访严拿，期于闾阎稍靖。而此辈窥伺甚工，趋避甚巧，一人耳目，断不能周，要在州县官实力奉行，以安良除莠为务，乃有实际耳！

19 世纪 30 年代后期，在鸦片问题上，清政府内部形成了弛禁和严禁两派，道光皇帝犹豫不决。在这关键时刻，1838 年 10 月初，林则徐再上一本折片，曰《钱票无甚关碍宜重禁吃烟以杜弊原片》，这是禁烟运动中一件极为重要的文献，坚定了道光帝禁烟的决心，使严禁派占了上风。在奏片中，我们能够发现江南地区的禁烟实践给林则徐提供的有力证据：臣历任所经，如苏城之南濠，皆阛阓聚集之地。叠向行商铺户暗访密查，皆谓近来各种货物销路皆疲，凡二三十年以前某货约有万金交易者，今只剩得半数。问其一半售于何货物，则一言以蔽之曰：鸦片烟而已。林则徐在考察和研究了各种实际情况后，向最高统治者提出了严重警告：若犹泄泄视之，是使数十年后，中原几无可以御敌之兵，且无可以充饷之银。随后，林则徐便从苏州走上了鸦片战争的最前线。

1823 年夏秋之际，江南普降暴雨，江水猛涨，沿江濒湖诸郡，田庐荡然。松江传来消息，饥民聚众告灾，“汹汹将变”。时任江苏巡抚韩文绮连夜调兵遣将，准备武力驱散。林公闻之，力陈不可，主张抚慰，并亲赴灾区，减征缓赋，放赈济贫，民皆悦服。大灾之后，地主、奸商囤粮居奇，苏州附近米行，囤积米石达百万之巨，甚至有存贮道光元、二年陈米者；吴江、震泽一带的地主暗中阻挠捐赈。如此下去，后果不堪设想。林则徐连续发布各种文告以劝阻。从《禁止贫民藉荒滋扰告示》可以看到，当时，饥民“结队成群，沿门索讨，或名为坐饭，或号曰并家”。为此，林则徐警告饥民：“尔等饥寒，本属可怜，但一犯法，则不可怜而可恶矣！尔等性命，本属可矜，但一滋事，则不可矜而可恨矣。”

对于那些把官府劝赈说成“勒派”的地主，林则徐的态度颇为强硬。他在《劝谕捐赈告示》中说：“夫天下未有万人忍饥，肯听一家之独饱者……近闻江、震两邑，业田甚多之户，相率阻捐。劝导者目以勒派之名，讦讼者酬其悭吝之计。似此不讲情理，不顾利害，真所谓为富不仁者矣……以劝为勒，正所谓何患无辞，不过希图撤局停捐，拥一己之厚资，而听万人之饿殍已耳……诚以捐赈则灾民得生，即使殷户稍捐家资，究易培补，停捐则于殷户诚便，而灾民望赈不遂，即殷户岂能独全？”

林公在苏州的行事，在当时的官场上是难得的，他的政绩赢得了一片赞誉之声。友人陈寿祺给林则徐写信道：“三吴积牍，顷赖廓清。济猛济宽，苍生阴受其福。又闻平粜赈荒，动中机括，仁声四播，泽与江流。”街巷之间，常常听到这样的感激之词：“林使君之德，生活我也！”

1832年7月，林则徐又一次来到苏州，接任江苏巡抚。吴人记住了这位林大人，接任这一天，列肆香烟相属，男妇观者填衢，咸欣欣然喜色相告曰：林公来矣！

林则徐面对的又是一个灾年。从1832年的冬天直至第二年深秋，苏州地区风雨不绝。在林则徐一篇著名的疏稿中，有这年灾情的报告：在田未刈之稻，难免被淹，即已刈者，欲晒无从，亦多发芽霉烂。乡民以薰笼烘焙，勉强试砻，而米粒已酥，上砻即碎。是以田主至今未得收租……今年早花已被风摇，而晚棉结铃尚旺，如得暄晴天气，犹可收之桑榆；乃以雨雾风霜，青霉腐脱，计收成仅只一二分。小民纺织无资，率皆停机坐食。

在飘摇的风雨声中，在灾民的呼号声里，林则徐剀切陈词：须得通盘筹划，损上益下，暂纾民力，“多宽一分追呼，即多培一分元气”；否则，追呼敲扑，竭泽而渔，是非国家之福，此所谓“民惟邦本”之道也。据《江苏各属捐赈情形片》记载，1833 年冬天，林则徐为赈济灾民，效前人成例，实行“担粥法”：

> 苏州省城于上冬分设粥厂之外，犹恐远近贫民跋涉拥挤，强悍者虑其滋事，老弱者难免向隅，当又率属捐廉挑施担粥。每一担约可给百人以上，分劝绅庶之家，有力者日施数担，即力微者，亦可合数人以成一担，各就本图邻近地段，同时挑担分施。凡老幼孤寡残废之人力难赴厂领粥者，皆得就近给食，众擎易举，所济较多。各属官绅，咸相效法，城市之内，多者至百余担，少者亦数十担。其各乡零星担数虽多寡不齐，合而计之，亦与城市相埒。行之数月，差少饿莩之人。

江南平原以水网格局闻名于世。太湖下游的吴淞江、黄浦江、娄江（浏河），古称“三江”，其北又有白茆江，与三江相表里。其间港汊纵横，以太湖为中枢，上纳下泄，形成天然的水网。但数年间河道愈形淤塞，反利为害。林则徐对上年的水灾刻骨铭心，1834 年年初，便着手挑浚浏河、白茆河，改善农业生产条件。4 月 9 日，白茆河疏浚工程兴工，一月完工；16 日，浏河工程亦开工，不足两月完工。在挑浚浏河的工程中，人们经常看到坐在小船上的林则徐："开浚浏河之役，则徐每坐小舟，数往来河上，察勤惰，测深浅，与役人相劳苦。"白茆河、浏河一经疏浚，当年就发挥了调节成效：此次工竣之后，适 7 月下旬，苏、松一带，大雨倾盆，太湖附近诸山，陡发蛟水，处处盛涨，拍岸盈堤。当即飞饬太仓、镇洋二州县，将该坝涵洞全行启放。据禀："滔滔东注，两日之内消水二尺有余，而秋汛大潮仍无倒灌。是浏河之容纳与涵洞之宣泄，实已著有成效。"

从林则徐这位官僚的口里，我们听到了这样的呼吁："官不足悯而民可悯，民即不尽可悯而农民可悯，而农民之勤者尤可悯。"

在这里，林则徐是真诚的，这是"民之父母"的真诚。当然，为官一方的林则徐，也没有忘记朝廷命官的角色，特别是在苏州，更让他感到担子的沉重："天下漕赋四百万，吴居其半，京师官糈军饷皆取给焉。若久旱苗槁，岂独吴民道殣相望，天庾正供，计将安出？"

为了永远记住这位清官，苏州百姓把林文忠公的名字勒诸碑碣。这是一块伟人的丰碑，凝视着它，人们的思绪越出了阶级、民族和时代的框架，细细地体味着一位传统时代官员的人格魅力。不过，苏州人还可以冷静地思索另外一个问题：林则徐为什么没有使苏州走向近代？

明清时期的中国社会，经近两千年的运转之后，萌生出新质的资本主义新芽。由于江南社会经济结构的特殊性，苏州成为中国资本主义萌芽的摇篮。《古今图书集成・方舆汇编职方典》卷六七六记载：苏州城东居民，"皆习机业，织纹曰缎，方空曰纱。工匠各有专能。

位于苏州观前小公园林则徐纪念碑

匠有常主，计日受值，有他故，则唤无主之匠代之，曰唤代。无主者黎明立桥以待，缎工立花桥，纱工立广化寺桥，以车纺丝者曰车匠，立濂溪坊，什百为群，延颈而望，如流民相聚，粥后俱各散归”。

在“日出万绸”的吴江盛泽镇，中元之夜，四乡佣工汇集祠庙，赌唱山歌，喧阗达旦。冯梦龙在其《醒世恒言》中有一段大家熟悉的对施复发家过程的描述，为我们勾画出一种新的资本主义生产关系的最初轮廓。

曾经有过这样的假设：中国传统社会内部商品经济的发展，已经孕育着资本主义的萌芽，如果没有外国资本主义的影响，中国也将缓慢地发展到资本主义社会。这是一个漫长的、自然的历史演进过程。林则徐在近代前夜来到苏州这块资本主义萌芽的沃土上。在这里，他有着“为民父母”的强烈意识，有着“民惟邦本”的可贵思想，曾经驱逐过窜泊吴淞口的英人胡夏米（H. Hamilton Lindseg）的侦察船，也曾经密查过鸦片烟棍；然而，无论如何，在苏州，林则徐未能把历史的车轮推向近代。实际上，林则徐和苏州都是无能为力的。究其原因，那是再清楚不过的：在西方资本主义国家已经确立其全球领先地位的形势之下，中国社会内部稚嫩的资本主义萌芽显得那样的微不足道；历史没有按照假设，而是按照发展规律，无情地展示在人们的面前。外国资本主义的坚船利炮，叩开了近代中国的大门。循规蹈矩的苏州自然不会站到历史的最前沿。

林则徐料想不到，在他去世以后的很长一段时间，鸦片仍然泛滥不止。尽管据1902—1911年的《苏州海关十年报告》称：苏州地区的禁烟运动是严厉的，吸烟者减少约80%。1907年全城的烟馆都关闭掉。卖现成品的烟膏店必须登记并需付挑膏执照费，每天一千至两千文钱。1909年吸烟者需交纳五十文钱领取吸烟许可证，后曾改变为按照吸食者每日消费数分担挑膏执照费用，例如一人一天吸一钱，就要每季度交纳二十分给禁烟行会。1911年禁烟行会在所有吸烟者家宅的门上钉上马口铁牌，上书“烟”字，每人一块。此举颇不受欢迎，有位吸烟的著名医生认为，马口铁牌有损其尊严，把它拆除了，结果被禁烟行会勒令罚款五十元。

但实际上，烟馆的关闭，只是剥夺了穷人吸烟的权利，因为他们买不起烟具；而对富人是毫无约束力的。1907年9月20日的苏州海关税务司报告中有这样的记载：位于马路一带的几乎所有妓院都被允许为嫖客装烟枪，虽然这可能是悄悄地进行的，但地方官员、绅士、贵族、侍从、雇员都有兴趣在妓院里进行勾结，从那里可以取得肥厚的收入，鸦片毕竟是一种有诱惑力的行当。

这条马路就在阊门外，林则徐曾在那里密查鸦片。若林公九泉之下有知，该作何感想？

二、位卑者的抗议

也是件令人匪夷所思的事：清王朝居然熬过了19世纪50年代，挺住了60年代，拖到了20世纪初年才寿终正寝。1851年，洪秀全以其雷霆万钧之势，起事于广西金田村。随后，北进东下，一路摧枯拉朽，1853年3月19日定都天京，占去半壁江山的农民政权开始了与清王朝长达11年的分庭抗礼。同年5月，太平军长驱北上，直捣清政府的老巢。10月13日到达张登镇，此地去北京门户仅六十华里。早就预见到北京会失守的咸丰皇帝命令各省总督们把供赋直接呈递热河行宫。1854年年初，偏师深入的北伐太平军刚刚南撤，英、法、美三国又提醒清政府：1842年签订的《南京条约》修改的期限又到了；并暗示可以“助剿”太平天国。清政府不领情，拒绝了。1856年，三国旧事重提，又遭拒绝。看来，清政府还未完全被驯服，于是有了第二次鸦片战争。不过，这时南方的太平天国发生“天京事变”，自相残杀，元气大伤，让清政府缓过一口气来，先应付英法侵略势力。到1860年奕䜣慌慌张张地在北京签订了《北京条约》，总算暂时了事，逃到热河的皇帝重回金銮殿。这时太平天国气势重新高涨，1860年忠王李秀成东进苏常，清王朝所谓的“心腹之患”再度发作。

对于清朝统治者来说，外国侵略者不过是“肘腋之患”，在力不能及的情况下，当然是先解除太平天国这个“心腹之患”。何况外国人主动请缨，“愿为中国攻剿发逆”，只是统治阶级内部对于“助剿”的看法还不一致。《北京条约》一签订，就“借师助剿”问题，朝廷征询地方有关督抚的意见。遭受太平天国威胁最严重的东南督抚，早就在与地方绅士们酝酿这事儿了。从苏州逃到上海的江苏巡抚薛焕，虽说收聚了五六万残兵败将，但也不能指望他们能守住上海，反攻苏州；先不管朝廷意向如何，借华尔统率的“洋枪队”加强上海防御。江浙地方绅士无不以“抚夷剿贼”为当务之急，求得在乱世一显英雄身手。两位苏州士绅成了他们的领袖。

苏州木渎的冯桂芬，生于1809年，地位不算卑微，父亲是经商致富的地主，留给他十顷田地。1840年，他会试榜眼得第，授翰林院编修，在京任职十三年。冯桂芬似乎很满足，题《五十初度小影》自慰：“有官五品勿卑小，有田十顷勿见少。”让冯桂芬三十年后还感到荣耀的是，他曾经为林则徐所识拔，在林公小像后，题记：“越三日，课书院，荷公首擢，有一时无两之誉，谆勖甚至。”

1853年，冯桂芬丁父忧在籍，奉诏举办团练，以期对付可能东下的太平军。当时，一般士绅都觉得“贼氛尚远”，尽管封疆大吏劝办团练，舌敝唇焦，而州县往往视为具文。冯桂芬却是十分卖力，得到清廷嘉奖。1856年在镇压上海小刀会和收复松江府诸县中“有功”多多，擢“右春坊右中允”。太平天国攻克苏州，冯桂芬逃亡上海。

是时，骁悍的湘军首领曾国藩如日中天，倍受清朝统治者青睐，钦差、节相而外，统辖四省军务，为苏州士绅和英国侵略势力一致看好。1861年冬，在英国人的支持下，苏州士绅倡议“向安庆乞师”，敦促曾国藩分兵东进，以解淞沪之围。冯桂芬特地代表苏州士绅撰写《公启曾协揆》，纵论苏沪形势，指陈用兵机宜，概括为“有可乘之机而不能持久者三，有仅完之地而不能持久者三”：苏州地区的东永昌、周庄等地的团练依然存在，与上海的巡抚衙门秘密联系，往还不绝；太平军将领李文炳等密约输诚，如能及时分兵东下，乘时反攻，团练、枪船、内间都能随时响应臂助，否则，以上几种力量都将“中变”；又且及时东下，还能保住上海、杭州等地，守足以自固，进可以规复苏州，攻取金陵。此番分析头头是道，正应了后来形势的发展，地方士绅佩服得五体投地，所谓“东南大局不出君一书”，是有些道理的。

处此太平天国“凶焰益张”之际，自然不能迷信曾公国藩单方面的力量。冯桂芬认为，既然洋人乐于“助剿”，大可不必害怕“贻患无穷”，只要“驾驭”得法，尽可“借夷助剿”，于是撰《借兵俄法议》《善驭夷议》，称俄、法之“自愿助顺者，非有他也。贴饷必以百万计，利在官；逆贼积年劫掠，可攘而有之，利在兵；上年贸易十减三四，事平可复其旧，利在商；且中华为百国之望，事成又可夸于远近以为荣，如此而已”。至于有人说“借夷助剿”是引鬼入门，冯桂芬顺水推舟：“鬼能自入门，何待引？鬼又已入门，何必引？”闻听外国船只进入长江，“通市汉口”了，冯桂芬认为：“正可将错就错，招商贩运，淮南场盐，赴三江营、焦山一带，相地立局，卖给夷船，可以速转运……诚当今裕饷一大端也。”

1861 年年底，太平军攻克杭州，上海危如累卵，“借夷助剿”更加迫切。向来“不与公事”的冯桂芬，得知在京侍读亲王殷兆镛来沪，匆忙购了官服，略事包装，前去劝说这位苏州老乡，联名催促薛焕上奏“借夷助剿”事宜。可殷兆镛说，想当初，为了抵抗英法联军，曾上奏力主杀掉巴夏礼，今日又要我署名敦请薛焕上奏借师英法，着实为难。冯桂芬说，此一时，彼一时，何可同日而语？

1862年年初，“中外会防局”在上海成立。不久，淮军抵沪，冯桂芬成为李鸿章的入幕之宾，“一切抚剿事宜，多所赞决”。但谙熟“此时彼时”之道的冯桂芬一再声称“用夷故非常道，不失为权宜之策”。

在沪上为寻求权宜之计而奔跑的另一位苏州“领袖”人物是三十岁刚出头的王韬。就先赋地位来说，王韬无法与冯桂芬相比。1828年10月他在苏州甫里出生时，名叫王利宾，家道已经中落。父亲是位饱学的乡村塾师，自己没中过功名，期望儿子能重振家道。王韬资赋颖敏，毕读群经，旁涉诸史。十七岁考中秀才，拔冠邑庠，便有些目空一切。第二年南京乡试，自我感觉一向良好的王韬，一击不中，便绝意科举，“薄功名而弗事。于是杜门息影，摒弃帖括，肆力于经史……期以读书十年，然后出而世用”。事实上，王韬哪能有“冷凳十年”的耐心，只是时而蹒跚于愁城酒国之中，时而遁迹于佛国彼岸世界，时而品菊于书斋东篱之下，才给一颗燥热之心以些许慰藉。

还有人比王韬更“荒唐”。甫里乡下不断地有文人士子经不住十里洋场的声色诱惑，去了外国洋行谋事，这让王韬激愤不已。他给一位因家庭陷入困境而就职洋行的友人郑重提醒：“足下寄迹瀛壖，虽苏涸辙，而处身之道未得焉？”处身之道者何？王韬《弢园尺牍》云：“儒者立节，不必鸣高，君子持躬，务期绝俗，经权常变，惟所用焉，而独至处身，则断不可不谨……春秋责备贤者于失身尤为重。”

其实，王韬的父亲在1847年就到了上海，依王韬看来，父亲算不上失节，他是来上海设馆授徒的。翌年初春，王韬前来“省亲”，行船一入黄浦，便觉气象非凡：“从舟中遥望之，烟水苍茫，帆樯历乱，浦滨一带，率皆西人舍宇，楼阁峥嵘，缥缈云外，飞甍画栋，碧槛珠帘。”发现“夷狄”的商船、兵舰在江上自由游弋，王韬的心不禁往下一沉。听说墨海书馆新奇事物，不妨前往一看，这一看便迷上了：“车床以牛曳之，车轴旋转如飞，云一日可印数千番，诚巧而捷矣”。（王韬《漫游随录》）书馆由英国传教士麦都思（Walter Henry Medhurst）主持，当麦都思邀请王韬留在书馆工作时，他拒绝了：甫里乡村出来的人既不习惯上海喧嚣的气氛，更不屑与异类为伍。他毅然回到了甫里。

可是，第二年乡下大水，父亲去世，甫里呆不下去了，王韬必须出门赚钱养家。麦都思得知此情，遣人持函再度相邀，王韬恋恋不舍地告别了甫里，来到上海。第二年，他把妻女也接到了上海。

在墨海书馆，王韬的主要工作是帮助麦都思修润他的译著。说实在的，他看不起这项工作，私下里他向友人抱怨：“名为秉笔，实供指挥，支离曲学，非特覆瓿糊窗，直可投之溷厕。”（王韬《弢园尺牍》）弄到后来，王韬竟然重操阿婆生计，在两次科考失败之后，才最后死了这份心。

王韬讨厌宗教译著，可对西方科技书籍却很有兴趣，先后参与《格致新学提纲》等好几部著作的翻译。浙江海宁来的李善兰，数学造诣很深，但科举屡试不售，与王韬同病相怜，两人颇为相得。与西方传教士和中国科学家接触多了，王韬发现自己变了许多。王韬来自潮湿的水乡，患有“老烂脚”，遍访名医，“皆穷于技”。书馆中的传教士建议他去看西医，他嗤之以鼻。一个偶然的机会，仁济医院的西医合信发现了王韬的脚疾，认为区区小疾，不难医治。反正是死马当活马医，王韬接受了治疗，不出半月，顽疾“霍然若失”。这一亲身体验，彻底改变了王韬对西学的态度，他赞美起西方文明：若论“智”，“天算之学，西人精于中土十倍”；说到“体”，西方女子，“姿质明莹，肌发光细，中国江南佳丽亦难于比美”。

19 世纪 50 年代中期，太平军直逼东南，英法联军猖狂北上，消除内忧外患的使命重新激活了王韬“舍我其谁”的大丈夫抱负。从 1858 年起，他频频上书，阐述平治天下的方略。在《上徐君青中丞第一书》中，他认为：当今天下之大患，不在平贼而在御戎，何则？乱之所生，根于戎祸之烈也。因此，“欲御戎先平贼”。如何“平贼”，王韬是内行，他曾陪传教士到太平天国占领区，由于对“贼情”了解，所提“平贼”计策，有些还甚为管用。

王韬与外国人关系稔熟，清官吏命他出来为“借师”穿针引线。1860 年年底，太平军已经攻下常州，苏州风声鹤唳，江苏巡抚徐有壬欲向西人“乞师”。王韬一向反对“借师助剿”，他认为，借力于外必须慎重。可以在上海设立巡防总局，作为与“西官相为联络”的机构；可以“以西人为领队官，教授火器，名曰洋枪队”。但直接借师，易成尾大不掉之势。6 月 2 日，苏州为太平天国攻占。

王韬积极上书，原也想借此进身，不想大吏们对他“用其言而弃其人”。苏淞太道吴煦最看不惯他那书生习气：纸上谈兵，“言过切直”，狂妄至极；举办团练，一经实战便逃之夭夭。急于邀功的王韬又派团练某董事，潜入苏州城，劝说太平军将领投降以作内应，想以奇计恢复苏州，但事情未成便泄露出去。吴煦屡屡派人责问原委，并上报清廷以暗中通贼立案。作为一个从未食过清廷俸禄的书生，为什么一定指望荷蒙拔擢呢？曾在墨海书馆研读过圣经的洪仁玕现在的地位告诉王韬：如果投身太平天国，赢得权力和影响的机会将会更大。1861 年冬杪，王韬称说是奉令回籍“侦贼”，把老母和妻女送回甫里。在这期间，他结识了太平天国苏福省民政长官刘肇钧，颇受器重。他觉得必须帮助对自己寄予厚望的新政权，1862 年 2 月，他以“黄畹”名、“兰卿”字向刘肇钧上书一封，并请刘将信函转呈忠王李秀成。

王韬认为，用兵之道，当舍坚而攻瑕，避锋而挫弊。今日与太平天国争天下者，是清廷，不是英法列强：“曾郭（国）藩之踞安庆，乃真心腹大患耳。夷人之性尚势而重利，趋盛而避衰。我苟姑置不问，用兵尚（上）游，一二年间荡涤腥秽，奠安区宇，削平僭伪，则洋人必稽首称臣，愿世为屏藩而罔敢二心。”如此，划江之势成矣。

对于太平天国战争中的敌我双方，王韬可以说是十分了解，分析切中要害。可惜太平军进攻上海的策略已定，刘肇钧还未来得及将王韬的上书转呈太平天国中央，便被清军在太平军营垒中搜去了。薛焕读到上书，大惊失色，星夜呈报清廷。4 月 25 日，清廷降下谕旨：“着曾国藩等迅速查拿，毋任漏网。”

正在甫里家中的王韬，遭到通缉，立即潜匿至太平军占领区的昆山乡间，清吏一时无从拘拿。墨海书馆的主持人慕维廉（William Murihead）得知此事，把王韬接到墨海书馆，吴煦前来捕人，王韬又被转移到英国领事馆，“从此闭置一室，经一百三十五日”。1862 年 10 月 4 日，在英领事的庇护下，王韬乘上英国怡和洋行的邮船，去了香港。

在此，应该提到的是，上书贾祸的王韬始终矢口否认曾上书过太平天国，并声称这是当道对他的政治陷害。据当代太平天国史权威罗尔纲先生考证，黄畹即为王韬，根据有：一、王韬在考取新阳秀才时的注册名为王利宾，字兰卿，而黄畹上书时所用的表字正是兰卿；二、黄畹的“和洋论”与王韬一贯的“和戎”主张相同；三、黄畹“攻满清策”与王韬的“平太平天国策”的基本观点相同；四、黄畹的自述与王韬的身世和经历相同；五、黄畹与王韬的文笔风格相同，竟有几处词句完全一样。

1862 年年初，当上海“中外会防”的态势按照冯桂芬和王韬的设想基本形成的时候，太平天国的失败已成定局。在此前后，作为思想家的冯桂芬所考虑的，除了规复苏州，防御上海等攸关身家性命的问题之外，还有他所处的急剧变化的年代。而后者，体现了他更深层次的理性反思。这些思考所依据的思想材料，一部分来自于他长期生活的苏州，但更多的则立足于更广阔的空间，其思想结晶有些超出了局部利益的范围，成为对整个社会结构的审视；有些越出了阶级的藩篱，成为对全民族命运的关注，从而作为中国近代思想史上的承前启后的重要环节，载入了史册。

冯桂芬的思想集中反映在他的《校邠庐抗议》中。《校邠庐抗议》共四十篇，据冯桂芬自述，这是他在 1860 年避难上海后所撰。此刻，苏州灵岩寺下，花木扶疏的“校邠庐”一定飘摇在那梦幻般的天国里。每想至此，这位“有官五品勿卑小”的校邠庐主人顿生一丝力不从心的悲哀，继而被义不容辞的责任所激奋，放言高论，所谓“位卑而言高”，是为“抗议”。

经历过两次鸦片战争的冯桂芬，被民族所蒙受的耻辱深深地刺痛：“有天地开辟以来未有之奇愤，凡有心知血气不冲冠发上指者，则今日之以广运万里、地球中第一大国而受制于小夷也。”这种强弱悬殊局面的形成，表明当时的中国处处不如人。说到吏治的腐败，漕运、进贡、盐务是重灾区，即以土贡为例：“苏州岁贡龙衣一簏，辄支千金，用万斛舟，具仪卫，由运河北上，日行数里，遇民舟，阑之索钱，以舟之大小为差，民船避之如寇贼。”《校邠庐抗议》对其他如教育科举、水利农事、赋税财用等，无不一一进行尖锐评议。

既然不如人，就得寻求自强之道。这个“自强之道”，就是林则徐、魏源等早就提倡的“师夷长技”。西方“长技”很多，洋器至为重要。除此之外，“其他凡有益于国计民生者皆是”。

至此，冯桂芬不得不回答一个如何处理中西文化关系的问题了。在这里，他提出了“以中国伦常名教为原本，辅以诸国富强之术”的

位于苏州木渎古镇冯桂芬校邠庐

著名论断，这一论断成为此后作为洋务运动宗旨的“中体西用”论的张本。

冯桂芬深知，他这一套愤世嫉俗、离经叛道的理论，必然为世所不容。在他把原稿给师友征询意见时，就有人提醒他“立言稍激”，于是他在1861年冬把《校邠庐抗议》集结成书时，加上了一篇《自序》。在《自序》中，冯桂芬对“三代圣人之法”倍加称赞，无非想表白他的议论“以不畔于三代圣人之法为宗旨”，以洗刷已经发生和可能遭到的“离经叛道”的责难。但即使是这样，冯桂芬生前也没敢刊行《校邠庐抗议》。

说实在话，在《校邠庐抗议》中，以“中国伦常名教为原本”的议论也并不难找，其中隐现的传统吴文化的浓厚底色更为我们所注意。

北宋仁宗时，范仲淹以官俸所得，在苏州置田十多顷，将每年所得租米赡养族人，号称“义庄”。以此为发端，以血缘纽带稳定社会秩序的义庄流行于后世。在《复宗法议》中，冯桂芬所设计的“义庄”，除以“族产”收族外，更具政治强制功能：“嫁娶、丧葬以告，入塾、习业以告，应试以告，游学、经商以告，分居、徙居、置产、斥产以告，有孝悌节烈或败行以告，一切有事于官府以告。”他还把宗法的绳索套向了手工业工人。在《寓兵于工议》中，他说，“吾郡（指苏州）百工之渊薮也，城乡工人之数，甲于他省，而工人壮健之名，又甲于四民”，“议而防堵……莫如寓兵于工之一法”。

《校邠庐抗议》的传统底色为更多的惊世骇俗之论所掩盖了。冯桂芬在世时，“同人咸促锓版，先生卒秘匿不出”。但抄本已不胫而走，为后来的维新志士所推崇。

1897年，王韬校印《校邠庐抗议》，作跋倍加称赞：先生上下数千年，深明世故，洞烛物情，补偏救弊，能痛抉其症结所在，不泥于先法，不胶于成见，准古酌今，舍短取长，知西学之可行，不惜仿效；知中法之已敝，不惮变更，事事皆折衷至当，绝无虚骄之气行其间，坐而言者可起而行。呜呼！此今时有用之书也。

这位已经快走到生命终点的老人，比冯桂芬的地位更卑下，磨难更多，发出的“抗议”也更为强烈。1862年秋，遁迹香港的王韬先是受雇于英华书院院长理雅各（James Legge）。1867年，王韬随理雅各在英国呆了两年，回港途中又至法国、埃及，后来又东游扶桑，“经历数十国，往来数万里”，完成了从传统士子到资产阶级改良思想家的脱胎换骨的转变。1874年年初，他在香港创办《循环日报》，以一个学贯中西的理论家的姿态，纵言天下，臧否人物，张扬变法。王韬承继了冯桂芬的宗法衣钵，也遵循着“中体西用”的内在理路，但他所称羡和主张实行的“君民共主之国”是曾经指斥过“君民隔阂”的冯桂芬所没有“抗议”的。

1884年，经李鸿章默许，流亡海外二十三年的王韬回到上海，主掌格致书院。1897年，王韬在上海寓所撒手尘寰，时年七十岁，一代思想伟人的恩怨和遗憾深深地埋进了三吴土地。

三、冷水青旸地

苏州的城池，南有盘门，是伍子胥筑阖闾城时就有的八座水陆城门之一。所谓“龙蟠水陆”，道尽了一方形胜。在苏州这水陆萦回之区，世道承平之日，商旅“气逼阊门”；兵荒马乱之际，强人“道出太湖”，窜没胥门。此两者，盘门皆无与会之幸。只有那千年霜雪，暗暗地浸蚀着她的肌肤。时间久了，人们称她“冷水盘门”，确实有些冷落。令人料想不到的是，19 世纪剩下最后两三年的时候，外国人在这里建立了租界。按理说，这里该热闹起来了。

1897 年，苏州海关道洋务局员会同日本人荒川，勘定盘门外相王庙对岸青旸地迤东一带至运河桥止，划为日本专管租界和外国居留区（General Foreign Settlement）。按照洋人哈尔定所绘地图丈量划分，日本租界面积为四百八十三亩八分七厘六毫，外国居留地面积为四百三十二亩三厘二毫。

泰西各国的坚船利炮，中国人在 19 世纪 40 年代就领教了。要说蕞尔邻国的日本，中国是没把它放在眼里的。1874 年日本侵犯台湾，有识之士大惊失色。其实，日本近代化的启动，只是略早于中国几年而已。1868 年，在资本主义政治变革的明治维新之后，日本的近代化步伐大大加快。但新兴的资本主义根本无法在这个狭窄的市场空间里摆开场面，日本在踏上近代途程的同时，就走上了军国主义道路。明治天皇在1869年的《御笔信》中狂妄地宣称，“日本乃万国之本”，必须“开拓万里波涛，布国威于四方”，对外扩张成了日本军国主义的基本国策。李鸿章一定不知道日本侵略的具体步序，但隐隐意识到：“日本近在肘腋，永为中土之患。”20年之后，李鸿章的担心不幸而成现实。1895年中日甲午战争，中国军队败绩，签订中日《马关条约》，割让俄国觊觎已久的辽东半岛与日本。俄国人遂联合德法两国，对日本施加军事压力。日本毕竟不是三国的对手，吐出了辽东半岛，但要求清帝国补偿“还辽损失”，其中一项，便是设立专管租界。1897年3月5日，江苏布政使聂缉规与日本驻沪总领事官珍田舍己在苏州订立《苏州日本租界章程》，一开始就把租界的主权交给了日本，苏州出现了一个“国中之国”。我们不妨具体地看一看有关条文：界内道路、桥梁以及巡捕之权，由日本领事官管理；其道路、桥梁，由日本领事官设法造修，与中国地方官无涉。本来苏州的一块地皮，现在让日本人居住和贸易，有关的事与“中国地方官无涉”。如果有人要承租土地，地方官也就做不了主了：凡租地时，须禀请日本领事官，将承租人姓名以及欲租地若干亩，照会中国地方官，派员会同踏勘该地有无窒碍，始能出租，并俟其交清租价及一年地税；地方官应缮租契三纸，除一纸存案外，其余二纸函送领事官盖印，一纸交该承租者收执，一纸存领事公署，以便查考。

这里是“文明人”居住的地方，中国人是不可以随便进出的。有人染上官司，自有日本的司法章程可以查照：界内地基只准日本人民租赁，但华人愿在界内居住者，准其租屋，自行贸易营生；至于品行不端、无业流浪、曾经犯案、不安本分之华人，及扰害租界行同无赖之日本人，概不准在界内居住，违者即行驱逐，不许逗留，倘再故违，由该国应管之官惩办；其界内居住之华人，凡有词讼案件，及中国地方官应办事宜，务照上海租界洋泾浜会审章程办理；中国应在界内设立会审公署。

界内居住的人遇有烦难的事需要跑腿，苏州地方官员就可以发挥作用了：界内房屋应当迁让之时，中国地方官相助办理；至于坟墓，地方官极力开导迁移；其于坟墓多处，则应由地方官筑墙围护，以免践踏。

租界内的安全保卫工作由日本人管理：界内不准收藏火药、炸药以及一切有害他人身家性命财产之物。倘有违犯者，各按本国律例办理。倘因工作必须应用炸药等物，须先开单呈报日本领事官，由领事官先行通知税关，查验明确，方准起岸。起岸后，应有一定收藏之所，并应从速用完，不得任意贮藏各处，或久宕不用。若有此等事故，应由领事官责令迁移，以安闾阎。

日本人也同样担心身后之事：日本领事官应与中国地方官筹商界外一僻静空旷与居民无碍之地，自行向民租赁，作为日本人葬坟之所。其地丈尺，以十亩为率。倘将来不敷，随时与地方官妥商扩充。

外国人早已在中国的土地上建立了租界，但“合法化”的租界从苏州日租界开始。1845 年 11 月，上海道台宫慕久把黄浦江畔的八百三十亩地划为英国居留区时，租地章程不过承认让英国人有居留之处，可以从事正常的贸易；界内的土地，仍是中国领土，界内的主权，仍由中国地方政府行使。尽管在这种外国人居留地上悄悄出现了巡捕房和会审公堂等外人行使权力的机构，但这一切都是偷偷摸摸地进行的。1896 年 10 月中日之间的《通商口岸日本租界专条》，把侵略者在居留区内非法行使的行政和司法权力，以双方政府的名义，正式规定下来，变得合法化了。苏州的日租界是最早按《通商口岸日本租界专条》划定的租界。在中国租界史上，苏州充当了这样的“标志性的角色”，实在有些不光彩，也羞于启齿。

聊以自慰的是，苏州人没有轻易就范。

1895 年 4 月的《马关条约》规定，清政府增开湖北的沙市、四川的重庆、江苏的苏州和浙江的杭州为通商口岸，并有“所有添设口岸，均照向开通商海口或向开内地镇市章程一体办理，应得优例及利益等，亦当一律享受”等句。外国列强在中国应当享受的“优例及利益”，包括有一块可以居留和贸易的空间是自不待言的，但这个居留地，是租界还是通商场，没有明文说法。按照清朝官员张之洞的理解，当然是“通商场”一类：其地方人民管辖之权，仍归中国；其巡捕、缉匪、修路一切，俱由该地方官出资募人办理；不准日本人自设巡捕，以免侵我辖地之权。这就给苏州的地方官民与日本人的交涉提供了一个理论依据。

1895 年 11 月，日本驻沪总领事珍田舍已来苏州查勘居留区界址，看中了阊门外围。金阊一区，自古繁华，“最是红尘中一二等宝贵风流之地”，岂能轻易出让。江苏官府表示，盘门之外，风景清嘉，可以居留；还特地提醒：所划区域只作通商场之用。日本人不同意。相持一段时日之后，日本倒也接受了冷水盘门。至于区域名称，各自理解完全不同，中方认为是通商场，日方认为是租界。在双方订立的约章中，用了一个英文词：Settlement，意为居留区域或租界，姑且含糊其辞，搁置不议。

日本不愿意这样不明不白地拖下去。到了 1896 年 7 月，中日议定通商条约时，日本驻华大使林董找到了讨价还价的理由，说是中国要对日本商人征收百分之十的内地办厂的制造税，尽管“不合理”，但“日本可以照办”，条件是，苏杭等地的居住区域应作租界论。中方相度形势，似乎难以别开生面，遂与林董订立《通商口岸日本租界专条》。于是，在 1897 年 3 月 5 日签订的《中日通商苏州租界章程》开宗明义：中国允将苏州盘门外相王庙对岸青旸地西自商务公司界起，东至水绿泾岸边止，北自沿河十丈官路外起，南至采莲泾岸边止，即图内红线所划之处，照竖界石，作为日本租界。

在盘门青旸地，通商场还是存在的。那里英国人居多，不知内情的人多数称之为“英租界”，或者“一般租界区”。准确地讲，这里是“公共通商场”。当时的《通商场租地章程》明确规定，公共通商场归属于中国政府设置的洋务局管辖之下；巡捕事宜，由中国地方当局会同税务司设立管理；在租界内，警察聘用外国人作顾问，掌管中国警察官员。

欧洲人更实际些，没有在“租界”和“通商场”的区别上继续纠缠，先做生意，发一笔财再说。他们对青旸地之“冷”，没有足够的认识，过于乐观了。十年之后，1911 年年末的苏州税务司报告：公共通商场“迄今仍长满杂草，那里整片地方除丝厂和海关建筑外，实际是一块荒野之地，这部分土地很少有发展希望”。

又一个 10 年，有一则 1922 年的日文资料记道：租界地（指公共通商场）中居住人口稀少，除税关、丝厂外，其他地方并无遮蔽，日趋荒芜。日本的青旸地租界同样冷水一潭。青旸地是冷落，但就在城南，又紧依京杭大运河，有些商业潜力，日本人最初充满信心。租界开辟后，先后设立了领事馆、警察署、小学、邮电局，筑起二十余幢公寓，在南北纵横的道路两旁，遍植樱花；苏州地方官府沿着运河修筑了一条自盘门直达青旸地的马路，便捷了市区与租界的交通。据外人在19世纪末年的记载，此时租界与苏州城之间，已不时有马车、人力车来来往往；逢上天朗气清的日子，前来游览的姑苏人士不绝于途。

在樱花缤纷的时节，偶一驻足赏玩，未尝不可，但日本人发现，中国人无论如何也不愿意到日本租界来经商贸易。中国人不愿来，连日本人也不来。1922年的《江苏省政治年鉴》反映：日人在苏开设的八家洋行、商店、旅馆，有七家设在阊门一带；开设的三家医院都设在阊门或城内。租界内只有1898年开设的吉原繁子旅馆，1912年开设的西田胶皮厂和1919年开设的桥本纽扣厂。堂堂日本租界只住了二十四个日本人。做生意讲究的是“市场”不是“场面”，这是谁也勉强不来的。

苏州要修铁路了，日本人看准了振兴租界的机会，力图使该铁路在城南通过苏州，以便使日租界靠近铁路，得一地利。由于沪宁铁路系由英人投资、修筑，他们无意让日人坐享此利，遂将该路修筑在苏州城北。铁路从城北经过，货物、旅客都上了火车，依傍着大运河的城南青旸地刚刚出现一线生机，又归于冷寂。

《马关条约》载明：日商可以在中国通商口岸以机器制造土货。身在丝绸之都的日本人终于强化起“土货”意识，找到了发展突破口。1926年，日本在华经营的第一家缫丝厂——瑞丰丝厂在青旸地建成，设备、技术先进，成为日资在华经营的三大丝厂之一。自此，丝车辘辘，汽笛声声，人声喧杂，青旸地有了点活力。

不过，青旸地的风水毕竟不好。原先就荒冢累累，想必盗墓之徒不少；如今，这里造就了一批新型的产业工人，又是“掘墓人”。

1926 年 10 月，瑞丰丝厂一童工不慎弄脏丝经，被代理厂长拆井和日人松泽打成重伤，全厂工人为此罢工一星期。1927 年 4 月，因厂主拒付积欠工资，工人们赴领事馆请愿，遭到雇佣流氓的武力镇压，工人愤而包围了领事馆，将日本人缴械。当时正值全国收回租界的热潮，苏州总工会乘此提出收回日租界的宣言——现在全国一致要求收回日本租界，查苏州盘门外青旸地日本租界，是甲午年日本帝国主义威胁中国而开辟的。它若存在，真是我们苏州民众极大之侮辱。现在又向我们民众进攻，我们应该怎样去答复他们呢？民众们！这是我们民众收回日租界的大好机会，望一致奋起。我们的主张是：立即收回租界。4 月 12 日，苏州总工会召集各业工人代表二百人举行大会，讨

论收回日租界问题。然而就在这天，上海发生“四一二”政变。次日，国民党右派武装查封了总工会，通缉工人领袖，收回租界的斗争暂作罢议。

赤裸裸的断人饭食，伤人发肤，是自资本主义生产方式出现之后经常被采用的不光彩的手段。做了这事之后，被人责问，总感到有些理屈，但更为肮脏的和险毒的却往往不为人知。日租界上的使馆就是这样一个所在。

日本租界开辟后，原设于城内的日本驻苏领事馆，于 1902 年迁入租界。在租界特权的庇护和掩护下，日本领事馆干着许多非法的勾当。徐云先生为此提供了两份材料。一份材料是 1919 年 12 月 24 日由驻苏领事馆事务代理大和久义郎向日本外务省提供的书面报告，全文共分十七章八十五款，约万余字，内容涉及九个县的政治、经济、文

苏州青旸地日本租界旧影

化、教育、宗教、社会以及自然环境等各个方面。其中有苏州港1909—1918年进出口贸易统计表，历年关税收入统计，有官署、医院、学校、金融机构、工商企业的规模、数量和分布情况，有各行业发展演变及现状的分析等，涉及范围之广泛，内容记叙之详备，统计数字之精确，可以清楚地看出，是为日本军国主义发动侵华战争服务的侵略性情报。以这些暗中进行的材料搜集和阴谋策划为基础，苏州沦陷后，前日本驻苏领事市川修三，以宣抚班长的身份，很快收罗了一批地方“知名人士”组成维持会。另一份材料是，1936年10月6日，日本东京《时事新报》刊文，内称日本驻苏州领事川西丰藏向外务省报告，苏州商工联合会决议，根据星卜者推测，中日必至开战，苏州将为灰烬，正悬挂日旗欢迎日军入驻苏州等情。这份报告发表在日本军国主义者蓄意发动全面侵华战争的前夕，带有明显的试探性和挑衅性，理所当然地遭到了苏州各界人士的痛斥。

1931年12月15日，上海《新闻报》刊登的《纪苏州一车夫》，很能反映当时的苏州民情：

> 昨行经观前，见一日倭，正在叫车，大呼其“盘门大日本领事馆去”。车夫操吴侬软语道：“我是大中华民国的车夫，只拉我国的大国民，倭奴是不拉的。”日人似未解其语，在衣袋中，出袁头一枚，扬在手中，谓车夫云：“一块洋钿。大日本领事馆去。”不意车夫向之冷笑道：“不要说一块洋钿，就是摆满洋钿，我亦勿高兴拉你倭奴去。你想拿洋钿来压制我么，你可知道，我勿是奸商，勿贪你的财，请你还是走走罢。”日倭始悻悻而去。

青旸地始终未能热闹起来。至 20 世纪 20 年代末，几个日本人的一厢情愿已经不能影响租界的兴衰枯荣了，随着中日关系恶化，他们更多地在关心自己的命运。日本政府无法派兵舰来苏州“保护”侨民，一有风声，租界侨民赶紧逃往上海。据上海《时报》的消息，从 1927 年至 1933 年的六年间，界内日侨至少撤退了三次。第一次在 1927 年日军于汉口日租界制造“四三惨案”之后；第二次在 1932 年初上海爆发淞沪抗战之际；第三次在 1933 年初日军进攻热河之后。

前途未卜的青旸地在 30 年代初期更形冷落。从 1932 年年初起，苏州日租界内日本商民兴办的纽扣厂、砖瓦厂以及著名的瑞丰丝厂都陆续停工。1934 年，侨居苏州日租界的日本侨民仅 78 人，他们所经营的“均系小资本商业”。

1937 年 7 月 7 日，卢沟桥事变爆发，日本在加紧进攻平津的同时，又把战火引向长江流域，准备三个月内灭亡中国。为此，日本政府决定：撤出长江流域和苏杭一带的侨民。8 月 8 日，已有多批撤退日侨离苏回国，日商的旅馆和商店关闭，仅留日本领事市川修三及日警察署巡长等八人在租界维持。10 月 12 日，日本领事也撤离苏州，吴县政府即派警察局徐所长率一排警察进入租界，将领事馆及日人商店房屋加封，维持社会秩序。

11 月 19 日，苏州沦陷，租界恢复，日本扶植的汉奸政府竟也有过再兴青旸地的努力。不过，确实是无可救药了。

从 1942 年年初开始，世界反法西斯阵线基本形成，日本侵略者在太平洋上屡屡铩羽。为摆脱困境，日本确定新的对华政策，准备归还租界，废除治外法权，借以强化汪伪政权。1943 年 3 月 30 日，苏州与其他日本占领区的日租界同时演出了一幕“交还”与“接收”

租界的闹剧。苏州的“交收”仪式在青旸地日租界领事馆旧址举行。参加仪式的有日本领事小坂、部队长小林、宪兵队长冈本，以及伪接收委员、江苏“省长”李士群，伪外交部条约司司长王怀汾等。当天12时发表声明：基于3月14日中日两国代表间在南京签订之专管租界交还实施细目条款，今日在苏州日本租界领事官邸，举行苏州日本租界交还仪式，由小坂领事将该租界交还江苏省李省长接收。

汪伪政权对租界的“接收”当然不为国际社会承认。1945年初秋，第二次世界大战结束后的10月，国民政府第三方面军接收委员会接收了日本驻苏州领事馆；吴县政府将该租界旧地划为青旸镇管辖。至此，苏州日本租界被正式收回。

四、小巷深处的国学重镇

就连许多老苏州也未必知道苏州还有个“曲园”，藏在城中马医科巷的深处。苏州园林太多，完全有理由不知道。再说，仅五亩地的空间，“一曲而已，强被园名”，能摆开多大的场面？能关住多少春色？

曲园的主人号曲园，本名俞樾，字荫甫，1821 年出生于浙江德清。俞樾有诗序记其构园原委：“余故里无家，久寓吴下。去年（按，1873 年）马医科西头买得潘氏废地一区，筑室三十馀楹，其旁隙地筑为小园。垒石凿池，杂莳花木，以其形曲，名为‘曲园’。”俞樾对自己亲自设计的庭院颇为自得：“曲园虽褊小，亦颇具曲折；达斋认春轩，南北相隔绝。花木隐翳之，山石复嵲屼。循山登其巅，小坐可玩月。其下一小池，游鳞出复没。右有曲水亭，红栏映清冽。左有回峰阁，阶下石凹凸。遵此石径行，又东出自穴。依依柳阴中，编竹补其缺。”

这样的景致，苏州人只能说如此而已了。就连周作人也说，那时（1943 年）所见这些过廊、侧门、天井种种，都恍惚是曾经见过似的。但他却见到了一般人所没有见到的园主的内心，“由我看去，南京、上海、杭州，均各有其价值与历史，惟若欲求多有文化的空气与环境者，大约无过苏州了吧”。差不多过去了半个世纪，余秋雨来到曲园，他根本无心赏景，却在石库门前怔住了：“曲园在一条狭窄的小巷里，由于这个普通门庭的存在，苏州一度成为晚清国学重镇。当时的苏州十分沉静，但无数的小巷中，无数的门庭里，藏匿着无数厚实的灵魂。正是这些灵魂，千百年来，以积聚久远的固执，使苏州保存了风韵的核心。”（余秋雨《白发苏州》）

相隔半个世纪的两颗心灵，在苏州曲园灵犀相通。苏州应该对俞曲园认真起来了。

俞樾是一代经学大师，1858 年流寓苏州，读到清代著名汉学家，高邮王念孙、王引之的《读书杂志》《广雅疏证》《经义述词》，遂生秉承王氏经传之志，开始了经学的研究。1865 年春，辗转南北五年之久的俞樾再度来苏，应聘主讲苏州紫阳书院。1868 年春，俞樾赴杭州主讲诂经精舍。他虽在杭州任山长，西湖边还有他的俞楼，可他一直喜欢住在苏州，只在春秋两季赴杭讲学。这样的情形持续了三十一年！在这期间，他还在上海求志、德清清溪、湖州菱湖书院任教。1898 年，七十八岁的俞樾辞去诂经精舍教席，定居苏州。1906 年，曲园老人在苏州走完了他八十六年的生命历程。所以叶圣陶先生认为，曲园先生原籍湖州德清县，幼年住在杭州府的仁和县，杭州可以说是他的故乡，但是更确切地说，曲园先生的一生，跟苏州的关系最为密切。

俞樾所治，曰古文经学，渊源有自。西汉末年刘歆训释和崇奉的就是古文经。古文经相传出于孔子住宅壁中和民间，用汉以前的文字书写，与以汉代通行的隶书书写的今文经相对应，而成儒家经籍的两大统绪之一。刘歆宣称，今文经传经秦始皇焚书，已经残缺不全，远远没有古文经传可靠。由此今古文的壁垒逐渐森严，今、古文学派随之形成。今文经学家注目于经书之“义”，治经强调“微言大义”；古文经学家注目于经书之“本”，治经注重名物训诂。今古文之争，至东汉末年而渐息，历经百年之久。明末清初，汉学又趋“复兴”。昆山顾炎武为保存民族意识，以“考文知音”为张本，高悬“明道救世”之的，倡行古文经学。至乾隆年间，统治阶级加强文化专制，文网酷密，士大夫转而埋头故纸堆，皓首穷经，述而不作，逃避社会现实，形成乾嘉学派。以其文风质朴，称为“朴学”；因斤斤于汉时古经，又称“汉学”，名目虽多，指归为一。与此同时，庄存与、刘逢禄等根据今文经《公羊传》来发挥维持专制统治的思想。鸦片战争前后，龚自珍、魏源反其道而利用公羊学，抨击专制制度的腐败，后来的康梁绍此而起，倡言变法。但乾嘉“朴学”仍然衍传而下，俞樾就是承此遗绪的主要代表。在杭州诂经精舍中，设有许郑祠，“特奉许、郑两先师栗主于精舍之堂，用示凯式，使学者知为学之要，在于研求经义，而不在乎明心见性之空谈、月露风云之浮藻”（俞樾《诂经精舍四集序》）。

俞樾的经学研究影响甚大。据其自述：“余自戊午（1858 年）至今四十八年，著书垂五百卷，说经者居其半”，总编为《春在堂全书》。其中，《群经平议》《诸子平议》《古书疑义举例》诸书，用力尤多，对先秦两汉经传史籍及诸子百家著作，校正句读，审定文义，勘正误义，并分析其特殊文法与修辞，自成一家。时人和后人谓其“上窥许（慎）、郑（玄）之室，下摩顾（炎武）、阎（若璩）之垒”，赞其“戴（震）、段（玉裁）、二王（念孙、引之）后，惟公学最纯；毛（亨）、朱（竹垞）、王、钱（大昕）辈，惟公是比伦”。俞樾又是一位师长，号称“门秀三千”，章太炎、吴昌硕、吴大澂、张佩纶、陆润庠皆出其门下。章太炎师从俞樾八年学习古文经，称先生“为学无常师，左右采获，深疾守家法、违实录者”，如此博采众长，不泥陈说，终成一家。除经学外，俞樾还擅长诗词，旁及小说、戏曲、方志，精于书法。1906年，江苏巡抚陈筱石重修寒山寺，因明代文徵明所书《枫桥夜泊》诗碑漫漶不清，特请俞樾重书。三个月后，先生西归，这块诗碑成为一代大师的绝笔。

俞樾的著作传到日本，为日本士大夫崇拜不已。吉田贤辅诗云：“曲园俞太史，著述传东瀛，我昔读其书，西望心为倾。”不少日本学者浮槎而来，从学于俞樾门下。曾任日本驻英大使的井上子德深佩老师的道德文章，竟从日本寄来樱花，以解老师思慕之渴。《曲园自述诗》赋诗以纪：

> 曾闻海外有樱花，竟自东瀛寄到华，
> 莫惜移根栽未活，也曾一月赏奇葩。

自注述其缘由：余前年选东瀛诗，见其国诗人无不盛称樱花之美，思一见而不可得。乙酉春，井上子德以小者四树植瓦盆中，由海舶寄苏，寄到之时，花适大开，颇极繁盛。

只可惜日本的樱花烂漫在苏州曲园中仅及一月，便怅然而谢了。“花落春仍在”，见多了花开花落的曲园老人，并不为此过于伤怀，这种执着的信念一直是他立身处世的支撑。

俞樾来自诗礼之家，科名场上虽小有曲折，却最终遂愿。1850年，三十岁的俞樾进京应礼部复试，得诗题“澹烟疏雨落花天”，他依题而作，诗中有“花落春仍在”一句，深得当时礼部侍郎曾国藩的赏识，认为此句颇类北宋诗人宋祁“将飞更作回风舞，已落犹成半面妆”的意境，取意积极，名位未可限量，擢为第一。后参加殿试，赐进士出身，改翰林院庶吉士。1851 年，授翰林院编修，后又博得咸丰帝欢心，外放河南学政。就在他仕途最得意的时候，意料不到的打击迎面而来。1857 年秋，俞樾为御史曹登庸劾奏“出题试士，割裂经义”，削职归田，永不叙用。

俞樾 1865 年致书曾国藩时，想起“花落春仍在”一句，感慨万千：“由今思之，蓬山乍到，风引仍回，洵符花落之谶矣。”俞樾是达观的，海上神山似海市蜃楼，原本无由而至，不必强求；“然穷愁著书，已逾百卷，倘有一字流传，或亦可言春在乎？”聊以解嘲。

俞樾把自己的人生追求全都镶嵌在曲园的花石堂轩之间。曲园取老子“曲而全”之意；书斋“春在堂”还由知己曾国藩题额，堂中抱联为俞樾自撰挽联：

> 生无补乎时，死无关乎数，辛辛苦苦，著二百五十卷书，流播四方，是亦足矣；
>
> 仰不愧于天，俯不怍于人，浩浩荡荡，数半生三十年事，放怀一笑，吾其归欤。

春在堂屏门后为“认春轩”，取白乐天“认得春风先到处，西园南面水东头”诗意；春在堂东，有“乐知堂”，为厅堂，寓“乐天知命”之意，堂中抱联为俞樾自撰的寿联：

位于苏州人民路马医科曲园俞樾故居，宅门悬李鸿章书“德清余太史著书之庐”横匾

俞樾故居曲园“乐知堂”

三多以外有三多，多德多才多觉悟。
四美之先标四美，美名美寿美儿孙。

至此，老人应该完全满足了。

太平天国之后的苏州给一位特立独行的士人辟出了一块静谧的方寸，让他的价值实现到淋漓尽致。俞樾“尝与门下诸子约：惟经史疑义相与商榷，或吟风弄月，抒写性灵，如是而已”。但弟子章太炎违约了。1897 年 1 月，他跨出了诂经精舍，走上变法维新之路。老人未置一辞。1901 年，章太炎自日本回国至苏往谒老师，先生“辞令凌厉，未有如此甚者”：

今入异域，背父母陵墓，不孝；讼言索虏之祸，毒敷诸夏；与人书，指斥乘舆，不忠；不忠不孝，小子鸣鼓而攻之，可也。

太炎抬出了汉学祖师顾炎武，“弟子以治经侍先生，今之经学，渊源在顾宁人。顾公为此，正欲使人推寻国性，识汉、虏之别耳，岂以刘殷、崔浩期后生也”。遂退出曲园，撰《谢本师》，1906 年刊于《民报》第 9 号，宣布断绝师生情谊。文章发表的第二年，老人辞世。

1901 年，发生在春在堂的这一切本无人知晓，经章太炎之手，张扬于天下。中国人不习惯于把个人之间的“隐私”公布于世，一定有人对章太炎的这种做法不以为然，他们怕老人受不了。也许，曲园老人受不了恩断义绝的弟子。但是，我们发现，他却慢慢地接受了那个大浪淘沙的无情时代。在 1897 年刊刻的《诂经精舍艺文八集》中，老人还有这样的话：“时局一变，风气大开，人人争言西学矣。而余与精舍诸君子犹硁硁焉抱遗经而究终始，此叔孙通所谓鄙儒不通时变者也。”不到十年，老人遗嘱后人：“国家既崇尚西学，则我子孙读书以外，自宜习西人语言文字，苟有能精通声、光、化、电之学者，亦佳子弟也。”

◎ 第三章 ◎

经济型式

一、近代工业

鸦片战争之前，中国传统社会内部，已经孕育着资本主义萌芽，传统的自然经济结构已经松动，作为资本主义萌芽的沃土，苏州的表现尤为明显。然而，这种萌芽太稚嫩了，根本没有推动传统手工业向现代工业演进的力量。鸦片战争以后，外国资本主义势力依仗与中国签订的不平等条约，对中国进行赤裸裸的掠夺，破坏了自给自足的自然经济基础，破坏了城市手工业和农民家庭手工业。对苏州乡村来说，自然经济衰败的起点和标志是家庭棉纺织手工业的没落。上海开埠以后，传统的农家手工棉纺织即面临洋纱、洋布的冲击，以致开埠不久包世臣在《安吴四种》中就惊呼：松太利在棉花、梭布，较稻田倍蓰，虽暴横尚可支持。近日洋布大行，价才当梭布三分之一。松太布市，销减大半。

不过，实际情况并没有这么严重。在苏州乡村，由农业和手工业的直接结合而产生的巨大的成本节约和时间的节省，成为农民对大工业品进行顽强抵抗的有力武器。

第二次鸦片战争之后，外国侵略者获得了更多的特权，为洋纱、洋布的倾销创造了更为有利的条件。随着西方资本主义国家工业革命的完成，生产技术不断改进。1870 年，苏伊士运河正式通航。1871 年，上海、香港、伦敦之间的海底电线接通。这些都加强了外国资本主义经济侵略的力量。农家自纺土纱渐渐为机制洋纱所替代。洋纱打击土纱的同时，洋布也开始夺占土布市场。19 世纪 80 年代苏州手工棉织业无论是生产区域还是生产规模都已呈现出普遍的萎缩之势。常熟土布，以前行销闽广，“销路甚旺”；自从洋布盛行，“而土布之销数日绌，小民生计维艰”。自然经济的瓦解，给资本主义的发展提供了商品的市场；而大量农民和手工业者的破产，又把成千上万丧失了生产资料的生产者抛进劳动力市场。

19 世纪末 20 世纪初，一部分商人和官僚、地主把他们积累的财富的一部分，在苏州城乡兴办了一批手工织布工场。第一次世界大战期间，苏州棉织工场手工业继续保持强劲的势头，进入“黄金时代”。1914 年至 1917 年的 6 年间，常熟各乡镇先后兴办了锦华、竞美、厚生、元通、华利、业勤、竞丰、永利、沪昌、善昌、永华、施华等 40 多家布厂，拥有铁织机、提花机、平布机约 3 000 台。其中以商人陈勤斋所办勤德织厂资力最为雄厚，置有织机 300 余部，工场发展为 4 个，染整的布匹质地匀洁，光泽鲜艳，在苏州地区颇负盛名。

第一次世界大战以后，苏州棉布工场手工业在原有基础上继续发展，常熟成为江南手工棉织业的中心地区。1927 年前后，常熟城乡内外乡镇置机织造的棉织手工工场不下 30 家，但尚未出现动力织机。至 1937 年，各乡镇已有布厂 100 多家，动力机和铁木动力机 384 台，约占全部织机的 5%。

苏州丝绸历史悠久，闻名中外。鸦片战争以后，它以特殊的技艺和产品特色，抵抗住了外国资本主义的侵袭，颇形繁荣。其最具生命力的民间丝织业在发展过程中，劳动组织形式开始向近代演进，出现了手工工场。“绸都”盛泽的手工工场产生于辛亥革命之后。1916 年 2 月，由袁仲瑞、沈鹏、张文蔚等集资创立“经成丝织有限公司”。该公司开设经成丝织厂于华阳街，开业时置日本提花机 24 台，雇佣女工 100 名、男工 30 名、徒工 12 名，用新法织造。月产 130 余匹，年产 1 650 匹，每匹价值 37 元至 40 元之间。经成丝织厂所出产品如华丝葛、香云纱、横罗、直罗、生丝熟纡纱，均极花样翻新，精彩夺目，且因发明新式丝绸数种，曾得到农商部的奖励。除经成丝织厂，盛泽的丝织工场还有仲云乔仲记绸厂等 4 家。

1895 年 4 月，中日《马关条约》签订，允许日本在中国通商口岸城邑任便设厂。苏州是这次开埠通商的 4 个口岸之一。外国资本主义在输入商品和资本的同时，也输入了新式的机器、技术和生产方式。列宁这样说：资本的输出，在所输到的那些国家中，是要影响到那里的资本主义的发展的，且异常加速这种发展。

时任两江总督的张之洞，是晚清洋务大员。《马关条约》的内容一传出，他就于 4 月 20 日致电总理各国事务衙门，表达了自己的忧虑：当此赔款巨万之际，防费将从何出？至苏杭织丝绸，川楚织纱布，则各国亦必效尤，改造土货。中国工商生计从此尽矣！不论远患先有近忧，伏望圣明熟思深察，可否敕下五大臣等迅速会议，设法补救，以候圣裁。总署不久回答：江浙等省如丝斤、花布可否于出产处先抽厘金方准运出，并招商多设织布、织绸等局，广为制造。又筹款购置小轮船十余只，专在内河运货，以收利权。最后令张之洞妥速筹商覆奏。张之洞应命特设苏州商务局，任朱竹石为总办。鉴于中日战争所筹战款尚有剩余，张之洞奏请在苏州创立丝厂和纱厂，称丝厂利三分，纱厂利二分，若有巨款大举，即尽收利权，假如设丝厂 5 所，则江苏一省之茧，可全收尽！1892 年 2 月，随即奏准苏州在籍绅士、前国子监祭酒陆润庠组织商务公司，担任总董，着手筹办丝、纱二厂。

苏州殷富闻名天下，张之洞额定商股 100 万两，不想豪绅富贾们对新式工业不感兴趣，只好另辟蹊径，除移用息借战争商款外，再向苏州、松江、常州、镇江、太仓 5 地以典当业为主的商人筹款，借户即作股东，由官督商办，开办苏经丝厂和苏纶纱厂，勘定盘门外青旸地附近，动工兴建。建厂伊始，费用浩繁，经费不敷时，又得继任两江总督刘坤一支持，在地方备荒项下，息借积谷、水利等公款，计规银 23. 5 万两，逐年抽本还利。据称，工厂破土动工时，在一片荆榛之地里掘出一座明代古墓，内中墓志石载：死者夏敬庵，有二子，一名经，一名纶，时人称奇。1896 年夏天，苏纶、苏经二厂落成。

1896 年夏正式开工的苏经丝厂，是江苏省最早使用机器缫丝的工厂之一，初创时有意大利大箴直缫式丝车 208 台，职工 500 余人。1897 年丝车全部装齐，增为 336 台，职工增加到 857 人，日产丝 170—200 斤，年产 500—620 担，每担售银 740—760 两，产品均由上海洋行转销英、法、美等国。1927 年时职工人数达 862 人。丝厂所用蚕茧，本在江南原产地采购。从 1896 年起，在无锡、江阴、苏州农村设立茧行，烘干后运回工厂贮存，以备常年需用，工厂全年约需干茧三四千担。

1897 年开工的苏纶纱厂，使用当时最先进的英国“道勃生”纺纱机器，计有纱锭 22 568 枚，招募工人约 2 000 名，聘用了几名外国人为总办和机匠，负责机器安装和维修等技术工作。1898 年的《官书局汇报》称，苏纶纱厂每日可出棉纱 14 000 件，质量可与上海名厂相匹敌。苏纶厂的开办，实为中国新式机器工业的先导。

1898 年春，陆润庠服阕届期，进京任职，丝纱两厂改为招商承办，由纸商捐户部郎中衔祝承桂承租，租期 3 年。

两厂开办时，开支庞大，经营未上轨道，每年都有亏损。自 1893 年起，因欧美各国准备庆祝新的世纪来临，丝绸畅销，丝价由每担 800 余两涨至 1 000 余两。苏经丝厂所产生丝，光洁匀净，颇为外商看好，丝厂开始获利。

纱厂没有丝厂这样的机遇，生产和管理都无法与外商在华的纺织企业相比，加之祝承桂一派官僚习气，进出厂由六人大轿抬送，又嗜吸鸦片，迷信神灵。到 1901 年 3 年期满核查账目时，丝厂虽有盈余，但纱厂亏蚀甚巨，两厂亏盈相抵，欠公私本息各款达 31 万两。朱竹石总办追偿未果，将祝氏看管了 3 个月。最后商定，劝令两厂商董于旧股中设法分期筹款垫拨。

从 1903 年起，苏经、苏纶改由新商费承荫接办，租期 5 年。实际上丝厂从 1901 年时便不再以“苏经”为名，先后以巨昌升、祥茂林、福庸、和丰、森记公司为名，到 1907 年 5 月汪存志为经理的森记时，业务稍有改观。产品商标用人头马身的“森泰”，年产生丝达 620 担，一时生机勃勃。在费承荫承租时代，苏纶纱厂经营状况亦有起色，据说 1906 年获利颇丰，为历年之冠。

1908 年，费承荫租营 5 年期满后，两厂由老股东张履谦收回自营，成为完全商办性质的企业。至辛亥革命前后，时局多变，市场疲软，张履谦又于 1915 年年底病故，丝厂由森记改组为源盛，直至 1928 年结束。据经营苏经丝厂 34 年的汪存志老人自订的《葵庵年谱》

总结，当时丝业之所以不能与外人竞争，约有如下6端：（1）丝厂经济基础薄弱，承租者只图眼前利益，一无长远计划；（2）洋商任意操纵生丝市场；（3）茧行泛滥，互相哄抬抢收，致使茧本超过成本，丝厂无利可图；（4）日本丝的排挤；（5）人造丝的倾销；（6）时局动荡，战祸频仍。

苏纶纱厂则别有一番风景。老股东收回纱厂后，原指望一展宏图，谁知到1909年年底却亏蚀累累。其后屡经转手，直至1925年上海资本家严裕棠租办，才使苏纶纱厂起死回生，进入稳定发展的时期。

严裕棠接手苏纶纱厂时，正值"五卅"斗争热潮，国人抵制日货如火如荼，是中国发展棉纺织业的绝好机会。严裕棠以每年50 000两向老股东租下苏纶纱厂，自任总经理，稍后由长子严庆祥任经理。

严氏父子是具有近代科学素质的企业家，从上海来到衙门似的苏纶时，只见大门两侧挂着虎头牌，红黑棍，门口张贴着"告示"式的布告。进厂时，厂警分作两行，垂手站立，突然"呼喳"一声，行礼致敬。进了办公室，喳喳之声不绝。严裕棠一面扫除生产经营中的官僚习气，一面又觉得厂房设备陈旧，遂向老股东提出停产修理厂房，费用由出租者负责，停产期间不付租金。未料老股东群起反对，指为违约之举，但老股东之一的张一鹏不这么认为："老股东中确多巨富，拥资超严氏者不乏其人，惜苏人无意于投资工业，且无管理近代工业之才。如老股东收回自营，此富于历史之苏纶厂则彻底湮没必矣。不如由严氏取去，则尚有发展之望，可为苏州留下一脉工业。"当双方入讼法庭时，张一鹏作为辩护律师，不但未充分陈述理由，反而劝说大股东："我等既无营纱厂之想，而常受苏纶事务之累。不如出盘了

严裕棠像

光裕公司苏纶纺织厂旧影

事，倒是痛快了结之举。”在他的极力斡旋下，双方息讼和解，严氏以 30 万两白银购进苏纶纱厂，成为其私产。

1928 年，经过整修后的苏纶纱厂重新投产，拥有纱锭 22 500 余枚，全厂以 600 匹蒸汽引擎作传动，并兼带照明。次年，又在原轧花厂旧址扩建第二工场，增添纱锭 20 000 枚，同时创设织布车间，逐渐建成一个颇具规模的织布工场。考虑到蒸汽引擎落后，动力不足，严氏向国外订购设备，自建发电厂，从而解决了全厂长期存在的动力不足问题，使生产水平向前迈出了一大步，苏纶纱厂扩展为综合企业。至 30 年代初，全厂拥有职工 3 000 多人，年产棉纱 3 万余件、棉布 11 万匹，年获利润在 40 万两左右。

严氏家族经营苏纶纱厂有着得天独厚的企业结构内的互补优势。1902 年，严裕棠就在上海创设了大隆机器厂，当时中国厂家惯用进口机械，不敢轻易选用国产品牌，产品打不开市场。后来试制农业机械，拓展了一部分农村市场。1925 年承租苏纶后，又为大隆厂打通了一条纺织机器的去处，形成棉铁联营系统。对此，严庆祥深有感触：在常人看来，大隆是大隆，苏纶是苏纶；不知没有大隆，就没有苏纶的产生，苏纶之所以不像普通纱厂者，正恃有大隆，如机器之修理添补等事，无大隆决无如是方便。在上海的严氏家族同时从事地产经营，获利颇丰，又给苏纶厂提供了一个资金挹注的来源。20 世纪 30 年代全局性萧条时期，严庆祥向中国银行借贷。令人不解的是，合同上儿子是苏纶厂的债务人，而作为总经理的父亲却是担保人。实际上，中国银行总裁张公权很清楚，严氏家族的机器厂和房地产本身就是一笔无需说明的担保。

1937 年下半年，日军日益逼近苏州，苏纶厂停产遣散。1941 年太平洋战争爆发后，严氏“赎回”了苏纶厂，勉强维持到日军投降。此后，在严庆淇的经营下，苏纶纱厂一度复苏，并支撑至全国解放。

苏州城市近代民族工业在 20 世纪 20 年代初，除苏经、苏纶二厂外，还有中兴丝厂、生生电灯厂、振兴电灯公司等。1916 年，苏州出现振亚织物公司，购置日本提花机，用新法织绸，“出品优美，风气渐开”，陆续新建机器丝织厂 10 家，并组成铁机丝织业同业公会。到 1935 年止，苏州城乡全部丝织业，有电力机约 2 000 架，每月每架平均产绸 10 匹；木机尚有四五千架，均系遗存之家庭工业。铁机则仅存百架，产量均属有限。至此，作为苏州主要工业部门的丝棉织业完成了向近代大机器工业的过渡。与上海和无锡相比，苏州主要是一个消费城市，近代大型工业不多。除丝织业外，1920 年开工生产的刘鸿生火柴厂是民国年间苏州大型民族工业的典型。1930 年，刘鸿生将其所创办的荧昌、鸿生、中华 3 家火柴公司合并组成大中华火柴公司，成为全国最大的民族资本火柴工业。鸿生火柴厂是大中华火柴公司的基础和主体。

不容忽视的是，苏州乡村的丝棉工业部门亦步城市工业后尘，向大机器工业过渡。

丝绸重镇盛泽，电力织机的出现较晚。1929 年美丽绸厂厂主诸凤春用柴油引擎发电驱动两台织机取得成功，引起模仿效应。1930 年，郎梅春开设郎琴记绸厂，装置电力丝织机 5 台，可视为盛泽近代工厂之始。至 1933 年，电力机织厂已发展至 8 家。之后几年，盛泽机器丝织厂增设迅速。至 1937 年，全镇电机增至 1 145 台，占当时江苏省织机总数的 46.88%，全国织机数的 6.76%；年产绸缎 570 万码；年耗蚕丝 4 万公斤，人造丝 10 万磅，棉纱 20 万磅。1937 年 11 月，日军侵入盛泽，丝织业工厂全部停闭。沦陷后期，略有恢复。

抗战胜利后，电机业盛景不再。俟蒋介石发动内战，形势急转直下，社会经济凋敝，原料缺乏，生丝暴涨，市场萎缩、混乱，丝绸厂无力支撑，便以倒卖人造丝牟利，电机丝绸行业衰败不堪。这种萧条景象，一直延续到国民党在大陆统治的瓦解。

电力织机在苏州乡村的推广，使丝织业从作坊工场过渡到现代工厂，从手工织造过渡到机器生产阶段，完成了技术和劳动组织的巨大革命，实现了丝织业的近代化。

在苏州棉纺织中心常熟，1904 年，江西盐商朱幼鸿独资以 27 万银元在支塘镇筹建裕泰纱厂。时有纱锭 10 192 枚，职工 1 000 余人，产品有 12 支、14 支、16 支、17 支、20 支等 5 种规格的纯棉纱。这是为苏州乡村机器棉纺织业之始。

常熟乡镇机器棉纺业的发展是在日寇侵华、华东沦陷的特殊历史环境中进行的。当时，日军对纺织业实行统制，限制棉纺生产，但统制条例中规定：800 至 2 000 锭的棉纺工业为家庭工业，可以在产棉区自由采购原棉。这样，上海、无锡、苏州等地的棉纺企业，纷纷把部分纱锭拆迁至常熟棉区就地开设小纱厂。最早迁过来的为无锡庆丰纱厂，以“家庭工业社”之名在虞山镇小东门外陈家市建厂。全盛时，常熟纱厂达到 20 家，纱锭 41 092 枚。

临近抗战胜利的 1945 年 5 月，上海人严庆令集资 40 万银元，于虞山镇四丈湾兴建元生纱厂，纱锭 3 456 枚。解放初，元生纱厂、家庭工业社等 15 家纱厂，共有纱锭 34 064 枚，年产棉纱 11 930 件，产值 829. 25 万元。

棉织工厂是由手工工场发展而来的。陈勤斋创办的勤德织布厂，自 1916 年 7 月开工以后不仅设置新式织机，而且置办了染整的各式机器，形成棉织机器工业的配套一条龙。1921 年，强华布厂采用新设备——天津式铁木脚踏机 70 台。不久，业勤、中兴、辛峰等布厂进行设备改制，把铁木脚踏机改为动力机。动力机的使用标志着机器棉织业的真正诞生。至 1937 年，各乡镇布厂已有 100 多家，共有织机 7 300 多台，可以算作机器织布厂的估计有 30 多家。沦陷期间，各织布厂遭到日军劫掠。抗战胜利后，各布厂纷纷向常州、上海购进全铁动力布机，或自行改进布机设备，所产府绸条、府绸格、提花被单、提花线绒等产品，走俏上海市场。

需要特别指出的是，大机器工业的诞生并不意味着低层次生产方式的消亡。段本洛先生在《历史上苏南多层次的工业结构》中考察近代苏南工业结构层次时指出：在半殖民地半封建社会的历史条件下，发展不充分的城市大型民族工业，不可能充分发挥机器工业摧毁手工业的历史作用，全部剥夺工场手工业和个体手工业的市场；相反，城市大型民族工业不仅需要中小民族工业、工场手工业以及个体手工业作为补充，而且还要以其作为生存和发展的条件，由此形成一个多层次的工业结构。

二、资本主义家庭劳动

所谓资本主义家庭劳动，就是在家庭里加工从业主那里领来的材料，取得计件工资。仅从劳动形式上说，它在传统的农民小手工业中已经延续了千百年。明代中叶以后，江南地区出现了稀疏的资本主义萌芽，苏州“经造纱缎庄账房”是其典型例证。大多数账房采取“散放丝经，给予机户，按绸匹计工资”，以供给手工业工人原料，收回成品，实行计件工资的形式。这样，家庭手工业者成为账房的雇佣劳动者。账房支配的此等机户较为集中，城内散处东北半城，即桥湾、狮子口和北石子街等处；城外在娄、齐二门附近乡镇如唯亭、蠡口等地。女工摇丝，俗谓调经娘。嫠妇贫女，比户为之，资以度日。在这里，账房的商业资本通过机户之手，变成工业资本，于是资本主义家庭劳动形成了。账房的数量在鸦片战争之后激增。时人调查，至 1899 年，资本在 10 万元以上的账房有 100 余户，资本在 1 万元以上的账房约 500 余户，资本在 2 000—3 000 元的小账房约 600 余户。

在现代资本主义机器大工业和工场手工业建立起来之前，作为当时最先进的生产关系形式，资本主义家庭劳动在传统生产方式向资本主义生产方式过渡的过程中，开辟了另一条道路。马克思在《资本论》中指出：封建生产方式向资本主义生产方式的推移，经由两条途径。一条是小商品生产者在价值规律的制约下，通过自由竞争而分化出雇佣劳动者和资本家。这条途径必须以自然经济的解体和突破封建行会制度的束缚为前提。这是一条“真正革命化的道路”。另一条是随着商业资本的演进，一部分商业资本从流通领域进入生产领域，“直接支配生产”，控制小商品生产者，出现资本主义家庭劳动。明清之际，特别是晚清时期，在苏州手工业演变的过程中，商业资本直接支配生产，成为资本主义萌芽的主要途径。

19 世纪末 20 世纪初，在苏州城乡，资本主义机器大工业和工场手工业渐次出现。在小手工业时代就已存在的家庭劳动，与这些近代工业形式发生了重要联系。正如马克思在《资本论》中所指出的：现在，“这种所谓的现代家庭工业，与那种以独立的城市手工业、独立的农民经济，特别是以工人家庭的住宅为前提的旧式家庭工业，除了名称，毫无共同之处。现在它已经变成了工厂、手工工场或商店的分支机构。资本除了把工厂工人、手工工场工人和手工业工人大规模地集中在一起，并直接指挥他们，它还通过许多无形的线调动着另一支散居在大城市和农村的家庭工人大军”。

在苏州，这些家庭工人依附于不同的近代资本：一种是商业资本。清末包天笑先生在《钏影楼回忆录》中追忆：

我们的隔邻，开了一家纱缎庄，庄名叫做恒兴。这些纱缎庄，在苏州城内是很多的，大概有百余家，因为苏州是丝织物出产区呀。纱与缎是两种织物，行销于本地、全国以及国外。……这种纱缎庄，只做批发，不销门市，大小随资本而异，亦有数家，在苏州是老牌子，海内著名，但像我们邻家的恒兴庄，只不过此业的中型者而已。

……那时中国还没有大规模的织绸厂，而所有织绸的机器，都是木机，都属于私人所有的……他们有技术可以织成纱、绸、缎各种丝织物的人家，苏人称之为“机户”。这些机户，在苏州城厢内外，共有一千数百家。

实在，纱缎庄是资本家，而机户则是劳动者。更说明一点，纱缎庄是商，而机户是工。一切材料，都由纱缎庄预备好了，然后发给机户去织。机户则限定日期，织成纱缎，交还纱缎庄，才（再）由纱缎庄销行到各行庄去。有的是各庄预备了的存货，推销各埠；有的是各处客帮订下来的定货，规定了颜色、花样的。这个行业，从前在苏州可不小呀！

那些织机的机工，都住在东乡一带，像蠡市、蠡口等乡镇也很多，近的也在齐门、娄门内外。所以那些纱缎庄，也都开设在东城，像曹家巷我们邻居的一家，已在城里偏西的了。织机的虽是男女都有，但还是男人占多数，因为那是要从小就学习的。织出来的绸缎，灿烂闪亮，五色纷披，谁知道都是出于那班面目黧黑的乡下人之手呢？

常熟棉纺织家庭工人依附的资本形式是手工工场。这里的棉织工场有的置机雇用工人在工场内织造，有的实行放机。所谓放机，就是将布机发放给机户，由织布小生产者具交押金，将厂中的木制手拉机或改良手拉机领回，置于家中织造。工厂实际只是一间账房，并无工场或厂房，也不见布机。织布小生产者请领织机时，一切原料均由厂家供给，由厂家发给凭折一份，以此记载领取的原料，交货时按件计工资，每月一次。所支领的棉纱重量须与交还布匹的重量相符，如有短少，在工资内扣除；工人如停止工作，将该布机交还原主。

常熟放机始于1910年，盛于1930年。据1927年的资料记载，常熟织布厂在内设机者与完全放机者，几乎各占一半。这些织布厂也不是纯粹的工业资本，而是工商业资本的混合。如某布号控制小厂30多家，获利颇丰，遂自办布厂。

花边业是鸦片战争之后出现的新花样。苏州城乡绣女们所依附的近代资本形式，有的是商业资本，有的是手工工场。据称，常熟经营雕绣的花边公司分为两种：一种是资本雄厚的花边制造公司，一般在县城里设立账房和工场，派人在四方乡镇上设立坐庄，坐庄又在农村寻找包头。一般由花边公司成批趸购布匹和花线，工场内雇用设计员、打样画工、裁剪工，裁制成各种规格品种的品件，印好花样，分批交到坐庄。然后，或由坐庄发给包头，再散发给农村妇女绣制；或由农村妇女到坐庄领取加工原料及计算工价的折子，按时绣好成品，照折子所记原料，交付成品给账房，计件领取工资。另一种是资金微薄的花边制造商，无力设立店面和工场，只在自己家内设一间账房，自购原料，自行设计、印画花样，自己到乡间把加工品件直接分发给农村妇女绣制，或由农村妇女自行到账房领活，仍然是交成品后计件发给工资。

资本主义家庭劳动的盛行，跟几个方面的情况相关。列宁在《俄国资本主义的发展》中认为，从资本家这方面说，“把工作分到家里去做，就可以不花费大量资本和很多时间去建造作坊等等，而把生产规模迅速地扩大到自己所期望的程度”。从家庭劳动者这方面讲，面

家庭手工制作生丝在市场上销售

临着传统家庭手工业的瓦解，他们正在为生存问题而发愁，如今竟可以不置备任何生产资料，不离开庭院，获得一项生计，成为亦工亦农的生产者，又何乐而不为？再说，在近代市场经济条件下，销售都是大规模的、整批的，这样，传统家庭劳动的小规模性质同大规模的、整批销售的必要性产生了不可调和的矛盾。列宁在《俄国资本主义的发展》中说：“在当时的社会经济条件下，在小生产者孤立和分化的情况下，要解决这种矛盾，就只有由少数富裕者的代表独揽销售，把销售集中起来。包买主大批地收购制品（或原料），这样就减少了销售的费用，把小批的、偶然的和不正规的销售变为大宗的和正规的销售。”从这个意义上说，包买主，或者说，控制家庭劳动者的资本家搭建起了外部市场与生产者之间的桥梁。

实际上，在资本主义家庭劳动的情况下，在资本雇主和家庭生产者之间，还有许多中介人，因为无论是商人、工场主还是工厂资本家，都不可能把材料分配给散居城乡的千百个家庭，这就必然造就了一批中介人。在苏州丝织同业中，“账房”被称为“大叔”，他们本身并不织造，仅是把活儿放给机户；“机户”被称为“三叔”，是直接生产者；“大叔”和“三叔”之间并不直接接触，“三叔”由从属于“大叔”的“二叔”中介承揽。在盛泽，有一种介于绸庄与机户之间的居间商，称为“绸领头”，是由镇村机户、行庄伙友或航船主（每日固定地来往于镇村之间的船户）脱胎而来的。他们熟悉丝绸交易行情，专职进行导卖，解决了小生产者零星出售与大宗整批收购之间的矛盾。民国年间，“绸领头”势力大增，有时获取佣金较多，便招致非议。《新盛泽》（1925 年 8 月 1 日）专门载文，为之批驳：“查我盛泽绸业，领帮方面，向无公所。自民（国）十二年创办以来，团结精神，办理妥善，足见领帮中不乏良材。则将来盛泽之兴败，惟领帮是赖，缘领帮之与机户，较绸行之与机户，很为接近，故改良出品，指导尤为得当。”

资本主义家庭劳动就是这样一个矛盾的混合物：如果没有“二叔”和“绸领头”这些中介环节，新的生产方式体系就无法形成，传统农家手工业则游离于近代资本主义经济结构之外，无法获得更新；但是，这些中介人的存在无疑又加深了对家庭劳动者的剥削程度，后者的劳动条件也更为恶劣。在集中生产的工场里，资本家为了节省花费，极力缩减在劳动条件和劳动保护设备上的投入，甚至对应有的空间、空气和阳光进行掠夺，空想社会主义思想家傅立叶称这种工场为“温和的监狱”。可以想象，分散劳动的家庭，也不会比“温和的监狱”更“温和”。

精打细算的家庭主人，为了多承揽些活计，增加收入，除了自己没日没夜地劳作外，还动员家庭全体成员，不分男女老少，都投入到资本主义劳动之中。总之，“为资本家进行的强制劳动，不仅夺去了儿童游戏的时间，而且夺去了家庭本身通常需要的、在家庭范围内从事的自由劳动的时间”（马克思《资本论》）。

所有这些，苏州千百个家庭就这样毫无怨言地忍受着。不仅如此，他们还庆幸自己得到了近代工商业资本的恩赐，获得了被雇主们剥削的权利和机会，特别是在传统农家经济既已解体的乡村，形成了“工资虽微，但是老少妇女莫不乐为，劳而无怨”的景象。毕竟，资本主义家庭劳动给他们创造了一种新的生存手段。常熟花边业在20世纪30年代兴衰不定的过程，就透露出从事该业的村妇们的复杂心情。据1937年4月23日《申报》记者的回顾，30年代初期，“梅李一带，开设花边行殊多，而农妇以做花边为农民隙时唯一副业，嗣因供过于求，一度衰落，不得已将工价压低，农妇已无余利，亦视此为鸡肋”；1936年左右，“花边以洋庄销售甚巨，急须各地供应，故此间师桥乡陈某，集资设立花边厂，分发各地女工制绣，工价亦见提高，加快并给奖金，故各地妇女乐于赶制，花边业在本县（常熟），渐见苏复气象”。至全面抗战爆发，花边业遂一蹶不振。

三、特种产品

所谓特种产品，是指在独特的自然和历史条件下，凭借独到的技艺所创造的具有特殊品质的产品。构成特种产品的必要条件并不是这些特殊性的全部，其中任何一种或几种特殊性都可以成为其存在的理由。

某些特种产品只能产生在一定的自然环境里。都说吴县金山（现吴中区木渎镇）出美石，是优质的建筑材料，因为这里的花岗石色青质硬，晶粒细密，化学性质稳定。苏州的澄泥石砚能够取材的范围更小，最好的材质在灵岩山西的“火烧弄”“千人坑”。草头，即苜蓿，是一种江南乡村常见的豆科类草本植物，但它对常熟鸷山（现位于张家港）脚下的土地似乎情有独钟：其他地方所结的草籽只有两盘半，且瘪的多，每个盘里只有两三颗籽；而种在常熟鸷山周围的草籽却有三盘半，饱满的籽粒有五至七颗。于是，从清咸丰年间开始，外地客商便闻风而来。说到泥人，江南人首先想到无锡惠山的“大阿福”，据说它的用料要求十分严格，只在惠山脚下一块约 37 亩左右的黏土上取土。其实，虎丘的泥人也曾名噪一时，虎丘捏相之泥俗谓“滋泥”，滋润细腻，“凡为上细泥人，大小绢人塑头，必此处之泥，谓之虎丘头”。

高超技艺是一种特种产品的基础。吴江农民擅种黄草，“完全售于无锡之南方泉及许舍二处，因除该二处外，他处并无纺织黄草之技术”。浒墅关农村种草织席的习惯可以追溯到春秋时期，当地农民经过长期的试验，培育出草质优良的无性分蘖繁殖的“梅里青”草种。虎丘捏相的高手，谈笑之间，小像即成。《红楼梦》第67回提到薛蟠从江南贩来的货物中，就有虎丘捏相：“在虎丘山上泥捏的薛蟠的小像，与薛蟠毫无相差。宝钗见了，别的都不理论，倒是薛蟠的小像，拿着细细看了一看，又看看他哥哥，不禁笑起来了。”

当然，不能把特种产品的特殊性等同于唯一性。只此一家、别无分店的特种产品极为少见；更多的情况是，彼地虽有，但此处尤佳，执其牛耳。

特种产品的生命力在于其比较完备的市场体系。枢纽特种产品的商行名目繁多，常熟经营草籽的称“草籽行”，吴县经营刺绣的称“绣庄”，吴县浒墅关经营草席的称“席行”，苏州西郊经营花岗石的称“石铺”。比较成熟的商行还“包买”农民的产品。起初，绣庄也是一般的商行，收购家庭绣品，转贩外地市场。后来，绣庄采用放料加工、包买绣品的经营方式；城乡绣女从绣庄领回绸缎和丝线，在家中利用时暇刺绣，再把成品交给绣庄，计件领取工资。绣女们实际上成为受绣庄控制的雇佣工人，她们的劳动具有了资本主义家庭劳动的性质。在分散的家庭劳动形式下，绣女们的手艺只能在范围十分有限的社区内口手相传，各个社区术有专攻，自成一派。苏州的刺绣家庭集中在西郊，其间各村各有专擅。这些绣品集中到绣庄便显得琳琅满目，异彩纷呈。绣品也收购乡民们自行购料、自己设计图案花纹的绣品，产品以枕套、被面、门帘、桌帔、椅垫、台布、床罩等为大宗，戏装和神袍等绣品的销量也颇可观。在这里，绣庄还保持着纯粹商行的本色。

少数绣庄自设手工工场，雇工进行集中刺绣，生产和销售一体化，一派传统的前店后坊格局。民国年间，苏州城中吴趋坊、西中市一带的砚行，也是这样的格局。比较有名的王仁和、吴惠芳、王同和、同仁和砚行老板，从灵岩山西的石料区采购砚石坯料，由航船运抵商行，雇工雕砚。这些工人基本上来自善人桥砚乡，平时有三五名石匠，长期雇包，其余则计件发放工资。

在特种产品商行众多的社区，为了把全行业团结起来，利用组织的力量，规范市场行为，参与市场竞争，成立了同业公所。民国初年，浒墅关席市秩序混乱。抗战时期，50 多家席行店铺联合组成席业公所，以维护席市场的正常贸易秩序。

特种产品以其特殊品质获得了广阔的市场。清中叶以后，苏州城内外的石桥、园林、寺院、宅第、城基等建筑用的石料，几乎都用金焦名石。鸦片战争以后，上海开放为通商口岸，大规模的近代城市建筑的建造对金焦石料的需求量日益扩大，据 1928 年张郁文《木渎小志》称：金焦两山产区石料遍售江浙，自沪上洋商采办，销路益广。据《吴县文史资料》统计，1919 年至 1937 年，洋人在沪建造的花园住宅、公寓、别墅 447 座，豪华饭店、酒家 24 座，影剧院 84 座，其中 10 层以上的大楼有 35 幢，包括 24 层的国际饭店，22 层的新永安大厦，20 层的百老汇大厦，17 层的中国银行和沙逊大厦、华懋饭店等，所用的花岗石大多是采自焦山、金山、高景山石料。

销场的大小与社区范围相对应，因而是相对的。常熟鹁山草籽只局限于江南区域市场，但它的产地也仅有二三个乡十数个村。1950年，吴江平望丝网的年产量为6 000条，对于一村来说已相当可观。

特种产品最明显，也是最直接的经济效益，是扩大了农民的就业机会，提高了农民的收入。抗战前，常熟凤凰乡的草籽，每两箩可卖到1.5～2元。由于价格看好，经济效益较高，人们对种植草籽特别重视。当时农户在安排秋播茬口时，种草头籽的面积一般不少于种地面积的30%，全乡种植面积不少于8 000亩，每年销往外地的草籽有10 000多担。

对此，费孝通先生认为，如果从衰败的家庭手工业中解除出来的劳动力能用于其他活动，情况还不至于如此严重。从事特种产品生产的农民则避免了这一两难选择。1930年，有专家估计，缘于农业生产的季节性，中国农村成年人口中，每年至少有5 500万人失业。这是一种隐性失业。特种产品的生命力增强了其劳动力容纳量，实现了农业劳动力的转移。据解放初的调查，平望胜墩一村从事手工结网的人员就有300人，甚至八九岁的儿童亦谙于此业。浒墅关地方志亦言：浒墅乡村妇女，织席十之八九。席草之肆、席机之匠唯浒墅有之。这些劳动力的转移，非但不影响农业产出总量，反而因劳动力转入特种产品的生产，还增加了社区经济总量。

在传统的农业社会中，江南农民终年劳作于乡间，形成安土重迁的乡土意识。围绕特种产品而形成的产业结构也还表现出浓厚的传统色彩，但对于存在着大量过剩劳动力的乡村来说，不失为一种现实选择。这一选择的过程，也是乡土意识逐渐消融的过程。20世纪30年代，来到吴县焦山乡镇的一个访问者了解到：这些村子里的农人，向来就靠着在农闲的时候，到石宕里去做工，当作重要副业。而沿山左近的种田人，也都把到石宕里做工，当作一件赚钱的大事情。他们只晓得这是祖上传下来的老规矩，只要田里不忙，一有空功夫，总想到宕里来赚几个外快，贴补贴补。尤其是现在，米麦菜籽，桑业丝茧，样样都不值钱的时候格外想来多赚几文；而同时远至木渎、善人桥，各处乡村里的农人，远远的都到宕里来，抢着做工。“铁椎班”（凿石头的雇工）由作头介绍去做工，他们家里，都是种田的，还得照顾田里的事。他们常在上午 10 时去上工，午饭是带上去，或是家里送去的。

诸如此类的亦工亦农家庭，依然处在传统的小农经济结构当中，但从社区发展的视角透视，产业结构已经提高到另一高度，其历史价值不容低估。

◎ 第四章 ◎

静悄悄的革命

一、和平光复

1911 年 10 月 10 日，武昌城内的枪声震动了整个中国，搅乱了静谧的古城之梦，革命的气氛弥漫着苏州，书院巷的江苏巡抚衙门忙乱起来。

当时，驻扎苏州的军队是南洋第九镇二十三混成协四十五标、四十六标，以及张勋的江防营四营。第九镇军官很多曾留学日本的陆军士官学校，或者来自国内陆军学堂和武备学堂，富有民族思想，有的就是同盟会会员，士兵都是新军出身。醉心革命的苏沪革命党人，都把希望寄托在新军身上。武昌起义后，上海同盟会机关派柳承烈来到苏州，结识了在香山开营造厂的蒯左基、蒯左同兄弟。通过蒯氏兄弟，一批家境富有的工商界子弟团结在柳承烈的周围，有开木梳店的程宏，开皮箱店的徐国华、吴寿康等。他们与新军中的同盟会会员朱葆诚频繁往来，策动四十五标和四十六标的下级军官，积极酝酿起义，响应革命。在马大箓巷的蒯氏住宅里，舞枪弄棍的呐喊声掩盖了光复苏州的密议。革命的火药味已经十分浓烈。

当时在四十五标任军官的孙筹成在《回忆江苏光复》一文中追忆道：九月初十日（10 月 31 日），有一素不相识之人来营运动革命。因营内耳目众多，诸多不便，我约他次日在营外密谈。其人自称徐文斌，嘉兴人，向在陆军第九镇步队三十六标供职，是同盟会会员，由上海来苏以同乡名义相访，劝我率领所部以逼标统起义，他和同党伏于城内作内应，如能赞成，请即照办。倘反对而欲邀功，可将他拘获，即使为革命牺牲亦所情愿，以壮语激励。我答，自武汉起义，各省响应，凡有血气之人，莫不欢欣鼓舞，你说不赞成而将你拘获以邀功，太看轻我了。苏州之按兵不动者，不是想效忠清廷，反对革命，是因环境恶劣，正在待时而动；苏州驻防力量薄弱，地势又非险要，倘若贸然行事，南京、镇江、杭州联合旗兵来攻，则腹背受敌，“必致糜烂地方，为害不堪设想”。

如果说新军的胆怯是考虑到敌我力量的悬殊，苏沪工商界人士则是因为对流血的革命充满了恐惧。后来的《时报》这样报道光复前夕苏州的情形：“人心恐慌万状，有如鼎沸，民不安堵，纷纷有移居他方之志……城中富室搬往他方者，几有什之七八。”11 月 3 日，上海光复，次日，苏州商会总理尤先甲、议董潘祖谦等面谒江苏巡抚程德全，施加压力，要求宣布独立。

倾向于和平光复的上海工商学界自然也知道程德全是个关键人物。光复前夕，黄炎培等人又一次来到苏州，拜谒程抚，劝其反正。程德全仍然认为时机不成熟：苏州非用兵之地，无险可守，南京、杭州还没有发动，尤其南京、镇江驻有重兵，万一南京、镇江、杭州三路派兵来攻，吾苏势孤力薄，难免失败，欲速则不达，还是少待为稳妥，倒占有举足轻重的优势。但本人可以声明一句，我是倾向光复一面的。这番表白，是由衷之言，抑或是敷衍了事？大家闹不明白。黄炎培分析道：十有七八可靠，因为程德全并非矢忠清廷的人。他信佛，具有遁世志愿，实是有激使然，不是纯粹的一心皈依佛教，平时，也与革命人士往来。不过此人谨小慎微，当此宁、镇、杭都有旗兵驻防，若是苏州独立，怕受夹攻，不只是糜烂地方，连身家性命，亦恐不保。所以不敢冒险，静看风色。好在苏州的刘之洁标统，系留日士官学校毕业，一向有志革命，时机一到，必能发动反正的。

在苏州驻军中，苏州督练公所的科长章驾时倾心革命，四出奔走，联络上海同志，在外围暗中布置力量。章驾时曾充任四十六标教练的陆军速成学堂监督，相机灌输革命思想，相约一旦时机成熟，即刻反正。

章的内外运动，早为督练公所参议吴茂节所察觉。11 月 3 日，吴茂节单独传见了他："我知道你在外运动革命，为什么不和我谈谈呢？未免不够交情了。"

"事诚有之"，章驾时态度很诚恳，"本想和总参议商量，惟恐不以为然，反遭杀身之祸，不得不暂时保守秘密"。

"章科长！你错看人了，清廷自知满员缺乏人才，不得已起用袁世凯，袁的性情行为，我所深悉，决不愿尽忠清室的。大势所趋，推翻满清，光复汉族河山，在此一举。我所以不动声色者，缘张勋、铁良据宁负固，实力充足，如果苏州首先反正，南京一定发兵攻苏，地方遭受兵灾，元气不免损伤。你与革命党人很接近，究竟运动已到何种程度？愿详细见告。"

章说："总参议既有明白表示，自当以实情相告。本城的军警商学各界，都已运动成熟。只有南京张勋部下的江防营四营官兵，顽固难驯。"

上下级两位官僚原为革命的同志，分外兴奋，一致认为：若是贸然行事，新旧两派必然发生火力冲突，糜烂地方；苟能避免冲突，兵不血刃，改朝换代，岂不更妙？

在和平光复的道路上，可以避免流血，却绕不开一省巡抚。程德全当时兼任督练公所的督办，与吴茂节过从甚密。径直找上门的吴茂节，令这位巡抚大人一时颇为踌躇："日来各省纷纷独立，大势所趋，风声日紧，吾苏与其被动，不如自动。现今只有两条路：一条是效忠清廷，上海派来革命党人，正散匿阊门一带，可以围攻拘捕；另一条是俯顺舆情，克日自动宣布独立，可免地方扰乱，安定人心，时机紧迫，稍纵即逝，请考虑决定！"（吴和士《辛亥革命苏州光复小记》）

在巡抚任上，程德全曾一度力保江苏候补道应德闳升署江苏藩司；清廷认为，程身为巡抚，越级保荐，此为昧于官制，着降三级留任。受到这样的待遇，程德全心中自然郁闷，但听到"革命"二字，不由得有些紧张：如若革命不成，便身家性命难保了！进退两难的程德全是如何下定了最后决心的，今天的人们一时还无法得知。同盟会会员刘运龙的女儿刘莹在回忆父亲的革命生涯时，为我们勾勒了惊心动魄的一幕：先父将苏州高等警官学堂的六十四名革命同学组织起来，成立敢死队，并担任队长。11 月某日晚上，敢死队队员佩戴白色袖章，举行武装起义，在父亲的率领下，袭击苏州督抚衙门。他们先杀掉衙门的清兵卫士，随即冲入督抚衙门，逼令巡抚程德全投降，不投降则杀。程德全在此情况下，被逼答应独立。

这段文字的真实性与否，还说不大好；但这种流血革命的说法，为后来不流血的革命做出了一个过渡性的解释。

11 月 5 日深夜，程德全召集文武上辕，宣告反正意旨：凡赞成者听候任用，迟疑不决者暂留察看，果无反抗情事，准予各归家乡。众官皆表拥护，惟藩司左孝同、巡警道吴肇邦当即表示反对独立。左孝同是左宗棠之孙，性情刚愎，以为身为朝廷命官，只有感恩戴德，才不致忝辱了功臣后裔的名声。他的态度也是在预想之中的，为防不测，程德全略施小计，诱其就范。这位迂夫子着实有些可笑：接到巡抚电话，不疑有它，立即出署，轿子经过胥门学士街，进入通衢时，但见商店都扯起白旗，甚为惊疑。左孝同也知道上海发生了起义，以为程德全素称稳健，是断断不至于附从响应的。

程德全像

听到反正的宣示，左孝同垂首默然。尔后，泣求离去。

◉昨夜蘇州已爲民軍占領，今晨程撫接都督印，江蘇南部之地已全歸民軍，各官員均不更動，照常視事。城上及城門均有重兵防守，今除防兵一營外，其餘各營均已降從民軍。此次民軍舉事，諸極安靜，商店亦照舊開市。十一點鐘時，曾有數店歇閉門，但仍令復開。今晨各處已貼有告示，令民人宜保護外人及旗民人等。各處均白旗飛揚，商店亦有懸掛者。（十五夜蘇州電）

※要聞一※

◉蘇城光復記

▲蘇省督練公所恭議吳茂節、協同協統艾忠琦、標統劉之潔等於十三晚間上海失守，借即上院謁見程中丞，謂目下政府已將浙閩三省抵押於日本，且上海已動，我等何不宜布獨立。現新軍界已齊心，如中丞允爲蘇省都督，保全蘇地人民財產不少。中丞猶豫不能決，遂未能即行發表。至十四日程中丞接上海軍政府來函，請其共扶大局，免得生靈塗炭。中丞立傳司道以下各官及各統領到院商議，新軍各官決計請推中丞爲都督，免動干戈，舊軍各官亦不置可否，獨提法使及藩司左孝同及飛划統領王耀二人之意必與革民軍一戰，方可定奪。程中丞以一經開戰，則地方糜爛不堪設想，是以決計不戰。左方伯等怏怏而退。迨一二句鐘，又接軍政府來電催促，迫令程中丞復請蘇城各紳士及各官員到院開會議廳公議。新軍界人仍申前議，而左方伯、王統領仍謂前議。程中丞向左藩司云：爾包得定必打勝仗，不擾地方否？方伯等無以對，而各紳等亦以中丞能保全地方人民，無不歡迎。中丞之意乃決，即電復軍政府，宣布獨立，以期保全地方。

▲十五日黎明六句鐘，民國軍數十人排隊齎送關防一顆，文曰中華民國軍政府蘇省都督關防。進城後先至督練公所與參謀吳茂節接洽，然後趨至撫署。程中丞服便衣在大堂接受。是時新軍各督辦弁兵士均袖纏白布，排隊到院護衛。凡是日爲月望，本各官衙參之期，到院後均除去頂帽，然後鳴砲接印。文武各官左右站立，裝飭戲武放爆，後立即出示安民。衙門前巡撫部院之匾下掛白湖縐旗一面，上書興漢安民四

《申报》所载苏城光复记

在抚署内发生的子夜革命，是静悄悄的。对于沉睡中的苏州居民来说，其意义是后来才明白过来的。晨起推门，但见白旗遍悬，街谈巷议，皆言已经革命。革命竟是如此轻松，白旗一插而已！当时的《时报》记者目击："迨十余钟，如观前街、阊门街以及道前街一带商店，类皆白旗招展，有书'新汉'、'大汉'字样，或书'光复'。至午后，则住户人家比比皆是。"各商店最为积极，11 月 4 日晚间，赶做白旗，通宵达旦，市中白布为之一空。住在混堂巷的王德森，坚决"守节"，不挂白旗，亦无人追究。事后，他听说某巷内有一旧家，世受国恩，最先悬挂白旗两大方，大书"欢迎民国军"等字样，直至他家白旗收尽，彼尚悬一月。王德森气得大骂"无耻"。无如"无耻"之辈太多，有些骂不胜骂！

也许是东方式革命与欧美资产阶级革命的差异太大，苏州的革命情形，让当时在苏的外国人有些费解："今天（1911 年 11 月 5 日），革命党人的军队在阳光照耀下列队入城，没有发生对抗，抚台衙门和所有的居民房屋及商店都扯起了白旗，没有骚动，一切都在十分平静的方式下进行。这是我难以理解的。"（《苏州海关税务司报告》1911 年 11 月 5 日）

程德全就任都督后，将江防营调往震泽、吴江驻防，江防营不服，与新军一度发生冲突，迅即平息。火力一开，城里便盛传南京的张勋将领兵攻打苏州，顷刻之间，满街的白旗不见了。风声是从铁瓶巷放出的。这事吴士和老人颇知其详：铁瓶巷有个王荫藩，其父宦囊充盈，号"王百万"。王荫藩挥金如土，失欢于后母，每每告贷于亲友。我从日本回国，他不时造访，备极殷勤，我教会了他日语，后又资助他留学日本。到了日本，他劣性不改，结识了一班浪人，学得了一套流氓手艺。辛亥革命时，王荫藩潜归苏州，蠢蠢欲动。上海光复，他说，革命党终究要失败的；苏州光复，他又这样说。待到江防营与新军有了摩擦，他逢人便说，南京的张勋要打苏州了。一批地痞徒党以谣传谣，一时便满城风雨。市民胆小，赶紧收起白旗。一场虚惊之后，白旗重又悬起，以示依然“革命”。

11 月 15 日，程德全应苏州绅士之请，宣布独立。在巡抚衙门前，挂起“中华民国军政府江苏都督”的木牌，程德全从巡抚变成都督，让人用竹竿挑下抚衙大堂上的几片檐瓦，以示革命必须破坏。城内大街贴上六言安民告示：

> 照得民军起义，同胞万众一心，所至秋毫无犯，莫不踊跃欢迎。各省各城恢复，从未妨害安宁，苏省通都大邑，东吴素著文名。深虑大兵云集，居民不免震惊。今特剀切宣告，但令各界输诚。愿我亲爱同胞，仍各安分营生，外人相处以礼，一团和气不侵。旗满视同一体，抗拒反致死刑。共和政体成立，大家共享太平。

一张暂行军律，寒光闪烁：

> 临阵退缩者斩，强奸妇女者斩，造谣惑众者斩，强劫钱财者斩，伤及外人者斩，泄漏军情者斩，纵火殃民者斩，杀伤妇孩者斩。

寻常百姓看了，感觉安全多了。闾巷之间不时飘出一句童谣：

“苏州光复苏人福，全靠程都督。”程德全首先尝到了“革命”成果的滋味。

苏城底定，风起草偃，苏属各县传檄而下，当即发布告示，曰：

> 为剀切宣布事，照得江苏宣布独立，组织都督府，原为保全全省人民之性命财产起见，数日以来，居民安堵，群情欢欣，足见倾向共和政治，万众一心。但天下事易于发始，难于图终，现大局尚未全定，方期实力进行，全省之事，须全省人共担其责任，所贵通力合作，一德一心，上下无不洽之情，远近无不通之意，互相救援，互相谅解，持此不懈，自能立致太平。若仍因循推诿，不自负责，地方必无进步，殊非本都督改革政治之本意，为此剀切宣布，俾众周知。并应由自治公所反复讲解，使村农牧竖以致妇人女子同明此次改革之由，与他日进行之策，庶乎新机焕发，幸福自增，本都督爱护地方之心，藉以稍慰，其各一体知照，切切特示。

说起来，各县革命氛围更为“和平”。吴江绅士费朴安在上海光复后的第二天，被派往苏州从事光复的救护工作。他到达苏州时，城里已到处都是白旗了。既然未动干戈，费朴安的队伍便无事可做了。在留园涵碧山房前的小楼上，他心潮起伏：作为原吴江县议会的议长，吴江光复之责舍我其谁？遂回吴江召开民众大会，商讨光复事宜。苏州光复当天，都督府派出的革命军，五十人一小队，荷枪实弹，沿塘开往吴江。费朴安在城隍庙召开光复会，迎接革命军。一时排枪并发，白旗高悬，民众欢腾。吴江、震泽两知县忙把官印籍置于主席台上，站立两旁。费将两只官印箱打开，示众说："这是官印，不可留下，应即当众销毁，以除后害。"光复军司令吴嘉禄拔出佩刀，截去两角。

算是光复了。

苏州和平光复之后，江苏都督府成立。叶圣陶在他的《苏州"光复"》一文里说：引人忧虑又惹人喜爱的革命来得这么不声不响，真是出乎全城市民的意料之外。倒马桶的农人依然做他们的倾倒涤荡的工作，小茶馆里依然坐着一边洗脸一边打呵欠的茶客。平民百姓谁也不去理会诸如"军政府的性质"之类的问题，但矢志革命的同盟会会员却密切注意着事态的发展。无论政府还是军队的组成，都是清朝原先的班底，同盟会会员自然看出了其中的汤药之妙，围绕着政治实权开始了明里暗里的周旋。

在沪浙苏联军进攻南京时，柳承烈以蒯氏兄弟、朱葆诚等一批人组成了先锋团。攻下南京后，回驻苏州。先锋团名义上属江苏军政府，实际上倚靠沪军都督陈其美。为便于在苏活动，陈其美委任蒯际唐为沪军都督府特派联络员，委派蒯左同在苏州组织"中华共和促进会"，并在木渎与宕户周雨生等成立分会。

在幕僚卢鹿苹的策划下，程德全做出姿态，设立"筹饷局"，任命蒯际唐为主任，柳承烈参与其事。蒯家殷实，社会关系广，筹饷自不成问题。一批饷银筹妥之后，程德全便委派卢鹿苹为筹饷局总办，饷银为程所控制，观前街的筹饷局成为新旧势力关注和斗争的焦点。苏州绅士蒋懋熙为此发表《劝告官绅蠲弃嫌怨》的文告：

溯自武汉起义，仅匝月耳，名城巨镇，相率来归，义旗飚举，欢声若雷。苏省为东南大都，拔帜易帜，捷于形成，影响所及，不崇朝而大局已定。城阛之氓，晨睡方酣，而欢呼独立之声，迩遐震播，点血不濡，寸兵不折。中西人士，相与鼓掌距跃，谓自古革命，无如是之易者……国之既立，则新运方隆，群才悉录，不患无见用之一日；不则游泳盛世，吾子吾孙，且长为太平之民，比诸计较目前，漏舟争座，其为利害，奚啻霄壤。而鄙人犹有进者，方今地方粗安，人心未定，当事官绅，务以宽大之政，以慰人民喁望，举凡妨碍习惯，侵害权利，及易致怀疑之政策，暂勿施行，盖旧政府以假立宪剥民财，致人心离涣，不可收拾，可为殷鉴也。

身为警察厅长的蒋懋熙，目睹新旧两派水火不容，影响地方秩序，自当"勉与维持"，其言也诚：邦人君子，其亦习都督之心，言都督之言，而延吾苏一线之生机，构他日之幸福，毋滋内讧，致召人侮，情迫词哀，泪尽以血，天日在上，我言敢欺，幸垂鉴焉。

南京临时政府成立时，孙中山先生任命程德全为内务总长，程不愿离开苏州，称病至沪休养。苏州还真"少不了"程德全，阊门发生了兵变。绅士叶昌炽在壬子二年（1912 年）二月初十日的日记中写道：

昨夜十钟，先闻排枪声，既而隔墙途人言有火警，红光烛天，亟登楼排闼视之，东西为崇墉所隔，南北无所见。今晨起，始知阊门外营兵焚劫，达旦火始息，几酿第二津、京之变。但城关皆下键，自山塘街南至马路，损失之数尚未知？惟闻驾六所设晋丰质库已不保，北里搜括一空，倡条冶叶，狼藉路隅。又闻江北船帮皆联为一气，连樯运赃而去。商团已出队。

次日，询诸至亲，闻诸街谈，始知详情：

第四十六标军队自寿州调回，素不循纪律，军府养痈流毒至此。共劫质库三家，其余商店、旅馆、妓寮亦有百余家，所至翻箱倒箧，寸草不留，幸焚屋伤人不多。乱军十之四夜半即饱扬，尚聚于朱家庄未散。宪兵、警兵坐视不敢击。土匪十之六黎明犹往来搜括，皆江北流氓也。河干召伯船及城根草棚，搜出衣物无数……

这位清朝遗老听到一些民间传闻，愤然断言：将来悬首藁街皆此辈也！

不过，城头始终没有挂上人头；蒯氏后辈提供了深居巷间的叶老想象不到的社会背景。程德全也深知此中文章，就以退为进，辞去内务总长职，称病到上海休养。程虽已离开苏州，但苏州的军政大权仍控制在程的亲信应德闳、章驾时等人手里。袁世凯窃国既成，程德全就迫不及待地谋取回苏重掌大权：一面由他的亲信出面纠集一些绅商联名吁请程德全回任；一面又效袁世凯制造兵变要挟临时政府北迁的故技，预谋布置了一次乱局，纵任乱兵在阊门外抢劫商户，弄得全城惶惶不安。于是要求程德全回任的呼声更加响成一片，程德全本人便以“苏难未已”为词，扶病回苏州复任江苏都督。

至民国元年初夏，号称“辫子军”的江防营撤离了苏州，革命党人认为，这是倒程的绝好机会。蒯大禄在《追忆先父际唐、先叔左同在辛亥革命光复苏州中》追忆道："为了避免外界耳目，又经常以纵情声色为掩护，出入于阊门下塘街仓桥浜一带妓院。集会则多在留园、虎丘进行，我家马大箓巷住宅是联络中心。程德全重回苏州后，革命党人的活动就更加频繁，先父、先叔、柳承烈等经常奔走苏沪之间，柳承烈在苏期间就住在我（家）马大箓巷新宅，上海运来的枪支弹药则存放在老宅。"

农历四月十七日，柳蒯集团在虎丘赖债庙秘密开会，讨论行动步骤和组织名称：行动的最初目的是选陈其美做江苏都督，就叫"选陈会"；但拥陈必先倒程，洗刷程德全势力，还是称"洗程会"合适。

几天之后，上海同盟会的军火尚未运到，"洗程会"的秘密已为卢鹿苹所侦悉，急报程德全。程即派宪兵、商团分头搜捕蒯氏的马大箓巷和高师巷新旧住宅，蒯际唐等四人当场被捕。柳承烈闻警攀至屋顶，伏匿三昼夜，至宪兵和商团完全撤离才逃走。

当夜，蒯际唐等四人被押至军政府，直言不讳"洗程会"的洗程拥陈内幕，争相自称主谋，开脱别人，如此竟至相持不下，结果以四人既同为主谋，便同判死刑。蒯氏母亲连夜奔沪，向黄兴求援。程德全接到援救电报时，蒯际唐他们已被枪杀于军政府东首督练公所教场。

接着，程德全公布罪状：蒯氏等人组织"洗城会"，存洗劫苏城之谋，已予正法。苏州人只知有"洗城会"，而不知有"洗程会"。幽深的街巷里，仍然回荡着那首童谣：苏州光复苏人福，全靠程都督。

二、书生南社

苏州，应和着紧而密的革命鼓点，踏入了20世纪。革命虽然没有人们想象中的那么可怕，但事实上，苏州新军的枪膛早已擦亮，子弹已经上膛，于是乎有了专制皇冠的落地，民国的诞生。与新军的枪杆子桴鼓相应的是南社书生们的笔杆子。曹聚仁1936年有过一次演说：19世纪，可以说是一个革命的时代，南社首先揭出革命文学的旗帜，和同盟会的革命运动相呼应。我们不必说什么歌颂南社的话：有一句话我们可以说：南社的诗文，活泼淋漓，有少壮朝气，在暗示中华民族的更生。那时年轻人爱读南社诗文就因她是前进的、革命的、富于民族意识的。

南社的出现，有赖于“三个书呆子”的努力，所谓“函牍往来，诗词唱和，酝酿复酝酿，动荡复动荡”。三位书生中有两位是苏州吴江人：柳亚子和陈去病。论起辈分来，柳亚子还应该称陈去病师叔呢，因为柳亚子的父亲、叔父和陈去病先后师从同一位先生，即名宿诸杏庐。陈去病从年龄上长柳亚子13岁，1902年，两人在吴江县城应试时相识，一见如故，陈去病也绝不摆师叔的架子。同年，陈去病加入了在上海的革命团体中国教育会。当时，中国教育会正在常熟、吴江等地发展会员，设立支部，柳亚子经陈去病、金松岑介绍，做了中国教育会会员，到上海进了爱国学社，得识章太炎、邹容等几位先生，“革命的思想就此确定”。正在日本的陈去病，认识了孙中山、黄兴等革命家，也是革命气概不可一世：“革命乎！革命乎！其诸海内外英材杰士，有辍耕陇畔而怃然太息者乎？则予将伏剑从之矣。”

《苏报》案发生后，上海爱国学社解散，金松岑先生仿爱国学社体制，在同里创办自治学社。1904 年，柳亚子就读于此，更加醉心革命。在这里，柳亚子结识了奇人朱梁任。朱梁任是吴县人，父亲做常州府守备时，曾得到清室诰封。他酒醉后，说着“这胡儿之赏有何用处”，竟就把父亲视为至宝的诰封撕掉了。父亲操棒追打，梁任先是逃到上海，继则东渡日本，加入了同盟会，成了革命党。1903 年，朱梁任与苏曼殊、包天笑等人登上苏州郊外狮子山，以诗文以招国魂。包天笑问：“何以要到狮子山呢？”朱梁任说：“我们中国是睡狮，到此时候，睡狮也应该醒了。”几人神秘地雇了一条船，备了祭品，带了一支后膛枪，登上狮子山头。朱梁任向北放了一枪，自署“黄帝之曾曾小子”，赋诗道：

> 十月之交招国魂，曾曾小子拜轩辕。
> 黄河两岸遗民泪，赤县千里奉至尊。
> 纵有胡儿登大宝，岂无豪杰复中原？
> 今朝灌酒狮山顶，要洗腥膻宿世冤。

招魂幡为一白布，上绘雄狮狰狞状，意谓睡狮已醒，将一吼惊人也。

其上书年曰“共和纪元第四十六癸卯十月辛亥朔”。题招魂幡云：“归去来兮我国魂，中原依旧属公孙。扫清腥雨膻风日，记取当时一片幡。”当时文人反清革命思想之活跃，于此可见一端。

1906年，柳亚子去上海，进理化速成科习化学，谋造炸弹，因病中辍。留沪，任教健行公学。健行公学实际上是同盟会江苏分会的外围组织，主持人是上海金山的高天梅，就是柳亚子所称的南社发起时的“三个书呆子”之一。这年2月，柳亚子经高天梅、朱少屏介绍，加入中国同盟会；此后，又经蔡元培介绍，加入光复会，成了“双料的革命党”。

陈去病也在1906年加入中国同盟会。第二年7月，鉴湖女侠秋瑾在绍兴殉难，正在上海编辑《国粹学报》的陈去病计议发起追悼，未成，便与柳亚子、高天梅谋划，组织了“神交社”。柳亚子说，“神交社”就“隐然是南社的楔子”了。

1909年10月，柳亚子与陈去病等经过研究，决定于11月13日在苏州虎丘举行雅集，成立南社。选择在虎丘召开成立大会，是仿明代“复社”成例。明崇祯六年（1633），复社曾于此集会。集会之日，“山左、江右、晋、楚、闽、浙以舟车至者数千余人”，众人“无不诧叹，以为三百年来，从未一有此也”。

南社何意？高天梅的《南社启》称：“社以南名，何也？‘乐操南音，不忘其旧。’其然，岂其然乎？南之云者，以此社提倡于东南之谓。”宁太一的《南社诗序》阐明命名意义在于“钟仪操南音，不忘本也”。对照所谓南社是“羁人贬臣寡妇逋臣才子狂生遗老逸士”的集合的说法，南社暗示着种族沦亡的隐痛，着力于提倡民族气节。

1909 年 11 月 13 日，南社在苏州虎丘第一次雅集。前排左三为柳亚子，中排左二为陈去病

雅集前一个星期，陈去病在《民吁报》发表了一篇文辞隐约的《南社雅集小启》：

> 孟冬十月，朔日丁丑，天气肃清，春意微动。詹尹来告曰：重阴下坠，一阳不斩，芙蓉弄妍，岭梅吐萼。微乎微乎，彼南枝乎，殆生机其来复乎？爰集鸥侣，觞于虎丘。踵东坡之逸韵，载展重阳；萃南国之名流，来寻胜会。登高能赋，文采彬焉；兹乐无穷，神仙几矣。凡我俦侣，幸毋忽诸！敬洁清尊，恭迟芳躅！

柳亚子自命是梁山泊上的小旋风柴进，会期前四天，就赶到苏州，投宿于阊门外的惠中旅馆。恰巧名伶冯春航在苏州演戏，他便天天去捧场。到了 11 月 13 日那一天，先后来到的，共有十九人，社友十七人。社友中十四人是同盟会会员，说是雅集，革命气氛也很浓厚。奇怪的是，作为南社发起人的高天梅没有来，柳亚子在《南社纪略》中这样猜测："三灾八难的事情还很多，一个谣言，说虎丘雅集有危险的可能，于是天梅杜门避矰缴不来了。"

正午以前，他们雇了画舫，从阿黛桥出发，循七里山塘，一橹双桨，摇到虎丘。会址定在张公祠，是含有意义的。张公名国维，字玉笥，浙江东阳人，明末崇祯年间做过苏松巡抚，南明鲁监国时代，以起兵抗虏殉节。著有《吴中水利全书》，不但义烈载诸史册，又复惠爱泽被民间。

职员选举是在觥筹交错中进行的。十九人开了两桌，菜肴是早就备好了的船菜，由船娘纤手调羹，风味独特。喝酒当中，便选出职员：陈去病为文选编辑员，高天梅为诗选编辑员，庞檗子为词选编辑员，柳亚子为书记员，朱少屏为会计员，预备发行《南社丛刻》。

选举既毕，酒兴勃发，醉意之中，大家忽然说到了诗词问题，一场激烈的争论由此引发。柳亚子后来在《南社纪略》中回忆道：

> 在清末的时候，本来是盛行北宋诗和南宋词的，我却偏偏要独持异议。我以为论诗应该宗法三唐，论词应当宗法五代和北宋。人家崇拜南宋的词，尤其是崇拜吴梦窗，我实在不服气。我说，讲到南宋的词家，除了李清照是女子外，论男性只有辛幼安是可儿，梦窗七宝楼台，拆下来不成片段，何足道哉！这句话不要紧，却惹恼了庞檗子和蔡哲夫。檗子是词学专家，南宋的正统派，哲夫却夹七夹八地喜欢发表他自己的主张，于是他们便和我

争论起来。一方面，助我张目的只有朱梁任。可是事情不凑巧，我是患口吃症者，梁任也有同病，两个人期期艾艾，自然争他们不过，我急得大哭起来，骂他们欺侮我。檗子急忙道歉，事情才算告一段落。

辛亥革命前后的中国诗坛，“是比较保守的‘同光体’诗人和比较进步的南社派诗人争霸”的局面。同光体诗人的代表人物是陈三立、郑孝胥等官僚派诗人。他们宗承宋代江西诗派，内容远离社会现实，词句僻拗，生涩瘦硬，柳亚子在《胡寄尘诗序》中此的批评一针见血：“盖自一二罢官废吏，身见放逐，利禄之怀，耿耿勿忘。既不得逞，则涂饰章句，附庸风雅，造为艰深，以文浅陋。”柳亚子反其道而行之，实际上是与旧文化的一场较量。

虎丘雅集之后，介绍社员，编辑社刊，雅集唱和，到《南社》第四集出来的时候，南社就渐渐地为人所注目了。1911 年 8 月 12 日上海《天铎报》著文评骘：“读所刊第四集，首骈散文，次诗，次诗余，所诣皆雅正遒上。复多折衷新理，有关社会向导之作。”

这已经是辛亥革命的前夜了。武昌起事后十四天，上海法租界三茅阁桥《民立报》报馆收到一封从苏州全盛信局发出的信，署名“亦是同胞”，嘱报馆转交柳亚子。“亦是同胞”对南社一班书生信心十足，以为他们可以在光复苏州中一显身手：“当此之时，正丈夫用武、英雄得志之秋也。自前月黎君起义，鄙人以为我江南志士，必能援手梓桑；何意至今尚杳然无闻，岂欲坐观成败耶？窃以为江督苏抚究属汉种，有胆大心细之士，入其署而游说之，不白旗遍地者，吾不信也。贵社人才济济，此中真谛，自不劳饶舌。至于军械辎重，无须多备。新军煽动于姑苏，商团呼啸于沪渎，则一举而苏、沪归正，常、镇、太必有响应，即浙之杭、嘉、湖亦定卜同谋矣。趁此天心与人心巧合之际，望诸君勿失此机会也。”（柳亚子《南社纪略》）

柳亚子的态度颇为实在，他说，这封信是不生效力的。不过，在上海方面担任实际工作的陈英士社友，却早在着手进行这方面的活动。11 月 4 日（旧历九月十四日），上海光复，英士被推为沪军都督，组织都督府。5 日，苏州程德全也接受英士委派的代表的劝告，而宣布反正了。

苏州光复第二天，江苏都督程德全拨款一千二百元，想办一份报纸，造一些舆论。这才是书生的事儿。当时，从杭返苏的陈去病毛遂自荐，四天时间，便出了一份油印的《大汉报》。陈去病写的发刊词极尽张扬革命：“二十世纪之中国，真我黄帝子孙发扬蹈厉之时日哉!”尽管当年的南北政治形势扑朔迷离，但是陈去病对新生民国充满信心，他已经在考虑有关民生方面的问题了。辛亥年秋，苏南大水，他在《大汉报》撰《吴中水利之义》，详说水系，规划疏导，并附上浚河建闸的程序表，以引起当政者的重视。

《大汉报》的馆址，起先在沧浪亭对面的可园。可园地极幽美，正是书生论政的好去处。陈去病领衔在《大汉报》发表《南社临时雅集广告》：自光复以来，本社之目的已达，惟建国伊始，一切事宜正资讨论，亟应组织共和政党，以策进行。看来南社还有更远大的目标，苏州的历史，可能因为南社又将被浓墨圈点。遗憾的是广告刊出后的第三天，程德全就停发了经费，原因是，江苏都督府迁往南京。对此，书生们能说什么呢?

跟苏州相比，上海的思想文化气息自然更具魅力。辛亥革命前后，南社社友们纷纷来到上海。其时，重要报刊大都由社友们主持笔政。报名可以列出《民立报》《新闻报》《太平洋报》《神州日报》《申报》《民国新闻》《民声报》《天铎报》《民权报》《民国日报》《时事新报》《生活日报》等；名流可以列出宋教仁、于右任、叶楚伧、陈英士、郭步陶、杨千里、陈望道、苏曼殊、胡朴庵、胡寄尘、李叔同、柳亚子、黄宾虹、王钝根、周瘦鹃、邹亚云、陈布雷等。到这时，书生的能量真正发挥出来了。柳亚子在1936年写给曹聚仁的信中说："近十年来的中国政治，可说是文经武纬，都在南社笼罩之下了。有一个时期，南京的行政院院长是汪精卫，代理立法院院长是邵元冲，司法院院长是居觉生，考试院院长是戴季陶，监察院院长是于右任，中央党部秘书长是叶楚伧。"作为"南社灵魂"的柳亚子得意之情不能自禁："试看今日之域中，竟是南社之天下！"问题是，汪精卫诸流，还是昨日书生吗？

书生们在另外一类问题上产生了分歧。1912年，上海愚园雅集时，柳亚子提议修改条例，把编辑员由三人制改为一人制。理由很简单："我觉得南社的编辑事情，老实说，除了我以外，是找不出相当的人来担任的了。一个人尚且不容易找，何况要三个人呢？所以我的主张，是改三头制为一头制，人选则我来做自荐的毛遂，这是为了南社的前途，我认为用不着避免大权独揽的嫌疑的。"率直的话，顿时引起了高天梅的反对，其他人有的默不作声，有的说："众擎易举，独力难成"，还是三头制的好。只能投票解决了，结果反对票多，赞成票少，条例原封不动。这已经让柳亚子很失望了，高天梅又把一年前柳亚子的一句酒后谑言甩了出来："究竟谁是得道多助呢？"这还不算，又讥刺道："今天到会的社友，知识程度很高，自然黑白分明，不会受人家的利用了。”待到 10 月 29 日，社友们看到各报登载的柳亚子脱社声明，才觉得高天梅过火了；高天梅也后悔起来，托人向柳亚子赔礼道歉，柳亚子置之不理。南社没有了灵魂，便无声无臭了。1944 年劲草先生在《南社影事》中的分析很中肯：“这不是柳亚子是天神，不是全体社员崇拜偶像，实实在在，南社社友中，决无如亚子一样能肯埋头苦干啊！”

1913 年 3 月，在上海愚园第八次雅集时，柳亚子如愿以偿，做了主任。

一介书生，可以左右南社，却左右不了日非的国事。1915 年，日本帝国主义以承认袁世凯帝制为交换条件，炮制了灭亡中国的《二十一条》。可怜“手无寸铁的书呆子”，柳亚子“只好抱着满腔孤愤，寄沉痛于逍遥”。

5 月 9 日，中日签约那天，柳亚子赴愚园社集，车中口占一绝：

驱车林薄认朝暾，草草重来已隔春。
至竟何关家国事？羞教人说是诗人！

到袁氏改元洪宪，柳亚子痛哭流涕，整日地对歌操颂莽的人们口诛笔伐。让他多少有些意外的是，1916 年 6 月 6 日，“袁皇帝”居然给气死了！实际上，气死袁世凯的，不仅仅是南社书生的笔墨，更直接的是护国军的枪炮。

南社的革命笔锋触及小说、戏剧、诗歌等各种文学门类，甚至历史也有涉及，但南社首先是诗的；诗的南社始终洋溢着浪漫的气息。虎丘首次雅集时，关于同光体诗歌的争论，曾使柳亚子哑然而哭。令人回味的是，这一争论煽起的肝火，“终于搅散了南社的道场”。

在南社中，不乏吹捧同光体者，第一是姚宛雏，第二是闻野鹤，第三便是朱鸳雏。面对“年少气盛，狂放到不可一世”（柳语）的柳亚子，闻、姚二位隐然而退，只有朱鸳雏仍是勇往直前。闹了一个多月，朱鸳雏一怒之下，脱离《民国日报》，又在《中华新报》找到了他的新营垒，攻击更甚。有人冒用朱鸳雏的名义，做了几首歪诗，说柳亚子少年美貌，与伶人冯春航、陆子美如何如何。于是势成骑虎的柳亚子，便在《民国日报》和《南社》上登载广告，开除朱鸳雏，“布告天下，咸使闻知”。

又经过了一年多的纷扰，柳亚子意兴阑珊，觉得天下事不可为，便怏怏然辞去了南社主任之职。革命南社终成明日黄花，慢慢萎谢了：1920—1921 两年中，社务完全停顿。到 1922 年 6 月 11 日，才在上海半淞园举行第十八次雅集，在这一次雅集中，大家依旧鼓不起勇气来，至 1923 年，已是新南社的时代了。

柳亚子后来在《南社纪略》中对南社没落原因的推究击中肯綮：“一方面果然由于这一次的内讧，一方面实在是时代已在五四风潮以后，青年的思想早已突飞猛晋，而南社还是抱残守缺，弄它的调调儿，抓不到青年的心理。尤其是经过这次的一闹，鸡飞狗走，大家更觉得头疼，认为是丢在茅厕内的金字招牌，捞起来也大有余臭了。”

新文化运动又使一度消沉的柳亚子感奋起来。王无为在《中华新报》主张打倒柳亚子，再组织一个簇新的南社。“始终顺应历史前进的潮流”（胡乔木语）的柳亚子断不肯走在别人后面，重振旗鼓，发起“新南社”。南社的发起，在民族气节提倡的时代；新南社的孵化，在世界潮流引纳的时代。南社中的一部分人不愿落伍于时代。

在柳亚子所撰的新南社成立布告中，其精神似乎更加明白："新南社的精神，是鼓吹三民主义，提倡民众文学，而归结到社会主义的实行。对于妇女问题，劳动问题，更情愿加以忠实的研究。"

新南社出了一期社刊，面貌完全改观，但仅此一期；搞了三次聚餐，但仅此三次，1924 年 10 月 10 日在上海新世界西餐部热闹了一次后，就此沉寂下去。人们对新南社似乎有些忽略，柳亚子本人在 1936 年的一段话很值得重视："南社是诗的，新南社却是散文的了。讲到文学运动，新南社好像已经走出浪漫主义的范围了吧……所以我说，无论如何，新南社对于南社，总是后来居上的。"

在南社、新南社的雅集、会餐、社刊中，社友之间为了一种理论，一句话，甚至一个神情，有过多少次口角之争？所有这些，书生们都淡漠了，留在记忆中的只有共同战斗的豪情和私人之间的情谊，偶尔也有对别人冒犯的追悔。1928 年 11 月 12 日，柳亚子、陈去病发起"南社二十年纪念会"。人们又来到苏州虎丘，但已人事皆非。陈去病、柳亚子两人病了，张东阳祠坍了，冷香阁在山上，天雨地滑，有几个人既怕淋湿，又怕跌跤……

又过去了几年，1935 年 11 月 10 日，虎丘冷香阁旁，又出现了一群似曾相识的人们；南社旧友们正在埋葬他们的一位领袖的忠骨，他是陈去病，南社的发起人之一，二十六年前虎丘雅集的"宋公明"，两年前仙逝于吴江故里。

三、来自江南小镇

历史教科书都这样写着：辛亥革命最大的成果是民主共和观念深入人心。但现代文明的观念是如何进入人们脑际的呢？构成人口绝对多数的乡村人们拥有接受现代文明观念洗礼的机会吗？

事实上，在乡村中，一个普通的农民要主动接受外来文明的辐射，是相当困难的：他要对祖祖辈辈继承下来的、已经为首属群体所认同的传统规范提出质疑；他要了解邻近地区、城市乃至更广阔的世界的创造性变革；他要具备革新的经济实力和知识水平；他要产生这样的冲动去打破低层次的平衡。读法国历史学家 H. 孟德拉斯的《农民的终结》，其中提到的一种“边缘人物”，让我们若有所思：“（他们）既生活在外部世界，也生活在乡村世界，有时生活在外部世界的时间要多得多。他们阅读报纸和杂志，与邻近地区的同一阶层人士保持着联系；他们经常在城市里度过冬季，在那里他们推动着通常既对农业感兴趣同时也致力于研究美学和考古学的学者社团。”来自江南小镇的柳亚子、陈去病和金松岑与近代法国社会的“边缘人物”何其相似！

陈去病来自吴江同里。仅两平方公里的小镇，四周为五湖环抱，内湖纵横缓流。镇民临水构屋，傍水成街，街河并列，路桥相衔，户户通舟。小镇人文蔚起，明吴骥《同里先哲志》序云：“宋元以来，尤多名家望族，故儒绅大夫彬彬辈出，而功业声光为时所重。”陈氏祖居浙江兰溪，元季避乱迁至吴江周庄，以锻铜为业，其所制熏炉精良，名声大著，数传之后，改营榨油。清中叶，陈家一支由周庄迁青浦诸巷，自诸巷迁吴江芦墟，再迁同里。1915 年陈去病撰《纂谱琐言》，对其工商世家的孝友、敦睦、任恤的家风，列述其详：“先曾王父居诸巷，恒为人排难解纷，得长者之誉。人有感其德者，往往操豚蹄为饷，公辄谢弗肯受。或强之，则愤而投诸河曰：‘吾岂欲报而始为汝排解哉！’此强直之性受之于天，非可伪为也。先王父亦然。卓然耿介而又济之以友爱……他若先考之不喜谄谀，恶见文士。叔考之素为闾里侠，皆所谓质直之行，有先民之遗风焉。”祖辈的品行被他概括成几句训条：

> 卓然耿介而济之以友爱，仁至义尽；
> 不喜谄谀，不希荣慕利，虽贫贱而质直；
> 敦崇节操，非礼弗行，耐霜傲雪，节比松筠。

柳亚子来自黎里，与同里一样，黎里流溢着水乡神韵，代出硕学通儒。柳亚子的祖上世代务农，让柳氏家族改变门第的是高祖柳树芳，人称古槎公。自此之后，柳氏家族以诗礼闻名乡里。亚子初名慰高，父名念曾，叔名慕曾，都是为了纪念古槎公，承继诗礼家风。童年亚子的读物之一便是高祖的《胜溪竹枝词》，他最早从这里接受了祖德家风和风土人情的教育。父亲柳念曾遗传给亚子的更多的是独特的脾性，柳亚子曾说："我生平倔强的个性，遗传于父亲者为多。"

1895 年，清政府在中日甲午战争中惨败，签订丧权辱国的《马关条约》。据此，苏州被辟为通商口岸。1898 年，康梁维新运动兴起，同里乡绅金松岑痛政府之不足图自存，与陈去病等在镇上组织了"雪耻学会"，陈去病自榜一联"炎黄种族皆兄弟，华夏兴亡在匹夫"，参与了学会的组织。柳亚子后来在《五十七年》一文中回忆："戊戌那年，我对于政治还不大了了，但从父亲的口上，常常听到他讲起关于政变的故实，和康有为、梁启超的名字。在现在想起来，他老人家大概可以算是一个维新党吧。"

民族的命运，时代的潮流，把江南小镇上几个不同门第、不同辈分的人物连成一体，无怪乎后来人们把柳亚子、陈去病和金松岑三人并称为清末民初"吴江三杰"。

1903 年，已经加入上海中国教育会的柳亚子准备成立"中国教育会黎里支部"。镇上的禊湖书院是理想的集会演说场所，却遭到山长范某的反对，血气方刚的柳亚子一众岂肯善罢甘休：他们少年气盛，便把大门掮掉了，硬是进去演说，号召了不少人来听。没有演说台，便把炕几移去，跳上炕席，大演特演起来。讲到激烈的时候，双脚一顿，炕席便开了一个大洞。(柳亚子《五十七年》)

后来，黎里支部的牌子挂到了众善堂，几十人参加进来，每周登坛演说，一口一个维新；油印起《新黎里》月刊，一句一个变法。

诗礼之家出了"逆子"，全镇为之哗然。黎里支部的领袖们和金松岑于 1903 年来到上海，进入蔡元培先生的爱国学社，与章太炎、邹容等革命家结为知己。邹容撰《革命军》无力印行，金柳斥资相助；邹容入狱，金松岑力谋营救；邹容被害，金松岑撰文以祭。

金松岑目睹清廷与外人勾结，力量尚强，欲图作为，须得大力鼓煽民气，于是返回故里，从事著述，继续办学；仿爱国学社体制，把同川小学改为自治学社。金松岑在乡里蓄积数年，于1911年被迫迁居苏州。金氏《孤根集自序》云：辛亥秋，江南大水，乱民劫镇，毁余家，乃奉老母移藏书万卷迁于苏。具体情形，据同里耆旧溯往，乃与办学有关：初，先生扩同川校舍，毁猛将庙一所；猛将乃主一方天运、祸福之神，部分乡民为之忧心。辛亥大水，果然“应验”了。管家圩乡民手执庙旗，包围金寓，扬言要打死先生。先生闻讯从后门步行赴苏。

1903年6月，柳亚子因为中国教育会与爱国学社的内部意见分歧，不得不返回黎里。不数日，《苏报》案发生，章太炎、邹容入狱。金松岑奔波于同里、上海之间设法营救，同时，为柳亚子、章太炎传递信函。身陷囹圄的太炎先生对僻处一镇的同里小学寄予殷切希望，致函柳亚子：“‘同川’之存，千钧系发，复得诸弟与松岑、去病、蛰龙诸君尽力持护，一成一旅，芽蘖在兹。当使朱鹤龄、陈长发（朱、陈皆吴江明末遗民，治经学有声）辈知后起有人，积薪居上；亦令奴性诸爨，不以‘爱国’分散之故，遂谓天下之莫予毒也。”（柳亚子《五十七年》）

从上海爱国学社回来的柳亚子，一直到1927年遭国民党缉捕而逃离黎里时止，基本上以黎里作为他改造社会活动的基点，虽然其间也不断辗转于江南城市和乡村，尤其是作为文化中心的上海。这是他接受乡村社会外界思潮的一种主要方式。

旧式家庭中的男女平权问题在乡村社会尤其显眼。柳亚子在1904年《哀女界》中，披发裂喉，向二万万女同胞大声疾呼：“公等之束缚驰骤二千年于兹矣，奴隶于礼法、奴隶于学说、奴隶于风俗、奴隶于社会、奴隶于宗教、奴隶于家庭，如饮狂泉，如入黑狱。”是时，从上海城东女校学成返里的倪寿芝女士在自宅创设“求吾蒙塾”和“黎里不缠足会”，提倡男女同校，鼓励女子天足。柳亚子代其作《黎里不缠足会缘起》，对“三寸金莲”的病态美提出诘难：“血肉崩溃，则容颜憔悴；步履艰难，则行止倾侧。我不知所谓美观者又乌在也！”西风东渐，倡行女权，“而乡曲固陋，囿于见闻，左顾右盼，莫敢先发”。于是，柳亚子开风气之先，支持“不缠足会”，“知我罪我，皆所不顾”。他欲替九岁的妹妹平权放足，母亲提出条件：平权放足与亚子剃发同时进行。亚子想，脚一放难以再缠，头发剃掉可以再生，便答应了母亲，平权得以放足。第二年，亚子又说服母亲，把平权送入苏州的苏苏女学。从柳亚子在《新黎里》上的一篇文章可以看到，到 1923 年，黎里人们的社会精神大为改观：“至于难在起头，虽然是实情，然而潮流所趋，也有不期然而然的，一人创议，万夫景从。你看辫发缠足，不都是中国数百年来的国粹吗？旧习惯的势力，而今安在？那主张剪发放足的人们，终究得到最后的胜利。”

对于大家庭制度，柳亚子有着深刻的体验。在《婚姻制度改良谈》《婚姻改良浅说》中，他指出：“许多公婆妯娌伯叔小姑，都是没有受过教育而性情又各别的，胡乱聚在一处，什么叫长辈，什么叫小辈，一群乌合之众，里面却又有很严重的阶级。”所谓“很严重的阶级”，就是封建伦理道德观念的集中表现——纲常名教。为此，他提出，必须更新家庭观念，组织小家庭，以个人本位主义移易家庭本位主义。但他没有操之过急，不切实际，而充分注意到了传统大家庭的积极方面，如尊老爱幼、重家庭义务而轻个人享乐等，主张“结婚后的男女，一定要继续他们固有的职业，那小家庭的生活费，是应该男女共同担任，那就轻而易举了。至于对待两方面的父母，当然要尽相当的敬爱”，如果父母没有财产，子女必须供给他们生活费用，“倘然父母因担任子女教育费而举债的，那子女更加要担负偿还的义务了”。从父母这一方面说，当然要与子女

辛亥革命时期的柳亚子

位于苏州黎里古镇柳亚子故居

保持平等的地位："废除中华民国不通行的拜跪，和一切古老相传无谓的礼节。做长辈的，以不干涉为原则，实行亲爱主义，那便是家庭的无上幸福了。"

柳亚子的小家庭就是按照这样的思想建立起来的，乡村社会的人们都知道，那叫"文明结婚"。文明结婚包含两层涵义：一是自主抉择的男女双方追求以爱情为基础的婚姻结合；二是结婚的礼仪大为简化。

柳亚子的夫人郑佩宜女士是盛泽镇人，父亲是商会会长，有志办学，他创办的郑氏小学是镇上第一所学校。郑氏创办的学校，自己的女儿却不能进，因为那是给男孩子开的，佩宜只能站在教室外面听讲。15 岁时，她晚上偷偷地剪断裹足布，终于未成"三寸金莲"。1906 年 10 月，柳亚子与郑佩宜在盛泽郑府举行了"文明结婚"礼。据 1991 年编《盛泽镇志》，新夫妇不牵长红绸，新娘不戴头面，不盖四方红巾，穿粉红色衣裙，新郎穿长袍马褂。婚仪开始，新夫妇向长辈三鞠躬，再相互三鞠躬，即仪毕就宴。人们争相观看，门庭堵塞。此举轰动全镇，在全县开风气之先。后来随柳亚子先生从事民主革命活动的爱国人士毛啸岑先生，也在黎里举行了文明结婚仪式。毛啸岑在茶话会上，报告了他恋爱的经过，说他和女友的结交，最初由朋友介绍通信，由通信而互相了解性情、学问和主义，以至于约期会面，由友谊而入恋爱，而求婚，不合八字，不送礼金，不挑吉期，破除种种不文明的陋习。

1909 年 11 月以后，柳亚子主要忙于南社事务。1915 年时的南社，因为不断的"内讧"，已经很不景气，而时局又变得愈来愈坏，柳亚子愁苦万状。是年中秋之夜，他与里中友人顾悼秋发起酒社，"踏灯秋禊桥畔，泛月金镜湖头”，长歌当哭，借酒浇愁，柳亚子不善酒，却“天天狂歌痛饮，喝醉了便在堆满瓦砾的空场上乱跳乱滚”。事先顾悼秋撰有一篇小启：“风景不殊，河山已异，腐鼠沐猴，滔滔皆是。洁身自好之士，辄欲遁迹糟窟，以雪奇恨，此酒社之所以作也。”自此，每届中秋，必集酒会，凡六年。中秋佳日，丹桂飘香，清风嘉月里社，不闻尘事喧嚣，但求心灵慰藉。黎里是脆弱书生的精神家园！

继酒社之后，1916年夏有销夏社之结，1917年冬有销寒社之会。柳亚子《销寒社录序》末云：“乐哉诸子，可谓翛然物外，好整以暇，不知有汉，何论魏晋者矣。余胸中愤血，轮囷盈斗，嚼雪饮冰，犹嫌其热，何足报诸子之雅命？”块垒郁结于心，何得逸游自恣？

19世纪20年代到来的时候，睡狮又吼。新文化运动大潮冲天，各种主义和思潮轰然激荡，大浪淘沙，柳亚子在进行艰难的选择。此刻，他来到周庄古镇。周庄贞丰桥堍有卖浆家曰“迷楼”，1920年12月，柳亚子邀陈去病、叶楚伧等十余人，在此酣歌痛饮，日夜忘返，三天乃散。后，有《迷楼集》行世，其中以酒家少女阿金美貌为题者不少，时谓“夫柳子之志荒矣”！柳亚子曾有解释：“我们尽日沉醉于此，差不多像入了迷楼。从前，隋炀帝的迷楼是迷于色，我们这个迷楼是迷于酒。所迷不同，其为迷一也。”今天，亦有人为之辩护，说杯中之物原是有所寄托，或是以此浇愁而已，世人焉得见不及此？其实，酒色，人本趋之；孟子有言：“食色，性也。”失慎则迷失，适可而止者乃君子！柳亚子堪称君子，他吐故纳新，很快投身于新文化运动的大潮中。1923年年初，柳亚子会同黎里区教育会等九个团体，共六十四人，成立《新黎里》报社，自任总编辑。次年4月1日，《新黎里》半月刊正式创刊。在发刊词中，我们发现一个新生的柳亚子：

从前种种，譬如昨日死。以后种种，譬如今日生。此日新又新之说也。潮流澎湃，一日千里，吞养吐炭，舍故取新，苟非力自振拔，猛勇精进，欲不为时代之落伍者，乌可得哉！

二十年前，柳亚子曾经出过一本钢笔板印的《新黎里》月刊；二十年后，“当日理想中的新黎里，究竟在哪里呢？”今日《新黎里》能做些什么呢？作为乡土精英的柳亚子这样认为：

治始于乡，哲人所乐道。黎里虽褊小，比于全中国，不足一黑子之着面。然声名文物，亦自有其数百年之历史，彪炳于邑志里乘。今者旧礼教已破产，而新文化犹在萌芽。青黄不接，堕落实多。旧染污俗，孰为当铲除者？思潮学理，孰为当提倡者？讲求而实施焉，宁非先知先觉所有事哉？夫断脰沥血，争主义于国门，此英雄豪杰所优为，而人人尽其心力以贡献于一乡，亦国民之天职。

创刊伊始，《新黎里》气势凌厉，接连推出旅大问题、婚姻问题和劳动纪念问题等特刊，在《劳动纪念特刊》中，柳亚子指出：

我们国里的同胞，除了最少数觉悟的工人和学子，简直还不知道五月一日是什么日子，劳动纪念是什么东西。可怜的劳动者，也大多数俯首帖耳过那每日工作十几小时的非人生活，那不是中华民族的羞耻吗？那不是世界进化的障碍吗？

在我们这个传统的农业大国，农民最多，生活困苦。柳亚子把《蚬江声》的《田主与佃户》转载于《新黎里》：

> 我国田主的专横暴厉，恐怕要比西洋的资本家胜过十倍，那末佃户所受的痛苦，自然也要比西洋的劳工甚十倍了……这种情形，住在城市里高唱社会主义的先生们，恐怕见不到。

在 1923 年 5 月 1 日《新黎里》上，我们可以见到一位站在政治岔道口的柳亚子：虽醉心于马克思之学说、布尔什维克之主义，但终究是道听途说，犹在若明若昧之间。

在《新黎里》的影响下，吴江及附近各区闻风而动：若《新黎里》，若《新盛泽》，若《新吴江》，若《新震泽》，若《新同里》，若《新莘塔》之流，纷纭并起，霞焕云蒸，读者至目不暇接，蔚然成一时风气！

1924 年年初，柳亚子以同盟会员的资格加入改组后的中国国民党，积极从事吴江的组党活动，先在松陵、盛泽、黎里成立三个区党部。同年 8 月，县党部在黎里成立，柳亚子被选为吴江第一届执委会常务委员。从 1924 年到 1926 年，国民党吴江县党部分别在盛泽、黎里、震泽、平望、同里召开了五次代表大会。从此，乡里社会发现了柳亚子鲜明的革命家形象。1925 年 10 月 15 日《新黎里》报道：

> 国民党吴江县“三大”是 1925 年 10 月 10 日在震泽召开的。次日，震泽区教育会（会长是杨剑秋）发起了各校各界庆祝双十节大会，地点在体育场。与会者高呼口号：“打倒帝国主义！打

倒军阀！中国国民党万岁！中华民国万岁！”柳亚子作演讲，杨剑秋是这次庆祝会主席。下午国代会继续开会，其中讨论议案甚多，晚上各校提灯游行庆祝，国民党员参加，手提“三民主义宪法”之红灯，绕市一周而返。另一部分在城隍庙开映幻灯，并露天讲演，仍由杨剑秋君介绍，江苏省国民党党部特派姜长林来演讲。

据盛泽老人回忆，柳亚子经常在东庙向民众发表演讲，宣传革命，宣传反对袁世凯卖国的“二十一条”，宣传抵制日货，听者十分踊跃。他还与群众一起上街示威游行。柳公平时说话口吃，但演讲时却慷慨激昂，口齿流利。经过政治社会化的乡村人们，日益贴近波澜壮阔的时代。

1927年“四一二”事变发生，国民党在东南各省实行清党，大肆捕杀革命志士。柳亚子在国民党通缉的一百九十三名中共党员和国民党左派人士中，名列第二十一名。风声虽紧，但是没有人想到它会祸延偏僻的黎里小镇。身历其境的柳无非（柳亚子之子）六十年后在《我们的父亲柳亚子》一文中回忆当时的情景犹历历如同昨日：

5月8日夜半，我们一家人都已熟睡，忽然申姑母（适凌氏）手持烛台，走来告知父、母亲，外面有不寻常的叩门声。母亲思路灵敏，立刻意识到定是有人来抓父亲。她机智镇静，让父亲起床穿衣，藏身复壁。

次日凌晨，从复壁中出来的柳亚子一副渔民打扮，悄悄登上一条丝网船。船急橹摇离黎里。

与柳亚子不同，从 1905 年上海的《二十世纪大舞台》被查封，直到 1932 年，陈去病一直寓居在江南大中城市，一度还远至广州。他的活动舞台更为广阔，虽然其间数度流连乡里。

就是这偶着的踪迹、偶然的作为，也在乡邦文献上留下了一笔。1904 年 8 月，陈去病在上海《二十世纪大舞台》载文，力陈改良戏剧的社会影响："其奏效之捷，必有过于劳心焦思，孜孜矻矻以作《革命军》《驳康书》《黄帝魂》《落花梦》《自由血》者殆千万倍。彼也囚首而丧面，此则慷慨而激昂；彼也间接于通人，此则普及于社会，对同族而发表宗旨，登舞台而亲演悲欢，大声疾呼，垂涕以道。此其情状、其气概，脱较诸合众国民在北米利坚费城府中独立厅上，高撞自由之钟，而宣告独立之檄文，夫复何所逊让？"

1913 年，陈去病在"二次革命"失败后回乡小住，适遇日本留学返乡的任连城。任是我国最早的新剧组织"春柳社"的成员，正在同里组织新剧社，名"桐花社"。陈去病为"桐花社"撰写征求社员小启，以示赞同与号召。任连城后人任传济勾勒过这一段轶闻：1916 年以后，"桐花社"渐有起色，用方言演出《一缕麻》《空谷兰》等社会家庭剧，通俗易懂，乡人颇感兴趣。在松陵、黎里和盛泽等地的有识之士赞助下，"桐花社"得以在这些镇巡回公演，轰动一时。1932 年同里小学三十周年校庆，范菊高、叶得露把甲午战争中左宝贵血战平壤玄武门的故事编成剧本《左宝贵平壤喋血记》，这已经是所谓"文明戏"了。已经辞职里居的陈去病对此表示赞赏。

1932 年，劳累一生的陈去病鱼恋故渊，在同里小镇，出入酒肆茶坊，与故旧耆老闲话桑麻，纵谈地方故实，有《家居》吟：

嫩绿分明次第新，盈庭花木自精神。
枝头好鸟时相遇，竹外绯桃又占春。
岂有文章俱述作，只看兰桂长儿孙。
归来百事都闲适，洗尽元顽万斛尘。

一方百姓或许已经忽略了这是一位曾经叱咤风云的革命家。不过，他们更熟悉更习惯眼前的陈老爷。第二年中秋，陈去病去世，小镇人顿感月冷风阴。

此刻，柳亚子正在上海，1927 年 5 月，被国民党赶出黎里；金松岑正在苏州，1911 年秋，被乡人撵出同里。

◎ 第五章 ◎

姑苏风骨

一、“七君子”在苏州

1936 年 12 月 4 日，苏州已是上灯时分。十几辆黄包车，载了一批犯人，在武装警察的押解下，向位于横街的江苏高等法院看守所驶去。起先，司空见惯的市民们照例是要议论一番的。一些知情的年轻人说，车上载的是“救国会七君子”。人们这才想起，11 月 26 日的上海《申报》是这样写的：李公朴等自从非法组织所谓“上海各界救国会”后，托名救国，肆意造谣，其用意无非削弱人民对政府之信仰。近且勾结赤匪，妄倡人民阵线，煽动阶级斗争。更主张推翻国民政府，改组国防政府。竟复由言论而见诸行动，密谋鼓动上海总罢工，以遂其扰乱治安，颠覆政府之企图。

一般人不知道“君子”怎么跟“罪犯”联系起来。1937 年年初，上海《妇女生活》报的女记者子冈，来到苏州地方法院看守所，“看望”她的“堂姐”史良：

我在门前的“众目睽睽”之下耗着时间，在苏州这个古老的地方是不常看见“旗袍阶级”的女学生式的人出入看守所或监狱的，好像罪恶会和读书人绝缘。黄包车夫和善心的泡水买菜的女

“七君子”在江苏高等法院看守分所合影。左起邹韬奋、李公朴、章乃器、王造时、沈钧儒、沙千里。史良因被关押在女监中，头像系后加

人围满了一群，他们问道：

“你要寻啥人啊?”

“他犯的什么案子，叫什么?”

当他们听说是个女人时更懵然了，追问着犯了什么罪。这真叫我答不出来，我的堂姊是个勤奋的学生，是个肯尽天良维护正义的律师，是个在国难危急时不忘记国民天责，而出来向侵略者

反抗的老百姓。然而在急遽中叫我怎么向身边的人细谈呢？我急得脸红了。(子冈《“堂姐”史良会见记》)

“七君子”并不孤独，他们在苏州一下子出现了许多亲戚朋友。“全民流通图书馆”派出沈钧儒的“干女儿”前往探监，黄埭乡师周建平等四人去监狱向“七君子”赠送《狱中记》……苏州报界的关注更加理所当然，当时的苏州记者冯英子回忆道：1936年，“七君子”被送到苏州拘留之后，苏州便成为采访“七君子”新闻的重点。“七君子”案开庭前夕，《大晚报》的邵宗汉先生，特地来苏州找我，要我抓紧对“七君子”事件的采访，不要漏掉有关这方面的任何情况。冯英子不认识“七君子”中的任何一个人，但他坚信，爱国若有罪，那还成什么世界？

坐监狱不是住旅馆，条件艰苦可想而知。狭窄的硬板床，对于年逾花甲的沈钧儒来说，如躺针毡。苏州的一位学生不忍心老师受此折磨，特地买了一张棕垫床，送进监狱。“七君子”被羁押在苏州的消息在社会上传开后，每日来探监的人络绎不绝。跟人们想象的不同，苏州监狱的气氛，似乎过于宽松。沈钧儒等在上海被捕后就一致认为：“六个人是一个人”，坚决要求六人关在一起，预先约定：倘若法院方面要强迫他们六个人分开羁押的话，就要以绝食来抵抗。经常出入看守所的朱公亮律师回忆说：沈等六人分住三间平房，有一会客间，可以读书、看报、会客。大家尊沈老为家长，彼此谈笑自若。一次，沈老指着章乃器和朱公亮说：“了不得，你们二位的贵乡，可都是出大人物的宝地，青田（指章）出了刘伯温，淮阴出了个韩信。”诙谐的话引得哄堂大笑。六人对于每天的生活都有一定的安排，经常运动，锻炼身体，还看书、著书、作诗或写字。那时候，四川省的旱灾很严重，他们曾合作写了许多字幅，送到上海展览出售助赈。朱律师分析：六君子有此待遇，原因在于国民党当局迫于舆论，不得不改善监禁条件，看守人员出于对爱国者的景慕，也多行方便。

“七君子”中的女君子史良，于1936年12月30日上午，自动到苏州的江苏省高等法院投案。因为是女性，被单独囚禁在司前街看守所。看望史良的子冈也感到“阿姊”在这儿受着优待：她独住着一间过去是看守住的屋子，在最初的三四个月里，她是住在“号子”里的。后来所里居然特别给了她一间东房。经过她自己的布置，简直像是一个中等家庭的卧室了。绿窗幔撂在一边，从纱窗里可以窥见几片绿叶和狭窄的天空，虽然森严的高墙挡在前面。一张书桌饭桌兼用的小台子上铺着白布，床也是人家新送的，床底下是她的食柜——地板上散放着些罐头杂物。书架上有一些法律经济哲学的书，她近来在研究各国犯罪学、经济学等。

看守和女犯都尊敬地称她为“史先生”，往往连吊一桶井水也要代劳。不愿意贪吃懒做地享福、想运动运动的史先生十分不习惯。据周天度《七君子传》记载：女看守长姓任，是江苏宜兴人，有爱国心，很同情史良。她做得一手好菜，经常给史良弄一些好吃的，以至后来史良出狱时，体重由原来的140磅，增加到了180磅，咯血和胃病全好了。

女犯们为认识了一位君子而高兴；与女犯们的相处，让君子再一次看到了旧社会的丑恶和中国妇女的苦难。在《我所走过的道路》中，史先生回忆道：

在那些女犯中大部分人是因为婚姻案件而犯罪的。我记得有一位被判无期徒刑的女犯陈王氏，她原有情人，却被旧社会不合理的婚姻制度所管，不能成婚，而被强迫嫁给了素不相识的男人。婚后受尽丈夫欺侮，痛苦已极，终于被迫杀人，去寻奔原来的情人，案发被捕。这是一个惨痛的故事，它是中国妇女在封建制度下被桎梏、被窒息的苦难的缩写；是中国妇女在绝望中挣扎而又倒下去的一出无声的悲剧。

据沈叔羊《爱国老人沈钧儒》，沈钧儒在 1937 年 1 月 5 日给儿子的信中说：

（1936 年）十二月四日由上海移押苏州高院看守分所，在城内吴县横街。所居之室系新筑，本专备在押人犯之有病者居住，一排六间，为一独立之院，有一个较大的天井。室内均有地板，墙壁瓦椽均甚清洁，法院亦予我等以优待。该院内再无拘押其他人犯。六人分居三室，每二人卧一室，另一室为吃饭、写信之所，并许装一火炉，余二室住看守者。在内一切起居、饮食，均尚自由，惟不准阅报，甚为苦闷。自十二月十二日起又停止接见，并家属亦在禁止之列……现已二十四日（今日一月五日也），屡次请示，尚未获准许。

狱中气氛陡然紧张，是因为狱外世界风云突变。1936 年的 12 月 12 日，震惊中外的西安事变发生了。君子们的命运与中国的命运悬而未卜。那段时间里，他们与外界几乎隔绝了，什么消息也不知道，但内心是宁静而坦然的。他们曾考虑到万一被绑出去枪毙的问题。经过讨论，大家一致认为，应该从容就义，要高唱《义勇军进行曲》——“起来！不愿做奴隶的人们……”临刑时应该共同高呼“打倒日本帝国主义！民族解放万岁！”等口号。

西安事变的和平解决，迫使蒋介石同意停止内战，联共抗日，释放爱国领袖及一切政治犯，从而成为时局的转折点。人们总认为“七君子”出狱不成问题了。1937 年 4 月 3 日，法定的羁押期已满，江苏省高等法院对“七君子”和罗青等十三人以所谓危害民国为目的而组织团体，并宣传与三民主义不相容之主义，依刑法第十一条、第二十八条，系共犯《危害民国紧急治罪法》第六条之罪为辞，罗织成十大罪状，提起公诉。各大报刊纷纷将起诉书全文刊载，具体有所谓：“企图颠覆政府”“助中国共产党张目并与其勾结”“煽动罢工”“勾结军人，谋为轨外行动”云云。

如此倒行逆施，引起社会各界的愤慨，律师界更是义不容辞。按照刑事诉讼规定，每个被告可聘请三名律师。当时救国会案的实际被告是十名，聘请了二十七名律师，很多司法界的老前辈和社会知名人士皆列名其中，如张耀曾曾任北洋政府司法总长、代理总理，汪有龄曾任司法次长、总检察长，江庸曾任修订法律馆总裁、朝阳学院校长，陆鸿仪曾任大理院庭长、修订法律馆副总裁，刘崇佑曾任国会议员、担任过周恩来同志在天津领导学生运动被捕时的辩护人，张志让曾任大理院推事、东吴大学法律学院教授、复旦大学法律系主任，刘世芳曾任上海公共租界工部局华董、东吴大学法律学院教授，吴曾善是吴县律师公会会长，俞钟骆是上海律师公会常务理事等。其他如江一平、陈霆锐、俞承修等，也都是当时律师界的名流。据章百先生的考察，辩护律师中的三分之二与苏州有关系：陆鸿仪、吴曾善、刘祖望三人均为苏州律师，陈霆锐、汪葆楫虽为上海律师，但都是苏州人，陈霆锐之父陈龄诗是苏州前清进士，而且住在苏州。江一平、鄂森、孙祖基三人是东吴大学法律学院的毕业生，张志让、刘世芳、俞承修三人是东吴法律学院的教授，罗青等三人的辩护人谢居三、朱公亮、敬树诚、庄骧、薄铸都是苏州律师，李文杰也是东吴法律学院的毕业生。据章百《“七君子”案的辩护律师团》统计，在辩护律师二十七人中，与苏州有这种或那种关系的，竟达十七人之多。

这不是一般的官司，为这种案子辩护，是要勇气的。朱公亮先生是当时的辩护律师之一，他后来谈到：“律师是自由职业者，不算公职人员，没有薪金待遇。挺身而出，参与为这种政治大案担任辩护，甚而解囊垫款，而不顾及可能招致的政治风险。”

但这是在为真正的君子辩护，非君子不与。

“七君子”的答辩状，由张志让律师主稿，洋洋两万字，对起诉书拼凑的那些牵强附会、故入人罪的条款，逐条逐项提出辩驳。“共同正犯”罗青因筹组江苏各界救国联合会被捕，答辩状由他本人在狱中起草。经过多方努力，上海《大公报》《申报》终于给了被告说话的机会，辩诉状见报了；同时，社会上也盛传着三十二开张的状纸。

罗青的辩诉状像是在做政论，论及救国会之真正根源：“实为‘九一八’事变以来，弥漫全国之救国运动，而救国运动之高涨与组织化，则自前年（民国廿四年）发生之华北事件始……北平各学校首于12月6日，通电全国誓死反对防共自治……呼吁政府动员全国对敌抵抗……继而发生‘一二·九’‘一二一六’两大游行示威，提出立即停止任何内战等口号。北平发动后，天津相继兴起，不旋踵间，全国响应，各地遂纷纷有救国团体之出现，全国各界救国联合会之产生其背景原因完全在此。”（朱公亮《“救国会”案在苏州审判经过的回忆》）

蒙在鼓里的百姓方始明白：这是一桩冤狱。但爱国何得罹罪，让他们百思不得其解。翻开 1937 年 5 月 16 日的北平《晨报》，《论沈案与精神团结》一文写道：沈钧儒等之拘捕起诉，更和政府嘴里所说的相矛盾，而与全国及世界不良印象。政府为增加御侮力量打算，虽外国尚须联合，虽外国人民的好感尚须取得，请问：自己的人民何以不速联合一致？何以对于人民救国团体认为非法？对于从事救国者认为犯罪？这是极难理解的。

看来，君子蒙冤，不纯粹是，或者说根本不是一个司法问题，而是政治问题。古来君子潜心研读圣贤之书，不闻窗外之事；为今之世，古老民族屡踬于列强凌辱，一方书斋已放不下一张书桌，多少匹夫披肝沥胆请命于当道。书生君子披挂上阵，本属无奈，不意却干犯《危害民国紧急治罪法》。究竟是君子，严词驳斥，酣畅淋漓。

“七君子”渐渐为苏州百姓、为全国百姓所熟悉。

沈钧儒，“七君子”的领头人，浙江嘉兴人，1875 年 1 月出生于苏州。曾留学日本法政大学，从事过立宪运动，参加过辛亥革命，反对过北洋军阀，已经进过国民党的监狱。1935 年，率先响应中国共产党抗日民族统一战线的号召，先后组织上海文化界救国会和全国各界救国联合会，从事抗日救亡，因此入狱。

章乃器，浙江青田人。银行家出身的他，于 1927 年在国民党发动“四一二”政变的血腥岁月里在上海创办《新评论》半月刊，涉嫌“袒共”，转而干起本行，为民族资产阶级立言，主张对民族工商业实行保护主义的经济政策。在民族危亡之际，因倡导救国，与沈钧儒等五人一同被捕，时届不惑之年。

邹韬奋，江西余江人。1926 年起在上海主编《生活》周刊，是一位名记者；“九一八”事变后，为反对国民党的不抵抗政策，创办生活书店，是一位出版家；1935 年 8 月从国外回来后，在上海、香港主编《大众生活》《生活日报》等，因领导上海各界救国会和全国各界救国会入狱，是一位革命家。

李公朴，江苏扬州人。1936 年，作为全国各界救国会的负责人之一，被国民党当局逮捕，虽与“七君子”一同获释，但最终未能免遭毒手。1946 年 7 月 1 日，在昆明被国民党特务杀害，时年 46 岁。

史良，江苏常州人，是一位正直的女律师。热心于为政治犯辩护，却因为创立妇女救国会，作为全国各界救国联合会的领袖人物被捕，成了政治犯。其时，她还不到 40 岁。

王造时，15 岁走出了江西安福山区，16 岁进了清华园，从“五四”到“五卅”，参加政治活动太多，恨读书太少。1925 年来到美国，一口气在威斯康星大学拿了学士、硕士、博士三个学位。在大学教书，宣扬各种主义，可国民党当局不让他教书；因为同情共产党的抗日民族统一战线政策，成了“七君子”之一。

原籍苏州的沙千里，1901 年生在上海。不短的洋布庄职业生活，体验了人世间的种种不平，成为一位主持正义的律师。说是要学习蚂蚁精神，奋斗不息，抗日救亡。他以上海职业界救国会代表的身份参加上海各界救国会，继而成为全国各界救国联合会的领袖，成了君子。

1937 年 6 月 11 日，“七君子”案在苏州高院刑事第一法庭公开审理。那天天气阴暗，淫雨霖霖，原定下午二时开庭，法院门口早早聚集起数百名准备旁听的群众。监审前，法庭突然布告，禁止旁听。如此法庭，自践法律，群情汹汹。据当时《大公报》报道：沈钧儒等被控危害民国一案，江苏高等法院 11 日下午开庭审讯。沈等晨十一时半由看守所签提至院。沿途军警配置岗位，法院内外亦布宪警及法警，戒备严密。今日开庭原属公开审讯，嗣因风闻有人图谋捣乱法庭秩序，故临时禁止旁听，沪苏两地记者再三交涉，始得特加旁听；各被告家属亦经苏绅张一麐等要求，方得通融旁听。故旁听席上仅寥寥三十余人。

能够进入法庭的几十人，有幸领略了“七君子”的风采。开庭时，“七君子”排列于前，衣着整齐，神态轩昂。沈钧儒、李公朴着长衫，史良是旗袍，其余的人都穿西装。一位在场律师后来说，这场审讯与其说是法庭在审问“七君子”，毋宁说是被告在审问法庭。“七君子”发言时，率皆背对法庭，面朝旁听席，说理简洁有力。审判长几次提出“你转过身来，转过身来”。他们悠悠转过一点，又慢慢转回身去。沈钧儒作为第一被告首先受审。

审判长问：“你赞成共产主义？”

“赞成不赞成共产主义？这是很滑稽的。我请审判长注意这一点，就是我们从不谈所谓主义。起诉书竟指被告等宣传与三民主义不相容的主义，不知检察官何所论据？如果一定要说被告等宣传什么主义的话，那末，我们的主义，就是抗日主义，就是救国主义。”沈钧儒甩过话去。

“抗日救国不是共产党的口号吗？”

“共产党吃饭，我们也吃饭；难道共产党抗日，我们就不能抗日吗？审判长的话，被告不能明白。”

“那么，你同意共产党抗日统一的口号了？”

“我想抗日要求统一，当然是人人所同意的。如果因为共产党说要抗日，我们就要说‘不抗日’，共产党说统一，我们就要说‘不统一’，这一种的说法，是被告所不懂得的。”

……

“你知道你们被共产党利用么？”

“假使共产党利用我抗日，我甘愿被他们利用，并且不论谁都可以利用我抗日，我都甘愿被他们为抗日而利用。”

听到此，旁听席上的人无不为之动容，赞叹得发出声来。面对中国法学界、新闻界、著作界的佼佼君子，在真理、正义、事实和善良面前，审判长无以回对。

6 月 25 日，第二次开庭。第二天的《大公报》描述道：急雨打窗，室内幽暗。被告被传来，十个由内向外排成一行，次序是沈钧儒、史良、邹韬奋、王造时、章乃器、沙千里、李公朴、罗青、任崇高、顾留馨，各人衣着大致与上次开庭时相同，不过各人都像很严肃。庭审中，“七君子”与检察官发生了激烈的辩论，气氛异常紧张。理屈词穷的审判推事，以接受“七君子”要求，“允向军委会调查军法令案卷”为辞，下了台阶。

在此前后，苏州成为世界注目的焦点。1937 年 4 月 12 日，中国共产党中央委员会发表《中共中央对沈章诸氏被起诉宣言》说：日本帝国主义的疯狂侵略，国民党的不抵抗政策，造成了数年来沉重的国难，大好版图，沦亡异域，民族生命危若累卵。于是稍有热血之人，莫不奔走呼号以解除国难、解放民族为己任。沈、邹、章、李、王、沙、史等诸先生，则为此种救国运动之民众爱戴之领袖，诸先生以坦白之襟怀、热烈之情感、光明磊落之态度，提倡全国团结，共赴国难，停止内战一致抗日，此实为我中华男女之应尽责任与光荣模范，而为中国及全世界人民所敬仰。

第二次开庭的那天，宋庆龄、何香凝等十六人在上海发起“救国入狱运动”，发表宣言及书面谈话，具状江苏省高等法院：爱国如竟有罪，则具状人等皆在，应与沈钧儒等同受制裁之列。具状人等不忍独听沈钧儒等领罪而愿与沈钧儒等同负因奔走救国而发生之责任，为特联名具状束身待质，仰请钧院将具状人等悉予羁押审讯。十天之后，不见答复，宋庆龄等十余人于 7 月 5 日特地赶往苏州，请求高等法院把他们羁押审讯。在法院有了初步答复后，宋庆龄一行才返回上海。

1937 年卢沟桥事变爆发，伟大的抗日战争全面开始。在全国人民的一致呼吁和要求下，南京当局不得不在 7 月 31 日恢复了“七君子”的自由。当沈钧儒等“七君子”走出看守所大门时，鹄立在烈日下等候已久的二百多名民众清楚地领略了君子风采。当时前去迎接“七君子”的青年萧风事先制作了横幅标语，欢迎时曾面对着沈钧儒一行，摄下了一个镜头。令人惋惜的是，这张照片已经散佚。不过，“七君子”在苏州留下了许多照片，这些老照片与这起特殊的案件一起载入史册。在那几个月里，苏州，曾因为“七君子”而备受世界注目。

二、吴中二老

吴中二老，一指“仲老”张一麐，一指“印老”李根源，时人景慕张、李二人，呼为“二老”。

张一麐，字仲仁，人称“仲老”，1867 年生于苏州。1903 年（光绪二十九年），由陕西学政沈淇和四川学政吴郁保荐，应经济特科，中式第二名，得张之洞赏识，发往直隶以知县补用，直隶总督袁世凯一见即令入幕。1908 年（光绪三十四年），光绪和西太后相继死去，宣统继位，摄政王载沣勒令袁世凯开缺回籍，张一麐随之返里。辛亥革命爆发，苏垣光复，张一麐出任民政司长；不久，应袁世凯电召，入京受任总统府秘书兼政事堂机要局长。袁世凯意欲称帝，张一麐反复陈说，终不能阻，遽尔明升暗降，被擢任为教育总长，令其不得参与其事。据一份口述材料记载，曾有人唆使袁世凯杀掉张一麐，袁世凯苦笑道：“我原谅他是个懦怯怕事的苏州人、无用之辈，我大事未成，先开杀戒，恐失民心，暂且饶了他。”1916 年，护国军起，反袁浪潮日高。胆大妄为的袁世凯不得不求“怯懦怕事”的张一麐为其起草撤销帝制电令，言：“余昏聩，不能早听汝之言，以至于此。故此申令，非汝作不可。”1917 年，冯国璋以副总统代理大总统，聘张一麐为总统府秘书长。1921 年，张一麐南归苏州，时年 55 岁。其实，他早生归意。1915 年，张一麐被人指为蔡锷的反袁同谋，避居天津，资粮仅够半年之数。时任北洋粮饷局会计的一位族叔，劝其移家归里，闭门谢客。这样，生计差可持久，人事亦易屏除。且吴中闾井晏如，尤于奉母课子为宜。吴江友人费树蔚曾有《还山吟》记其事：

> 劝君留取一囊钱，办装归隐支几年，
> 城东水清街巷僻，客欲论事对客眠。
> 君家阿叔计烂熟，吾亦酿酒待君旋。

李根源，字印泉，人称“印老”，1879 年生，云南腾冲人。在日本留学期间加入同盟会，回国后任云南陆军讲武堂监督、总办。朱德便是他这个时期的学生。辛亥革命后，任云南大汉军政府军政总长兼参议院议长。二次革命失败后逃亡日本，1915 年归关，反对袁世凯称帝。1922 年始，先后任北洋政府农商总长和代总理。1923 年，反对北洋政府曹锟贿选总统，不愿同流合污，毅然弃官离京。先居上海，旋于 1925 年端午节息影于苏州，时年 47 岁。

于是，吴中有二老：仲老因文显，印老以武著；一者游子，风雪夜归；一者寓客，倦鸟栖林。二老并不老，还不到致仕的年纪。只因为性格特立，不愿随波逐流，不想随遇而安，一同想到了苏州。他们有过太多的社会阅历，也见多了人世间的纷扰，山清水软的苏州，或许能给疲惫的心灵带来一份自然的慰藉。

苏州也不宁静，仲老还乡之际，正是军阀混战之秋。1923 年夏秋之间，江苏督军齐燮元与浙江军阀卢永祥，调兵遣将，纷集昆山、上

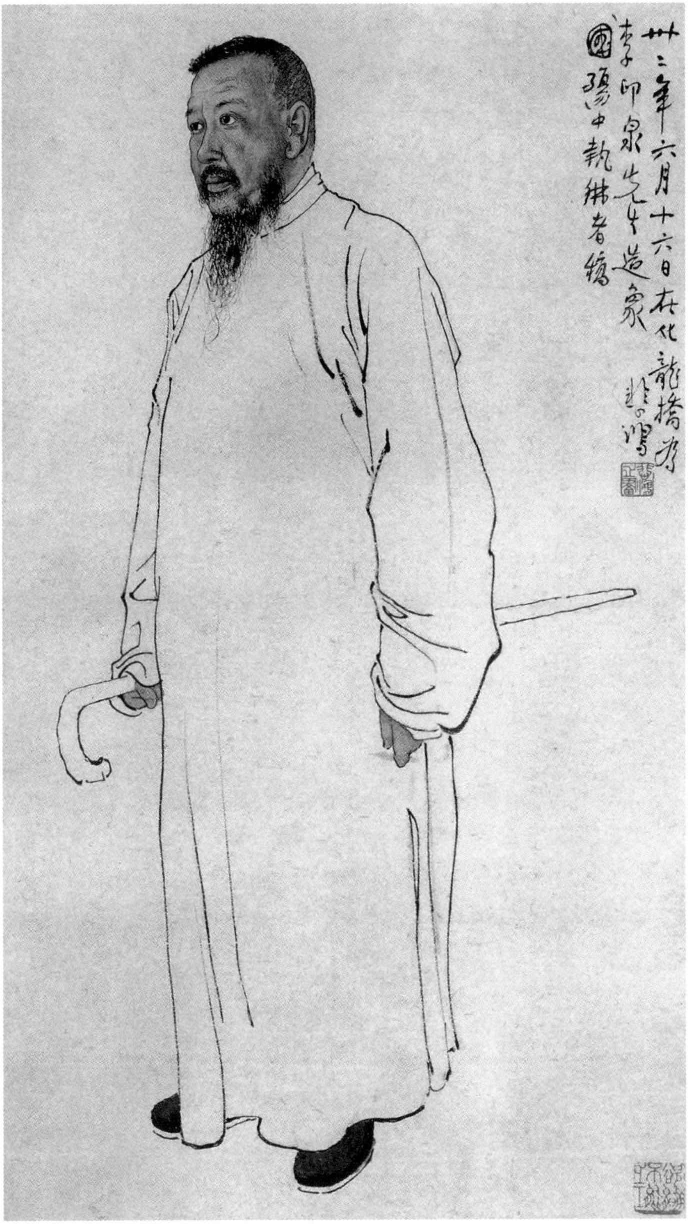

李根源全身像
徐悲鸿绘

海等地。仲老奔波于沪宁杭之间，泣血和平。8 月 21 日，双方签订和平公约。据事后传说，仲老见齐燮元、卢永祥时，跪地为两省六千万人民请命。齐燮元、卢永祥亦跪地称：决不开第一枪。以仲老在全国之声望以及两省绅商之呼吁，齐燮元不得不签名于公约。

可 1924 年 9 月，齐卢战祸还是降临了。

吴郡绾毂沪宁，夙称殷富。苏浙两军之战线，不过在八九十里外。军队过境需索百端。仲老与费树蔚日出阊门，至丁家巷 4 号刘正康家集议，劳心焦思，以谋庇护地方。正康行动不便，恃仲老之德望，口讲指列，批郤导窾。仲老亦亲招骄悍将士，晓以大义，薄犒善遣。当时直系将士皆北洋昔日之弁目，对仲老心存敬惮，犒劳之下，皆帖然而去。

1924 年冬，齐燮元残部在镇江遭遇南下奉军张宗昌部，溃退至苏州。齐燮元一至苏州火车站，仲老便赶到：

> 齐燮元此时穷若丧家之犬，衣一厚呢之黑色大衣卧于稻草堆中……仲老开口即曰："闻抚万兄（齐燮元号）至，特来饯行。"请燮元下车，至车站候车室进餐。齐坚辞。仲老乃命人以正康事前准备之"宴月楼"京菜一席送至车上。随即问齐停车苏州站之意。齐曰："欲稍收集残部，即行去沪。"仲老曰："今据无锡车站电报，奉军之兵车已由无锡开出。"继曰："阁下在江苏数载，虽无惠政于民，亦无甚恶感。今辽沈直皖，迭为雄长，今日胜者，明日或为败者。我劝抚万兄留一点去思，为后来与江苏人相见之余地。"齐默然不语。此时仲老声色俱厉语齐曰："难道你欲糜烂我苏州地方吗？"齐燮元见仲老发怒，始言"决无此意"。仲

老谢之，且促其即去上海。齐乃送仲老出铁棚车，下令赴沪。故当时苏州有传仲老于车站驱逐齐燮元之说。（毛羽满：《记苏垣爱国耆绅张仲仁先生》（下））

江浙间的战火虽息，但驻兵未撤，四民畏之如虎，奔避无宁。太湖流域的名绅商家，睹此时艰，在沪倡立“太湖流域联合自治会”，拟以苏松常镇太杭嘉湖旧府州八属为特别区，实行自治。仲老在苏州首起响应。1925 年 3 月间，悲哀民生维艰，仲老奔波于江浙省府，吁恳迅予撤兵，同时派人去北京请愿。苏南驻兵始陆续撤离。在仲老等一批开明士绅赞助下，5 月 24 日，太湖流域联合自治会在上海成立，宗旨为息内争、谋自卫、保和平、筹休养。

仲老为官数“朝”，足迹南北，社会关系广泛。立志不问世事的老人，为了保境安民，以自己的操望作资本，重托门生故旧，周旋于久厌的烟瘴衙门，其内心的失衡可想而知。苏州因此有了一度安宁。但是，乱世里的兵卒，可以让他跳下戎马，却无法使他解甲归田。仲老尽力了。

看起来，印公更快地进入了他的“隐士”角色。他是一位儒将，生平好游，游迹几遍全国，所到之处，特别留意名人墓冢。在广东，他重修南华寺与唐代名相张九龄祠墓；在海南岛，修葺明代名臣邱浚、海瑞等人的祠墓和儋县的苏东坡故居。印老抚慰着这些不安的灵魂，也昭揭了一份湮没的历史。20 世纪 30 年代初，洛阳盗墓成风，墓志大批出土，印老以 2 000 银元购下唐代墓志 95 石，租得一节火车皮，将此重达 10 吨的 93 块石头运到苏州，筑“曲石精庐藏九十三唐志室”以藏。1937 年日本人打到苏州，他连夜将这批墓志运到西郊小王山，沉到山下关帝庙前的水池中。在苏州这座文化后花园里，唐代诗人王之涣的墓志铭，让人们了解到一簇诗坛大家的行事本末。

这时的印老又开始了与苏州历史的对话。1926 年 4 月 12 日，他从十全街家居背河，登上一叶轻舟，至吴郡西山脚下。此度访古分为两次，前后 26 天。阅读当年出版的《吴郡西山访古记》，我们可以体会到一位老人对历史的钟情和虔诚。他写道：出游以来，日行六七十里，夜局促舟中，篝灯写日记至三鼓，毫无疲敝状，今日休憩，转觉困惫异常，可知精神愈用愈出也。

印老每天清晨启舟登陆，翻山越岭，策杖攀缘，循径深入，至黄山、横山、尧峰、皋峰、穹窿、玉遮、天池、华山、邓尉、渔洋、安山、坳里、支硎、天平、灵岩、阳山、何山等踏访寺院古墓、碑碣。一群干枯的灵魂鲜活起来：顾雍、朱桓、顾野王、钱元璙、范氏三太师、韩世忠、魏了翁、周密、徐有贞、韩雍、唐寅、文徵明、赵光、申时行、王锡爵、文震孟、董其昌、徐如珂、周顺昌……寻查到顾雍墓时，印老且喜且忧：千年古迹，一旦披露，闻者莫不惊喜，然余不能无感焉。此墓明知在小王山，访之屡矣，其地距吾母兆域才五十丈，逾岭即是，且有墓碣可认，而几失之咫尺，彼乡人暨其子孙，亦茫然而听其湮没，吴中古墓若是者，不知凡几，滋可惧也。或曰隐显晦明，是有数焉，诚以求之，鬼神来告。然耶，否耶？

足下的历史让他欣喜莫名，眼前的生命令他倍感亲切。执手耆老，抚摩垂髫，印公用心体悟着一方生民的生活方式。在这里，他为异域他乡的母亲找到了最后的归宿。1927 年 10 月，母亲阙太夫人去世，印老择定在小王山买山葬母。乡亲们说，小王山形如金牛，墓穴选在平旷的牛腹上，风水绝佳。谙熟阴阳之说的印老笑了：小王山背靠穹窿，面向灵岩，北眺阳山，南滨太湖，风景是美，母亲在此，庶几可以安息。我来这里守孝，也很高兴。乡亲们善良，农闲在苏州开羊肉店，乘暇刺绣、养蚕、制砚，我要向你们学习，不图升官发财，但求宜耕宜读而已。

印老精心设计了母亲的墓式。墓前置云南大理石拜台，两侧立青石狮子一对，墓北建花岗石碑亭，亭内列丰碑 4 块，正反镌父亲李君墓志铭、阙太君墓志铭、祭文、公祭文、灵表、家谱等，皆由章太炎、吴昌硕、黎元洪、金松岑等名人撰文。碑身从座到额高 8 尺，碑额精雕，碑座刻昭陵八骏图案。墓间遍植松柏。印老孝诚感人，每逢母亲忌日，跪拜叩首，涕泪俱流，情状悱恻。为追念母泽，他称阙太夫人墓为“阙茔”，后来创办了“阙茔小学”，建设了“阙茔村”。在小王山一块石壁上，印老留下如下题刻：

> 穹窿小王山一名琴台山，又曰小黄山。葬汉驰义侯顾公贵；吴丞相顾公雍；梁建安令顾公烜；宋秘书正字周公南；顾文节公彦成；顾漫庄先生禧；潘氏南渡始祖清；赠刑部郎中王公元相；暨吾母阙太夫人共九墓。刻石纪之，以告来者。中华民国十七年九月，前国务总理，农商总长，陕西省长李根源敬书。

他让一位本来微不足道的女性与 8 位乡贤并列于此，留给了苏州，因为这是他的母亲。但始终，我们对这位女性的认识，如同对她的“阙姓”的识别一样，总感到有些冷僻。相反，对另一块石壁上的一段文字，却倍感亲切：

蓼蓼者莪，匪莪伊蒿，哀哀父母，生我劬劳。蓼蓼者莪，匪莪伊蔚，哀哀父母，生我劳瘁。瓶之罄矣，维罍之耻，鲜民之生，不如死之久矣。无父何怙，无母何恃。出则御恤，入则靡至。父兮生我，母兮鞠我、拊我、畜我、长我、育我、顾我、复我，出入腹我，欲报之德，昊天罔极。民国十六年，李根源泣血敬书。

这里没有阙太夫人的名字，人们只知道在叙述一位母亲，似乎，不只是印老的母亲。在我们这个民族，母亲都是这样的。

为了与母亲相依相守，1927 年，印老筑起墓庐，题名“阙茔精舍”。印老读书之余，疏泉凿石，栽竹植松，松涛如海，诗人陈衍命名为“松海”。印老居此 10 年间，名流高士来者不计其数，其善书者皆留大笔。印老常年雇工二三，勒之于石，计有数 10 处，形成所谓松海：曰万松亭、曰听松亭、曰听泉石、曰吹绿峰、曰小隆中、曰卧狮窝、曰孝经台、曰湖山堂、曰梨云涧、曰灵池。“小隆中”之题，太炎先生有跋文道破印老心机：“退处十年，筑屋松海，自署小隆中，又追慕武侯为人，盖仕隐不同，故淡泊宁静，亦山林之趣。”深居林海的印老一直处在仕隐两难的心境之中：

苟全于乱世，不觉入山深。
高卧小隆中，聊为梁父吟。

实际上，印老只不过是在重复千百年来无数士大夫曾经历过的精神苦难。他们常常压迫自身，企图在历史和自然中找到生命的寄托。

但那里不可能有令其满意的终极解释，因为他们的生命底色过于浓烈，他们的周边环境过于恶劣，最后只能徒然地返回现实。吴中二老不是那种恃才傲世之辈，进则经纬天下，退可经略一方。

二老相识于民国初年的北京，故知相遇苏州，尤为投契。印老在阙茔精舍专为仲老辟出一室，结伴而居。两老闻鸡起舞，朝夕相谈。他们也谈国政朝纲，但那是坐而论道，心有余而力不足；或许能为身边的农民做点事，那是实在的。

1929年，仲老去了陶行知在南京办的晓庄师范，遂与印老、黄炎培一同发起建设善人桥新村。“新村主义”来自日本。日本作家武者小路实笃（1885—1976），寻求通过非革命手段，实现一种理想社会，于1918年年底，在九州的日向，买地40亩，建房3所，组织志同道合者30余人，白天耕作，晚上读书、休息，被称为“新村生活”。这是世界上第一个新村。第二年，周作人把它介绍到中国，很快在知识分子中形成一股“新村运动”的热潮。1927年前后，仅就江苏而言，昆山的徐公桥新村、上海的黄渡新村、南京的燕子矶新村，办得相当出色。二老关于善人桥新村的设想，很快得到地方有识之士的响应，1931年由二老任正副主席的“善人桥农村改进会”，在穹窿山下宝林寺成立，委员12人。“改进会”隶属“中华职业教育社”，下设5个分会，结合区政，分头开展乡村社会教育。1932年，改进会呈请省厅核准。善人桥专立一区，即吴县第20区，试办新村，善人桥区在木渎、胥口、光福和浒关之间，辖13乡镇，223村，近15 000人。印老在善人桥镇寻到一位高中毕业生担任区长，同时罗致了一批新进人才：新村农林干事朱孟乐为留日农科生，新村医院主任马君毕业于北京协和医院，新村总教练兼保安主任曾为黄埔军校教官。至于新村之合作事业，则由农民银行苏州分行行长朱庆曾在善人桥分设合作社。

善人桥附近农民，多营副业，以补稻麦蚕桑之不足。1932 年《善人桥区政录》记载：焦山藏石料，在苏沪建筑市场上十分抢手。马冈山藏紫石，可制砚，尤属文具佳品。篁村乡产各类树秧，名闻吴中。穹窿山之鬼箭、地龙、木香、淡竹叶、桔梗、野人参，赤松山之紫芝，天池山之地龙草，是重要的制药原料。又穹窿之杜鹃，宁邦坞之宝珠山茶，以及显忠之茅竹，坞中之獐兔，均属区中之特产。焦山一带兼业石工，塘湾专制木器及玩具，牛场廊则制砚，蒋巷则织夏布，其他或经商，或业营造，或樵薪采药，女子除务农外，大都兼作刺绣，均能各安其业，绝少游民。

辛勤劳作的农民缺少对市场行情的了解，仲老派人详加调查得知，新村之北有紫石砚，“市肆收购之出售于苏沪等地，质虽不若端溪之砚，然胜于歙品，且价廉，故购之者众。蠡市村中农人善制眼镜，为阊门内专诸巷眼镜店之外发加工地……城内戏衣店有专司放绣之职员，日奔走于各村之中”。为此，仲老建议设立合作社，实行乡村产业化：“欲仿欧美新图案，绣作靠枕、桌布、浴衣、席垫，皆灿烂夺目。开办一刺绣传习所，以资训练，学成出品，由合作社为之经销海外，以增加农民经济之发展。”〔毛羽满《记苏垣爱国耆绅张仲仁先生》（下）〕

穹窿山坞有三堰五闸，距善人桥镇约 5 里，分上堰、下堰，过山堰，园塘池、荷花池相连，中亘一堤，风景幽绝，其蓄水足以补助灌溉，各设一闸，以司启闭。三堰五闸历史久远，汉代的朱买臣及清代的汤斌、林则徐和李超琼都曾先后修浚，至 20 世纪 30 年代，因年久失修，“颓淤不堪，以致有时涓滴无留，有时漫溢田间，灌溉失宜”。善人桥农村改进会，鉴于先贤德政行将消失，于 1932 年冬发起开挖整修，一月而告竣。仲老在此悉心勘察，全盘规划，拟建成一“仿佛西湖”之区。

当地风俗，遇有红白喜事，前村后巷，亲朋好友，举家而至，大鱼大肉，饱啖有达五六日而去者。贫困之家，为此而陷高利贷之魔窟。善人桥区政从民众教育入手，除原有农民教育馆、民众茶园与各项宣传外，拟开办补习学校，举行循环演讲，实地推行，努力提倡。仲老常至民众茶园，向茶客发表演说，劝谕乡民节约办理婚嫁及丧事。通过仲老的关系，朱庆曾在善人桥分设的农民银行合作社，以 1%～2%的低利率贷给农民，高利贷剥削遂无人问津。

在改进会的工作过程中，二老对乡村社会的亚文化，有了更为感性的认识。1934 年，江南大旱，村民迁怒仲老，认为与其把藏书庙东岳殿改为学校教室相关，一金姓农民抗阻甚烈。二老与其僵持于藏书庙很长时间。金云良在内部资料《饮水思源忆印公》中记载这位农民后代的一段叙述，让我们知道了这件事情的最后解决办法：事后，父亲被遣送苏州感化院反省，时值大旱，必须及时抗灾救苗。村民让印公向仲老说情，开脱父亲。父亲获释归来，印公即委派他组织村民，疏浚黄家泾浜与犯人泾浜等河道，建筑塘坝，使用机船戽水，庄稼损失稍缓。后来，印公送父亲一条黄牛，慰其抗旱有功，勉其务农勤耕。父亲愧疚不已，主动向仲老请罪。仲老说：“也要怪我说服教育工作做得不深入，现在我了解你的性格了。”父亲从此服帖。

二老在善人桥建设新村的时候，日本人已经打到了上海。1932 年发生“一·二八”事变，日本驻沪海军陆战队突袭闸北，十九路军奋战抵抗，序战即告大捷。想我十九路军壮士，以竹笙单衣，窳劣武器，而屡挫顽强，仲老为之感奋不已，会同印老，倡议组织“老子军”，刊诸报章：

> 青年有同志军，则老人应有老子军，缘少者壮者前程远大，为日方长，若多牺牲，未免可惜。至老者忝在父兄，理宜奉率，以年齿论，如商贾早有赢利，折阅本在意中，视死如归，是其天职，故取吴中范希文（范仲淹，字希文）小范老子之意，创为本意。

虽未能成军，然“老子军”之名，不胫而走，磅礴于天下。

“一·二八”淞沪之战，抗日将士伤亡惨重。印老在善人桥马冈山东麓建“英雄冢”，营葬烈士忠骨 78 具。墓前有两碑，“气作山河”之碑，由张治中将军书题，文曰：

> 李印泉先生在苏，集前十九路军及第五军上海抗战一役殉国将士骸骨，凡七十八具，葬于马冈山之麓，命名为“英雄冢”。以治中曾忝附斯役属题，自维当时，制敌无术，书此不觉悲愧交集，泪下如绠矣。

迨 1937 年“八一三”淞沪抗战，我军阵亡更多，二老组织红十字会赴前方抢救伤员，殡殓忠骸 1 200 多具。因墓园已无隙地，尚有 82 具未能葬入，便另辟石码头砚山墓地，续葬立碑，当地人称为“伤兵坟”。二老执绋送葬，奉安英魂。印老赋诗以志伤悲：

> 霜冷灵岩路，披麻送国殇。
> 万人争负土，烈骨满山香。

此际，已是苏州沦陷前夕。

三、余晖洒在古城

苏州人总以“太炎先生”尊称章炳麟。其实，炳麟是他后来之名，一般的人，不太清楚他初名学乘。大炎先生之更名，是因为仰慕明末清初苏州昆山的爱国主义思想家顾炎武，顾氏名绛，他改名为绛，号太炎。太炎先生是浙江余杭人，曾寓居苏州，亦终老于苏州；太炎先生是个学者，却是以革命家的形象闻名于世的。鲁迅先生也有这样的感觉：

> 我以为先生的业绩，留在革命史上的，实在比在学术史上还要大……我的知道中国有太炎先生，并非因为他的经学和小学，是为了他驳斥康有为和作邹容的《革命军》序，竟被监禁于上海的西牢。

鲁迅写了《关于太炎先生二三事》，对其生平脉络有精辟的勾勒：

> 考其生平，以大勋章作扇坠，临总统府之门，大诟袁世凯的包藏祸心者，并世无第二人；七被追捕，三入牢狱，而革命之

志，终不屈挠者，并世亦无第二人：这才是先哲的精神，后生的楷范。

在这之后，鲁迅先生说他“既离民众，渐入颓唐”了：

太炎先生虽先前也以革命家现身，后来却退居于宁静的学者，用自己所手造的和别人所帮造的墙，和时代隔绝了。

走出书斋，呼号几十年的太炎先生累了。他又回到了书斋，企图寻觅本该属于学者的一份宁静。1932 年秋，太炎先生从烦嚣的上海来到苏州。

当时，苏州绅士金松岑、陈衍、李根源、张一麐等发起讲学，敦请章太炎莅苏。在苏州讲学两月，太炎先生认为，要拯救衰败的祖国，绵续民族的文化，可效法顾炎武“读经会”成例，组织学会，所谓“深念扶微业，辅绝学之道，诚莫如学会便”，这样的使命，“于他州或不能举，苏州则有能举之者也”。

在“斯风日下”的时代，晚年太炎先生所要追求的，似乎就在苏州。在他 1933 年 1 月写的《国学会会刊宣言》里，我们能够体味先生差强人意的苏州情结：

其地盖范文正、顾宁人之所生产也。今虽学不如古，士大夫犹循礼教，愈于他俗。及夫博学孱守之士，亦往往而见。忾然叹曰：仁贤之化，何其远哉？顾念文学微眇，或不足以振民志，宜更求其远者。昔范公始以名节厉俗，顾先生亦举“行己有耻”为

章太炎全身像

士行准，此举国所宜取法，微独苏州！顾沐浴膏泽者，莫苏州先也。

太炎先生曾经来过苏州。这里，曾经是他的避难所。1900年，唐才常等在上海愚园召开的“中国议会”，发布“勤王”宣言，与会的太炎先生，以“勤王”与“光复”相矛盾，断言这种出师无名的举动，必致失败，坚决反对。不久，唐才常自立军起义事败，在清政府的通缉名单上，犹列太炎先生之名。为逃避清政府的追捕，1901年，太炎先生来到东吴大学执教。在近一年的时间里，他张扬民族情绪，有《李自成胡林翼论》之题，引起清廷注意，认为乱党潜伏东吴，拟追捕，太炎不得已东渡日本，投身革命。

如今，太炎又回来了，他需要获得一种心灵的慰藉，这种慰藉既不是“大隐隐于市”的超脱，也不是物我浑然、天人一体的解脱。与太炎先生一同跋涉过来的夫人汤国梨，真的是想解脱，她把浙西的故土想象成完全寂静的自然：

故乡虽好不归去，客里西风两鬓秋，
不是洋澄湖蟹好，人生何必住苏州。

浙西未必就是净土。但可以肯定，苏州并不淡泊，因为她是顾炎武的故乡，充满着“天下兴亡，匹夫有责”的情怀；这里也不宁静，因为范仲淹在这里生活过，流溢着“先忧后乐”的余韵。郑逸梅先生记道：太炎欣然前往，寓于李根源的曲石精舍，觉得苏州水木清嘉，名胜古迹到处都是，认为是个好地方，便贸然购了城中侍其巷“双树草堂”的屋宇。不久，其夫人汤国梨来苏一看，发觉该屋虽小，却有园林之胜，但没有后门，万一发生火警，就很危险，且旁邻机织厂，机声轧轧，喧耳不宁，居息及治学都不相宜。

购买侍其巷“双树草堂”是有些贸然。草堂的前面一重是楼房，太炎一看就很满意：“不错，有楼。”看到院子里有几棵树，说：“还有树。”不用再看了，就和卖主谈价。卖主见他如此满意，索价一万五千元，高出时价很多。这本来是可以还价的，不料，他不但不还价，竟另加二千元成交。章夫人得悉消息，赶来看时，一切手续业已办妥，但附近有一织布厂，终日机声不绝，房子竟不能住！要卖，买价已经很高，卖不出去；租吧，也租不上价，结果只有空着，雇人看守，另在锦帆路筑一新居。

选择锦帆路寓所也有些偶然。汤国梨回忆道：一日，我和太炎经过锦帆路南首。见有行将落成的新建洋房一所，即入内参观，仅少数在装置电线的工人做扫尾工作。据在场的工头向我们介绍：这所洋房，日内即可完工，造价约二万八千元，但屋主突然须远行，现愿照建筑原价出售，如果有人愿意购置，即可联系云云。我以这所洋房朝南，东西均有门出入，外表为一宅，内部系分成两宅，后面迤北尚有一片空地，可以扩大，所以认为较理想。太炎也无异议，因即由建筑工头联系，几天后即成交。

1934 年秋，遂有章氏国学会之议。国学会《简章》写道：本会为章太炎讲演而集合，又其经费由章先生筹集，故定名为章氏国学讲习会；以研究固有文化，造就国学人才为宗旨。

于是在 20 世纪 30 年代的苏州古城，就有那么一个不为时人所理解的所在：生徒云集，大衫长褂，雍雍穆穆，大有洙泗气象，书本大多是《尔雅》《公羊》《尚书》一类，线装木版的居多，只有一本《尔雅》是商务版洋装的，壁上还挂着学生的作业成绩。

这是一位国学大师的爱国方式。他在《论读经有利而无弊》中言：“夫读史之效，在发扬祖德，巩固国本，不读史则不知前人创业之艰难，后人守成之不易，爱国之心，何由而起？……吾国民族之精神乃固，虽亡国者屡，而终能光复旧物，还我河山，此一点爱国心，蟠天际地，磅礴郁积，隐然为一国之主宰，汤火虽烈，赴蹈不辞，是以宋为元灭而朱明起，明为清灭而民国兴。余身预革命，深知民国肇造其最有力者，实历来潜藏人人胸中反清复明之思想也。”

章氏国学会在苏州成立前后，正是民族危亡多事之秋。坐在宁静的书桌前，太炎先生的心情实在平静不下来。

本来，在上海同孚路时，太炎日常生活极有规律，每天或者会客，或者与弟子探讨学术，或者在书房从事著述。1931 年“九一八”事变发生，太炎每天一起床即阅读报纸，时刻关注着东北事态的发展。10 月 5 日，在给一位学生的信中，先生一针见血地指出日本窥伺我领土的野心：

> 东人睥睨辽东三十余年，经无数曲折，始下毒手，彼岂不欲骤得之哉？因伺衅而动耳！欲使此畏葸怠玩者，起而与东人争，虽敝舌喑口，焉能见听，所以默无一言也。

而国民政府的行为令人失望：

> 东事之起，仆无一言，以为有此总司令、此副司令（按，指

蒋介石和张学良），欲奉、吉之不失，不能也。

1933年3月，蒋介石的对日不抵抗政策，导致热河全省沦陷。章太炎怒不可遏，3月7日，发出《呼吁抗日电》：

> 目今全国养兵近二百万，国家危急至此，犹不奋力向前，以图恢复。平日整兵治戎，所为何事？应即督促前进，自谋靖献。如犹逍遥河上，坐视沦胥，此真自绝于国人，甘心于奴隶者矣！

首句即锋芒毕露："全国军民公鉴：国民政府成立以来，勇于私斗，怯于公战"。特别令国民党当局忌讳的是，文中指责"主持军事者，绝不关心于此（按，指抗日），反以'剿匪'名义，自图卸责"。电文被严密控制，仅刊登在当时的《苏州明报》上，"国民政"三字被□□□代替了。其他报章一概不见。

自此，太炎先生对国民政府的批评日益"出格"。1933年，举国环顾，山河日非，瞻顾民族之前途，太炎不能自已，4月1日《申报》遂有他与马相伯、沈恩孚的《三老宣言》：

> 今日急应一致奋起，予政府以有力之督促，务使东北半壁河山，不至自我沦亡，黑山白水，不止就此变易其颜色也。

《三老宣言》发表后，马相伯以"国府委员"之名，被软禁于南京。太炎先生亦受到弟子黄季刚的奉命之邀，说是已在中山陵麓，特为太炎建筑房屋及讲学会场。太炎以苏州国学讲学事务较多相推辞。

黄季刚返宁后，国民党中央又来电，敦请赴京讲学，太炎又以病拒绝。太炎迁居苏州，国民党还在“关心”着他。汤国梨先生许多年之后，都不能忘记那个深夜：

> 黄季刚忽然夜半来苏叩门，全家为之惊醒，以为发生什么事故。见面后，他一定要见老师，时太炎正熟睡未醒，我乃问他是否有不能和他人谈的事情？他未回答，但要自叩太炎卧室的门，被我阻止。并询（问）究竟什么事？一定要见你老师。他一时无法与太炎面谈，只得吞吞吐吐地说：“日内有人来苏和老师联系，希望届时勿拒人太甚，使人难堪……”我告以如果有人客来，我们自会招待的，请勿顾虑。黄为急于返宁复命，旋即离去。但究竟南京有什么人来，来了要和太炎联系什么事？

大约两三天后，国民党中央常委丁惟汾来到苏州。丁惟汾是老同盟会会员，其父丁竹筠与太炎先生交谊颇厚，今非昔比，自不能以同志相待了。此番相见，两人于庭园之间，尽叙旧谊，太炎赋诗相赠：

> 平生樽酒意，垂老又相逢，
> 揽鬓谁先白，疑年各号翁。
> 研经怀孔壁，论韵识齐东，
> 薄莫平门道，车声隐梵钟。

三日后，太炎高兴地把往日的朋友送上了归程。当他返回室内时，发现茶几上留着丁惟汾的一封信，内夹一万元支票，有“致万金为疗疾费”云云。

蒋介石的一再“关心”，让一介书生寝食不安：

> 仆前本欲赴南都讲演，而协和、觉生诸公，猝欲以高等顾问相推彀，心有未安，已属印泉婉辞。亦会鼻菌作衄，不能成行。前月杪，丁君鼎丞又来致中央问疾之意，且以医药见惠，此既都下故人之情，有异官禄，故亦不复强辞；然无功受贶，终有不安。

章夫人倒镇静异常，她说：这钱不能收，但又不能明拒。我看明天我们登个报，声明将此款移用于国学讲习会作资金。太炎先生连声称好。于是在报上发表了《章太炎启事》说：余前因诸生有志国学者推属讲演，发起章氏国学讲习会，以事体重大，经费不充，未能骤举；顷因小恙，得中央同人馈赠医药费，正堪移用讲习会。

作为章氏国学会的总教长，章夫人心里有一本账：在章氏国学讲习就学者，当时虽仅有五百多人，但讲学会除延聘讲师外，供应就学膳宿以及其他杂费，并不简单。因此所收学费，也比当时一般大专院校为高。而就学者的经济情况不同，也有不少经济困难的。就把这一万元充作讲学会的助学金，对就学者的一切费用，全部减免。蒋介石的这笔钱，经过太炎先生之手，解决了一批清寒学子的困难。

章氏国学会成立后，全国学子，负笈从学者，络绎不绝。最初的讲学地点并不固定，听讲学者往往从广告牌得知讲学的时间和地点。集中在讲堂的听众，听到招待人员喊“章先生到”时皆起立，以示敬意。太炎总是随身带一听白金龙香烟和一盒火柴。香烟一燃，清茶一泡，讲学就开始了。奋笔疾书者不乏其人，但亦有眉头紧锁者，想必或是听不懂先生的余杭官话，或是对所讲内容茫然。章夫人说，散出会场时，有人抱怨：人皆传言章先生讲学好听，总不及《三国志》《岳传》生动。

国学会学生来自全国近二十个省市，年长者至七十三岁，年幼者仅十八岁，以大中专学生居多，住宿在学会里的也有一百多人。学会开设有经学、小学、诸子学、文学，以及“古文尚书”等专题课程，由太炎先生主讲，特邀沈瓞民、蒋维乔、王小徐为特别讲师，门人为讲师者，则有朱希祖、汪东、孙世扬、诸祖耿、王謇、王乘六、潘承弼、王牛、汪柏年、马宗芗、马宗霍、沈延国、金毓黻、潘重规、黄焯等。

位于苏州锦帆路的章太炎寓所

太炎先生讲学严谨而开放，据其弟子王基乾《忆余杭先生》追忆："先生讲学，周凡三次，连堂二小时，不少止，复听人质疑，以资启发；不足，则按日约同人数辈至其私室，恣意谈论，即细至书法之微，亦无不倾诚以告，初不计问题之洪纤也。"

太炎先生讲学的课堂烟雾纷披。他对生活的要求不高，但嗜好纸烟，只是不讲究牌子，是纸烟就行。讲学或谈天时，只要有烟在手，常常一支连着一支，神采飞扬，倘若有人触其谈锋，更是妙语连珠。

一日，几个登门拜访的后生便"碰"上了他的锐利的谈锋，周黎庵实录了一段访问太炎先生的情状，在《半小时访章记》中有详细的记录：

> "廖平，是的，他那时也在成都……不错……我想起来了，康有为……这伪学，他著了一本书……还没有出版……他忽然写了一封长信给廖平……要把廖平的一本书，毁版——把版子劈了。后来康的书出版了，原来康就是抄廖平的。你想康……康的心狠不狠。竟然要把廖平的版劈，劈了——毁尸灭迹。
>
> ……
>
> "康、梁，康，这不必谈。梁，梁后来变了节，他，他佛学倒不坏，但是究竟改节的……
>
> ……
>
> "哲学，胡适之也配谈么？康、梁多少有些'根'，胡适之，他连'根'都没有。
>
> ……
>
> "汤生，英文，他好，国学他根本不……

……

"孔子，尊尊也不妨，他的东西，关于做人方面——就是实际方面，绝是不错的。譬如，举一个例，'孝、悌、忠、信'，这个，这个有人能改吗？但是，封建，封建的不好，要不得，但这也是时代，时代的关系……"

章太炎确实没有忘记时代。然而，这段谈话却标示出他与时代的距离，让人有恍如隔世之感。

对于一个垂暮老人来说，对于一生浸淫于经史子集的大师来说，他的思想与那个时代是有距离和偏差的，但他观察问题的独特视角，有时却触及了时代的命脉所在。他的抗日思想便是这样。弟子许寿裳一语中的："因为严夷夏之防，是章先生一生志节的所在，所以对于抗日战争，提倡最力。"

这就有悖于蒋介石对他的暗示和希望了。

1935 年 12 月 9 日，北平数千名大学生，响应中国共产党民族团结、抗日救国的号召，为反对华北政权的特殊化和冀察政务委员会的成立，举行声势浩大的示威游行。当游行队伍经过王府井大街南口时，遭到军警们的血腥镇压，当场有百余人受伤，三十多人被捕。"一二·九"运动因是风云涌动。1935 年 12 月 21 日，获悉宋哲元拘捕学生，太炎先生亲自起稿，致电宋哲元：

学生请愿，事出公诚。纵有加入共党者，但问今之主张何如，何论其平素？执事清名未替，人犹有望，对此务宜坦怀。

就在前两年，日寇犯我长城各口，宋哲元以二十九路军军长之威，率兵把守，太炎先生当时是何等激动。时至今日，让他难以理解的是，荣膺抗日“清名”的宋某，却把枪口对准了手无寸铁的学生。

宋哲元 23 日的复电在欺骗搪塞：“苏州章太炎先生道鉴：马电奉悉。近来学生四出请愿，哲元为维持治安计，仅予以和平之劝导，惟各处报载多有失实之处。兹重以先生之嘱，自当遵办也。”

宋哲元也想维护他在太炎心目中的形象！

为了响应北平学生的爱国呼声，上海学生赴宁请愿，列车从上海北站开出，行至昆山站，遭到国民党的阻拦。学生强行把列车开至苏州，雨雪载道，备尝艰苦，而上海市长潘公展等则诱骗镇压。太炎先生愤然对报界发表谈话，对学生爱国运动深表同情，认为政府当局应当妥善处理，不应贸然加以共党头衔，武力制止。尤其政府当局、教育当局，应对饥寒交迫之学生，负责接济粮食，并沿途妥为照料。太炎既让夫人带了食品赶往车站，登车向爱国学生表示慰问，又派学生携带面包水果加以慰劳，同时嘱咐县长馈飨学生。

事实上，太炎先生对爱国的学生一直爱护有加。在 1931 年 12 月给学生马宗霍的信中，他这样写道：“东事起后，当局已不能禁人言论，而老子终无一言者，盖拥蒋非本心所愿，倒蒋非事势所宜，促蒋出兵，必不见听，是以默尔而息也。逮今拟划锦州为中立区域，则放弃东三省之志已决。学生群呼打倒卖国政府，亦奚足怪。”

青年学生的救亡行动，激扬起一位老人壮美的爱国情怀。在民族危亡迫在眉睫的时刻，先生但知有爱国与卖国之分，无论其路线和政党之别，对于中国共产党的抗日主张表示赞同。当时供职于南京当局的张溥泉是太炎先生在辛亥革命时的结拜兄弟，生怕大哥再说出什么

"疯话"，托人给太炎先生传话："安习讲学，勿议时事。"太炎的答辞让张溥泉汗颜：

溥泉老弟左右：印泉来述弟言，谓大哥当安心讲学，勿议时事。吾老矣，岂复好摘发阴私以示天下不广？顾同盟会之遗老，岂得弁髦视之。曩时所务，惟在排斥满人政权，今满人又复燃其死灰，而更挟强国以为重。吾辈往日之业，至今且全堕矣！谁实为之；吾辈安得默尔而息也？

吾之于人，不念旧恶，但论今日之是，不言往日之非。五年以来，当局恶贯已盈，道路侧目。及前岁关东事起，吾于往事，即置之不言。幸其兵力尚盛，谓犹有恢复之望也。不图侵寻二岁，动与念违。迩者中日暧昧之议，腾于众口，朝野哗然，不可掩秘……栋折榱崩，吾辈亦将受压。而弟欲使人人不言，得无效厉王之监谤乎？

其实，这已经是先生的最后冲刺。1936 年，太炎先生的身体已极端虚弱，鼻衄病、胆囊炎、气喘病并作，虽如此，犹执卷临坛，勉为讲论。夫人劝阻，辄言："饭可不食，书仍要讲。"王基乾的《忆余杭先生》记述了先生生命的最后情形：

二十五年（按，1936 年）夏，先生授《尚书》既蒇事，距暑期已近，先生仍以余时为足惜，复加授《说文》部首，以为假前可毕也。顾是时先生病续发，益以连堂之故，辄气喘。夫人因属（嘱）基乾辈，于前一时之末，鸣铃为号，相率出室外。先生见无人倾听，可略止。然余时未满，诸人复陆续就座。先生见室中有人，则更肆其悬河之口矣。以此先生病弥甚。忆最后一次讲论，其日已未能进食，距其卒尚不及十日。而遗著《古文尚书拾遗定本》亦临危前所手定，先生教学如此，晚近真罕有其匹也。

◎ 第六章 ◎

浴血人生

一、哭泣的天堂

1937年夏，上海发生“八一三”事变。8月16日，日本飞机就开始轰炸苏州了。那一次炸的是大中旅社。当时住在织里桥堍的诸桂荣才十多岁，听到警报声，日本飞机已到了头顶上，接着就听到爆炸声。第二天早上，听人说炸了大中旅社，实际上只炸了旅社边房的一角，旅社对面的河边上炸了个大坑，炸毁、炸塌沿河三十多户民房，炸死居民三四十人。据樊泱《日本侵略军在苏州的罪行》记载：有个在乐队吹喇叭的徐光斗一家三口全被炸死。铜锡店老板已怀孕的媳妇，正在浴盆里洗澡，也被炸得身首分离。从那以后，几乎天天有警报。沪宁线上的正仪小镇设了敌情监视哨，有了情况，就通知苏纶厂的警报站。“呜——呜——呜”的汽笛一响，人们便躲入防空洞，大户人家有自己挖的，小户人家只好避入街头巷尾公家挖的了。当时有位幽默先生在防空洞口贴了一副对联，上联是“见机而作”，下联“入土为安”，横批“谁来怕你”，也算是习惯这种声音了。狂轰滥炸一直到11月19日苏州沦陷前夕，难得有一天清静。日军最多时出动飞机架次一批达二十二架，一天达五六次。

时为吴县县长的邓翔海，害怕日机轰炸，把灾难推给了百姓，自已逃到木渎乡间。8 月 25 日，国民党第九集团军总司令张治中来到苏州，听说在此军事孔急之际，一县之长畏慑敌机而走，遂命撤邓之职，以温晋臣接任。

11 月 15 日，苏州沦陷在即，军政官员连夜溜之一空。第二天，市民们发现大小衙门空空如也，城门和监狱门洞开，大家才慌张起来，准备逃难。可是所有的水陆交通工具已经被官员带走了。那几天，敌机轰炸得厉害，只得扶老携幼奔避回乡。到 11 月 19 日日军进城为止，居民十之七八逃出苏州城，以通往西乡太湖口木渎、光福的苏福公路最拥挤。由于局势紧迫，那天下午天又下雨，公路上，除了络绎不绝的逃难人以外，前线撤退的军队也一批接一批地向同一方向走。天空中又不时有敌机追逐扫射，有些抱着婴孩徒步奔跑的妇女，在这泥泞路上，无力再走，只得含泪把婴孩丢在路边，自己逃命。那天苏福公路从西跨塘到善人桥一带，就有被弃的婴孩四五人，还在啼哭。

与此同时，苏州辖属县城的居民也掀起迁移浪潮。昆城的居民集中到南乡的甪直、茜墩、张浦等偏僻的几个村镇。常熟县令禁止迁徙，但日机轰炸不止，百姓哪里顾得禁令，纷纷迁出城外。

流离失所的岁月开始了。“八一三”的炮声，结束了金诚一家六口在苏州的温馨日子，他们一家准备远避丹阳。他们觉得，苏州到丹阳有好几百里地，中间又有无锡、常州等城市，国民党军队一定会抵抗一段日子；而丹阳近南京，南京是首都，更不会轻易被放弃，故那里应最安全。10 月底，全家雇了一条船西行。可是如影相随的灾难令几十年后的金诚老人不寒而栗：“船行速度很慢，过了两个晚上才到常州。大约下午三四点钟，船被挤在大洋附近过不去。忽然拉响了警报，日本飞机飞临上空。敌机俯冲的呼啸声，炸弹的爆炸声，人们的哭声、叫声，响成一片。一枚小炸弹丢到船篷上，因船篷是芦苇编成的，很软，炸弹反弹到隔壁船上炸开了。我们先闻得‘嘭’的一声，棚顶上掉下一片灰尘，接着才听到一声巨响，震得昏天黑地。一时舱内出奇的静，各人都在恍惚之中，不知道自己炸死与否。隔了好一会，姐姐在叫我母亲、祖母，又问我是否炸伤了。哥哥腿上中了弹片，血流不止；妈妈的脚后跟也中了弹片，鞋袜都染红了；还有同行的表哥，手臂也挂了花。船到丹阳，已近傍晚，我们在西门城里找到了一个小客栈住下。次日即雇了四五辆独轮车，装上行李，还坐了人，吱呀吱呀地推着，出西门，到了十余里外的下邳马甲村。”

11 月 19 日下午 4 时从娄门进城的日寇是海劳原的部队。那天夜半，避难邓尉山圣恩寺的毛羽满，登上四宜堂，东望苏城，只见火光烛天。后至镇上，始知阊门外马路自宴月楼京菜馆及长安、福安、啸云天三大茶馆，延伸至新舞台京剧场、真光电影院整个一大圈，两侧商店不下七八百家，可怜一炬，悉成焦土。这是苏州烧得最厉害的区域。

入城的日军开始了大规模的屠杀。胡觉民先生提供了一些具体数据：日寇是在 11 月 19 日下午 4 时由娄门进城的，进城后即到处杀人放火。最初三天中烧、杀最厉害，从接驾桥、东西中市到阊门石路，日夜火光烛天。在日寇进城之前，敌机已连续几天来苏轰炸，炸毁房屋虽然已不少，但炸死的人还不算多。到了这时，被杀者逾千。过了一星期后，日寇才逐渐停止滥杀。大约两星期后，才有老画师顾仲华和功德林素菜馆的何桂芳等同“维持会”打了交道，自己雇人，做收尸工作，把通衢大街的尸体收拾干净，据当时的估计，有百数十具之多。其余尚有一批在家中被日寇闯入后枪杀的尸体，则大都在逃难人

1937 年 8 月，日机轰炸苏州古城

回来后才发现的。

杨紫岗反映的情况更严重：三天后，日寇在平门举行所谓入城仪式，犹如地狱里放出来的一群恶魔，在城里奸淫烧杀，为期约有旬日，方始“封刀”。即有功德林老板何桂芳和都亭桥青帮头子夏啸乐组织了九个掩埋队，分赴阊、胥、盘、娄、齐、葑、金、相九城门内外，遍寻无人收殓的被难者，十天内共掩埋尸体两千八百七十余具。至于在屋内被杀，由家属自埋者尚不计在内。这仅是城厢内外的数字，包括四乡被杀的总在五千人以上。据夏啸乐后来说：“光在尸体身上取下的手表，就挑了两大箩筐。”他还在茶馆里将那些手表送给朋友，胆小的不敢接受，因为上面还有斑斑血迹哩！

地处苏州之南的平望小镇，是苏嘉铁路的中心站，先于苏州沦陷，一镇居民不得逃避者均被枪杀，无一幸免，尸体遍地。据吴国钧回忆：在东溪河石灰窑、北河西街罗家弄堂口、南大街吴会丰花园、石家港水瓶庵旁、北大桥弥陀殿后等处尸体成堆，被杀四百多人。在镇北袅腰桥一带河中浮尸连接数里，镇与莺湖桥向南一公里、镇西到六里桥两旁公路夹河中，都接连有成堆尸体，惨不忍睹。

1938 年清明节，避居昆山乡间的杨馥清先生目睹的情形是：有些房屋门窗半掩，室中空无人烟。接近铁路线时，更见河浜里尸体浮汆，枕藉相望，一幅“寒风吹白日，鬼火乱黄昏”的景象。转入大街，原来热闹场所已成一片焦土，几乎夷为平地，不忍卒睹。仅中大街、南大街残存几间店面。这次战乱，昆山城厢被毁公私房屋不可胜数，凭记忆，被烧毁或炸毁二百余家。

1939 年 3 月，伪吴县公署上报伪省厅《事变损害材料》称，吴县全县被破坏房屋八千四百零七间，死亡人数七千二百九十六人，损失财产一千一百四十三万元。其中城区被破坏房屋四千七百三十九间，死亡人数三千七百三十八人，损失财产九百一十万余元。

樊泱先生认为，因这个材料是事变两年后由伪吴县公署统计的，只能作为参考。至于日军在苏州究竟残杀了多少无辜，这个统计数字不能回答这个问题。因为这份材料只是统计了吴县城乡被害的居民数，没有把被日本侵略军在苏州杀害的外地难民、被俘的中国官兵和伤兵的数字统计进去。樊先生 1987 年在对洋泾角的调查中发现，在这里被杀的，大多是过路的外地人，本地的人仅是少数。

洋泾角村地处苏州城北，是个战略要地。日军在进入苏州的同时，第七师团第六旅第三十五联队一百多人的队伍，驻进了洋泾角。从 21 日上午九时开始，日军将抓到的群众分批押到村东陶小和尚家堂屋内集体屠杀。据樊泱《日军在洋泾角村大屠杀暴行调查记》记载，后来从死人堆里爬出来的王木根老人诉说了那一场“恶梦”：

> 日本兵把我们从村西拉到村东，拉到陶小和尚家的里面大屋门前，叫我们站住。一个日本兵把我前面的一个青年人推进大屋的房间里，从背后一枪把他打死。接着，另一个日本兵把我也推进去，也是一枪。我中弹跌倒在地。这时，一扇房门倒了下来，压在我身上。后来又有人被一个个推进房间里来被打死。有四五个死人压在我身上。
>
> 当时，我没有被打死，子弹打偏了，一粒子弹打穿了我的右肩胛骨。子弹从右肩胛进去，从颈项里出来，鲜血从伤口里不断向外流。我的双手还被绑着，倒在地上，一动也不敢动。我想，不能这样等死。我被日本兵推进门时，看见屋里有一张床。乘日本兵去拉第二批人时，我弄断了绑在手上的绳子，爬到床底下躲起来……外面的人看不见。我刚躲好，日本兵又拉来了第二批人，又一个个推进屋来，开枪打死。接着，又在这里杀第三批人、第四批人……
>
> 那天，日本兵在这间房子里杀人，从上午九点多钟，一直杀到天黑……第二天上午，日本兵又一批一批地把中国人拉来枪杀。八点多钟，日本兵还拉来一个十多岁的小男孩。他们把这个小男孩撳在我躲的床上。床上有死人，有血，小男孩吓得从床上跳起来。日本兵又是一枪把他打死。鲜血从床上流下来，流在我身上。这天上午，日本兵在这里杀人，一直杀到九点多钟。
>
> 两天来，日本兵在陶小和尚屋里分批集体杀死中国老百姓一

百多人。当时那间屋子里，是死人身上堆死人，尸首横七竖八地堆有一人多高，地上、墙上到处都是鲜血和脑浆。

樊先生根据所掌握资料得出结论：在沦陷前后，被日本侵略军杀害在苏州的中国平民（包括外地难民）、被俘的中国士兵和伤兵，总数约有一万多人。仅此就够了，从感情上说，人们不希望再听到更为骇人的数据！

在这期间，苏州有多少良家女子，有多少含苞少女，有多少年迈老妪，被一帮禽兽蹂躏。在这里，我们不忍再做具体描述，只想抄录两段心酸的文字，让人们记住这段历史。一段是吴凤珍老人写的：

民国二十六年（1937年）逃难时，我那未过门的四婶还是个十八九岁（的）黄花闺女，娴静美貌，如一朵含苞欲放的幽兰。可惜红颜薄命，在一户大人家当丫鬟。

逃难时我们与这户人家及一些亲戚一起逃到名叫水桥头的村子里。可农村也不太平，日寇几次三番冲进村子狂吼着来拉“花姑娘”，闹得鸡飞狗叫，一时间妇女们急疯了地去躲藏，若躲避不及的便会被抓去……四婶那一户的女主人都有隐蔽的好地方躲妥了，其中包括四婶所服侍的六七十岁的老太也躲了起来了，唯独四婶一时间没好地方可躲，仅仅迟了一步，便被日军像老鹰抓小鸡似的抓去了……

由于已经定了亲，四叔仍然娶了她。可渐渐地四叔的心向了外，据说在外面另有女人，几乎夜夜不归。四婶成了弃妇，因孤独而越发地怪僻了，落落寡合，从不与人聊天。只消人们一提起鬼子兵，她脸色陡变，浑身颤栗，悄悄地离开了人群躲进房里去，将门“咯落”一闩。

后来四婶病得厉害，延请名医钱大椿医治，钱悄悄地回绝道：“这是梅毒性心脏病，没法治的了。”不言而喻是四叔传染给她的，仅三十岁左右，便香消玉殒了。

另一段是邓兆铭先生在《老居读想录》一文中记载的新安小学的经历：

从正谊堂边的备弄入内，我见有蔓草丛生人迹罕至的一些低矮偏屋，据校工说，有狐仙在焉。一天，我独自过去一看，在一所行将倾圮的废屋窗外，竟看见里面停有一口薄皮棺材，尘封极厚，看去停放有年。我原以为是什么人借陈的一口空棺。后来有一天，我闲步又到那里，竟发现棺材前有着剩香残烛，还有茶食果品。狐祟？我想到校工的话。后来，是商行的烧饭师傅，一个叫做傅巧林的人告诉我，那点东西正是他所放的。原来这不是一口空棺，棺里是一个卖花姑娘，被三个日寇轮奸至死，由蒋校长收殓后停之于此，久久无人认领。巧林又说，他有个女儿在无锡被日寇掠去，久久没有音讯。巧林说，每逢朔望，商行有规定要供奉大仙，事情交由他办，于是他就将一些香果权作牲刍移祭于此，为这不相识的姑娘一掬同情之泪，也寄托对女儿的哀思。

天堂在哭泣。李印泉老人《写忧》诗云：

月光惨照江城头，民逃鬼哭声啾啾。河干弃儿少人拾，河水漂尸无人收。士兵一溃约不住，多少人户来抄搜。不幸奸淫劫杀事，饥寒求索知有由。军令长官肃军令，擒斩多人乱少休。战场颓势已难挽，险象重重贻厥忧。不幸陷诸倭人手，典籍财货咸诛求。妇女掳之三岛去，壮丁骈戮文士诛……长夜漫漫旦何时，呼天不应天悠悠。东南浩劫转瞬遍，地狱即今是苏州。

沦陷之初，从苏州逃出的居民集中在西乡光福，一隅之区，几天之间聚集了二十万人。没几天，便有了传说，日寇限令在光福避难的城内居民于一星期内回城。失魂落魄的逃难人，夜里望着城里通红的火光，又听说日寇在城内的种种烧杀行状，谁也不愿回城。一位“有来历”的市民何亚农找到日本派遣军一个叫作市西的少尉参谋，说明情况。起初市西的态度甚为傲慢，何亚农说，在光福的逃难人中，很多是妇孺老弱，要限他们一星期回到城里有困难，再说，一时也无法弄到运送这七八万人的交通工具，希望展延时日。同时何亚农又把预先写好的一封日文信，要求市西代为转给上海日本使馆武官室的原田少将。难民们在光福才暂时呆了下来。

其实，光福一带也不是久留之地。其时，李印泉老人还没有离开小王山。晚上，那里盗贼四起，住在山村里的逃难者心惊肉跳。小王山中的南竹坞，利用“二老”留下的枪支，组织起防夜队，四面设置巷门，轮班鼓更巡夜，一有动静就鸣枪示威，盗匪难以下手，人们称为“小租界”，甚至本地乡民也住到了“小租界”。据柳志行老人口述：一天，穹窿山祖师殿江法师，接到一封用尖刀戳在门上的恐吓信，信上要江法师为抗日捐款千元，日内随时来取，否则将不客气云云。

江法师急得不得了，只得去向“张大人”求援，仲老分析了恐吓信的内容以后，邀请胆大的乡亲十余人，到穹窿山上开会。他说：“乱世歹徒趁火打劫，不用怕。求人捐款抗日，岂有用匿名信之理，分明是无耻狂徒，想用恐吓手段诈取钱财。只要大家认真对付，歹徒决不敢妄为。山上有道人数十，齐心做好防卫准备，盗匪若来，一面马上点灯，悄悄升上旗杆为号，一面鸣锣呼喊，通风报信。山下组织勇力村民，待旗杆灯亮，敲锣响应，持枪出击，鸣枪助威，围山缉捕，擒获后架送我处惩办。”

动乱年月，营造了许多像光福这样的小市镇，因为地不当孔道，难民聚居，一时颇显“繁荣”。常熟金鹤冲老人所在的金村，在他的抗战避难日记中一直被提到：

> （1937年）十一月初二日，登茶楼，市上农民多甚。酒肆茶楼人满。市多淮盐，香烟亦多，由沙洲、南通运来，价昂……福山镇无市集，于是咸往金村。金村旁近农家，都有城中人居住，福山人来者尤多。每晨街市摩肩塞途。有酒店八家，茶馆六家，咸患人满；有豆腐店十家，终日磨腐，尚不暇给。虞山之前，本有豆腐店十余家，至是皆闭。各市集数十里之居民，咸向金村取求需用之物，于是商人利市十倍。

这样的闹市，只是白天热闹一阵子。一到夜里，犬吠不止，鬼影幢幢，令人长夜难眠。农历十二月初九，是江南农民送灶的日子，村民们忙着蒸糕，几乎忘记了灾难。当天的日记上，金鹤冲记道：夜间时闻枪声，金村东南之小集，常有土匪出没。

到了 1938 年的年初，避居乡间的人逐渐回城，几条主要的大街，有几个小店开了门，流动摊贩更多，旧货摊上的东西特别便宜，想必来路不正。四乡的农民依旧运来了蔬菜荤腥。要过春节了，乡间土匪越来越多，散处僻远的乡镇的逃难人只得回城，也有不愿回城而往上海等处安身的。伪“维持会”趁这个机会到各乡镇贴了一批布告，让他们回城。到了 3 月份，天气趋暖，市面逐渐恢复。

二、粉墨登场

苏州的一批头面人物也来到了光福避居，乡下没有像“吴苑”那样高档的茶楼，茶室也可以将就了；镇上没有像“朱鸿兴”那样的讲究面馆，但小吃店也恭维有加。这些头面人物很快找到了与自己身份相配的茶馆，每天群集在邓尉茶室喝茶。有几天，茶客们叽叽喳喳得最多的是组织“自治会”的事儿，因为日本的宪兵队已经开到光福，找上顾衡如。顾衡如是光福本地的乡绅，与各方面的关系都圆熟；他掂量下来，请张仲仁做“自治会”会长再合适不过。大家推举前清翰林邓邦述致函仲老，邀其至光福镇晤面，有要事相咨。张仲仁住在穹窿山的文昌殿，出发时，外罩僧服，头着僧帽，乘一肩舆来顾衡如家赴宴。

这是一桌“鸿门宴”，宴席分为两桌，第一桌上座是邓邦述，下座是潘子义、顾衡如、潘经耜、黄胜卿几个乡绅。这是事先安排好的。同席的人当中，似乎只有邓邦述的前清科名资望和年纪可以配得上张仲仁，当他惴惴地说出“日军限令居民返城，有人主张成立自治会，请仲老赐教”之类的话时，张仲仁一口回绝：“我已出家做和尚，俗话说，出家不问俗，我是决不能做这些事的。”顾衡如、潘经耜便劝："仲老你不做和尚我们也不打算苦劝你出来做这件事，因为你做和尚，更应该出来做这件事，这是入地狱救众生的事，除了大和尚，别人是不敢做的，也做不了的。"张仲仁说："你们俩总都知道，明朝和尚姚广孝帮了永乐皇帝兴靖难之师做了大官，回到苏州去看他当年的方外之交织履先生，织履先生拒而不见，隔着闼门只说了一句'和尚错了'的话，始终没有开门和姚见面。姚又去看自己的姊姊，他姊姊也说'哪里有连和尚都做不了的人是好人的'。我做和尚，就为要做好人。"潘子义插嘴："仲老是我们苏州地方的领袖，一直主持着地方上的事情，这次非得由仲老这样众望所归的人出来，不足以折服日本人的，还是请仲老勉为其难。"张仲仁勃然变色："太平天国时，盛族之为乡官者颇多，李鸿章手书一额以贻令祖玉四太爷，文曰：'祖孙父子兄弟伯叔翰林之家'，然乡官于太平天国，犹同为汉族，今为日本异族之乡官，此余之所以谓断然不可。"

酒筵未终，门外有人报讯：陈则民来了。大家都涌向苏福汽车站，只留下张仲仁和邓邦述。张仲仁对邓说："组织'自治会'不劳足下费心，陈则民自告奋勇来了。"便出了顾衡如家。当晚张仲仁逗留于邓尉山圣恩寺，在还元阁壁上题有二绝：

> 因果循环有佛呵，众生孽力起修罗。何如放下屠刀去，修个慈航海不波。
>
> 曾闻论语出王仁，学说阳明更足珍。乃木东乡何处去，空余萁豆泣先民。

他关照当家和尚，若有日本军官上山，就给他们看。可叹仲老一片佛

光福邓尉山圣恩寺

心，只是一群“文明强盗”但知弱肉强食的铁律，哪里明了“我佛慈悲”的禅意？

第二天，在顾衡如家里，陈则民便是商组“自治会”的自然主持了。陈则民留学过日本，当过国会议员，娶了个日本老婆，做过苏州电气厂的董事长。据称，当场提出的“自治会”委员名单是这样七个人：陈则民、潘经耜、潘子义、潘振霄、程平若、程干卿、顾月槎；后增加冯心支和李替石，变成九名委员。

名单上本来是有顾衡如的，但在征求他意见时，掩在屏门背后的妻子不等顾衡如开口，便破口大骂："你这么一把年纪，自己是快要死的人了，不过应该想想，你只有一个儿子，是不是还想让这宝贝儿子将来好做人？"于是顾衡如没参加。

名单上本来是没有冯心支的，但他消息灵通，及时赶到顾家，毛遂自荐，要求参加。

名单上有了潘振霄，他突然痛哭流涕："我从此完了，但你（指陈则民）可放心，我决不反悔！不过先要回山东老家去祭一祭祖宗再来。"到底是自愿加入的。

名单上的程干卿当时在东山，陈则民把他找到光福，告之经过，并说："你是商会会长，必须参加。"程表示："既然要我'落水'，我不反对！"居然还知道这叫"落水"。参加"自治会"的人要亲笔签名，程先不签，在边上看，他看到李替石签的名是"李受之"，便对李说："我们向来只叫你李替石，从来不认识李受之，要签名，还请你用真名。"李替石给他一逼，只得重把真名字写上。

不久，"自治会"在苏州正式成立了：陈则民是会长，潘振霄、冯心支为正、副内务处长，程干卿为财务处长，潘经耜为教育处长，潘子义为农工商务处长，程平若为警察局长，留日学医之林苏民及顾月槎为外务秘书。会所设于景德路遂园，原日本租界领事市川如今成了宣抚班班长，是"自治会"的顶头上司。

市川不久便厌倦了陈则民一伙，觉得不中用，听说张仲仁和刘正康两人还在光福，张仲仁享誉士大夫阶层，刘正康有声于工商界，须得设法罗致。市川派人到了光福，却找不到张仲仁，询诸乡人，言仲老已经出家，平日里往来于邓尉山、穹窿山一带佛寺宫观，行踪无定，难以捉摸。刘正康是个瘫子，行动不便，人很容易就找到了，接触下来，发现刘正康双耳失聪，常常答非所问，日酋终至无计。抗战初期，第三战区司令长官冯玉祥巡视苏州时，曾聘刘正康为战区咨议，李印泉老人曾有诗注曰——日寇陷苏，逼其任地方事，正康拒之曰："我，冯玉祥将军参议也，岂能为人谋！"

1938 年 6 月初，在日寇导演下，以"自治会"班底做基础，成立了伪"江苏省政府"，除苏州城外，附近及铁路沿线十六个县城一时在其控制之下。县城相应地也成立了"维持会"。

对于任了伪职的这些人，舆情嗤之以鼻，生怕有染。苏州沦陷，潘昌煦先生杜门不出，有任高级伪职的故友前来辞行，先生避而不见，让夫人回话："道不同，还是不见为好。"汪伪省长李士群一死，就有爪牙上门请潘昌煦这位前清翰林"点主"，被先生严词拒绝。常熟金鹤冲对出任伪职的人几乎不能理解，在日记中写道：闻城中沈氏父子出任维持会，事事听命于东人，假东人之威搜劫居民。沈某游学东洋，不可谓非读书明理者，乃丧心病狂至此，更村妇所不齿矣。

为人不齿的这些人，人们给他们一个专门名词：汉奸。记者冯英子先生说："我们这个民族，一向是痛恨汉奸的，杭州岳庙前的秦桧，跪了近千年了，可是游岳庙的人，至今不肯饶放了他，我们吃的'油炸烩'，就是要天天把他放在油锅中炸，使这个汉奸，永世不得超生。"

其实，汉奸的嘴脸是变化万端的。

1937 年 8 月 16 日，指引日机轰炸西善长巷大众旅馆的是汉奸，居民被炸死十余人。在此之前几分钟，冯玉祥将军曾在此召开秘密会议。

1938年乡下送灶的前一天，驾着舢板，到昆山陈墓马堰庄卖萝卜的小贩中，有几个是汉奸，他们发现了路有才的游击队行踪，报告驻芦墟的日寇。次日，数十名无辜村民倒在血泊中。

1942年农历六月初五的早晨，站在吴江同里翊灵道院戏台上的伪区长杨焕章吐出了一口汉奸话："太君讲了，便衣队肯定混在你们中间，必须交出来……我丑话讲在前，现在这里一切由太君作主，我实在是帮不上忙的。"

汉奸的脸面不光彩，汉奸的内心更恐惧。"自治会"的头头脑脑在苏州城里有了高宅大院，一时却不敢享用，每天都要赶回光福。李士群当了伪省长，进出要由四辆摩托车武装保卫。李士群是自己死的；接着有人看中了继任伪省长高冠吾的头颅。这人叫小金生，是西北街跨塘桥堍东方电料店的学徒，才二十来岁。高冠吾的官邸在骆驼桥浜，他的车子每天要往返于东西两条北街。小金生与一个小伙伴想除掉这个汉奸，便密谋把炸药埋在高汽车出入的必经之路上。

谋刺高冠吾因计划泄露而落空，可伪民政厅秘书姚绩安却未能逃命。1938年4月13日那天，姚乘人力车经过临顿路南显子巷口，突来一人拦住去路，拔出盒子枪对姚胸口连击三枪，扬长而去。日本宪兵队关闭城门，戒严全城，挨户搜查，连续三日，终无所获。不久，上海电台对敌伪广播："把姚绩安执行死刑的人已经安全回到上海。还有一大批被判处死刑的汉奸，因为苏州闭城，准予延期执行。如果苏州永远闭城，还可以考虑延长执行的时期，你们哪一天开城，我们就哪一天来把该杀的汉奸继续执行。"16日，城门开了，汉奸们都收到了警告信，潘振霄接到的信上说："怜尔年老，速即自尽。"潘经耜接到的信上说："枪铳已冷多时，要借汝的头颅作尝试。"汉奸们惶惶

不可终日。(胡觉民《抗战时期苏州见闻》)

不愿自尽的伪吴县知事郭曾基于两年后的 1940 年 7 月底被“执行”了。我们在高仓正三的《苏州日记》中读到了有关的记载：

> 正当我在想不知何时会发生什么事的时候，在这个月最后一天早上听说郭知事在县公署附近遭到三名歹徒的枪击，身负重伤，几乎当场毙命。郭知事是个厚道人，又有威信，最近还被任命为省政府委员，真是令人惋惜。听说事件发生三十分钟后赶紧关闭了四周的城门，观前街和景德路等主要街道也禁止通行。现还不知结果如何。据说当时，除官方人员外……就连日本人也禁止进出。

大和族的高仓正三对“非其族类”的郭曾基之死如丧考妣，足以解释郭某人在知事吴中时的所作所为了。

三、阳澄湖：一段尘封的历史

剧作家文牧先生高小毕业后，在松江南门外的一家米行学了两年生意，1936 年又学了申曲，跟着先生的班子开始在上海郊县村镇跑码头。到了一个地方，上午总在茶馆里听“唱新闻”。日本人来了，奉城、青村、三官堂的茶馆里，人们总在谈一个叫傅春堂的人，说他用捡来的枪，结果了一个在剃头店里的鬼子。后来，汪伪的“和平军”一来，茶馆里经常听到两个兵对骂。一个骂：“你是汉奸，神气什么！”另一个回骂：“我是汉奸，你也是汉奸，脚碰脚，轧啥台型？”

这类茶馆传闻，文牧装了一脑袋。

解放后，他到上海市人民沪剧团工作。上世纪 50 年代中期，电影《铁道游击队》风靡全国。文牧也想创作一部反映江南抗日游击队的本子，可他没在部队待过，不熟悉部队生活。他找到剧团副团长陈荣兰。陈荣兰是部队文工团转业的，从部队带回一批征文稿子。《血染着的姓名》《夜袭浒墅关》写的是苏州一带的抗日故事，特别吸引他们。文牧于是跟踪采访，又读到刘飞将军发表在部队专刊上的一篇稿子《阳澄湖畔》，更加激动，决定“军”“民”合作。沪剧《芦荡火种》的帷幕被拉开了：“虞山脚下稻初熟，阳澄湖中蟹正肥，浪里渔舟撒丝网，又见那水击芦苇野鸭飞。这鱼米之乡好江南，好一个大江南，岂容那日寇强占据。”

1965年，沪剧《芦荡火种》改编成京剧《沙家浜》。在苏州演出时，一位阳澄湖老游击队员讲：“阿庆嫂就是陆二嫂，在库浜，是开茶馆的。陈天民由当时当地三个领导人——陈刚、任天石、薛卫民的姓名中各取一字而成。”

“文革”结束后不久，文牧到湖南桃源去体验生活。旅馆里有一位北京来的部长，听说文牧是《芦荡火种》的编剧，马上问：“听说春来茶馆的一把茶壶已经从湖里捞起来，壶上刻着‘春来’二字，是吗？”诸如此类的“对号入座”，文牧先生听多了。他提醒人们，历史的生活和时代的艺术不是一回事。

文牧先生所言极是。让我们暂且从生活与艺术两者关系的沉思中折回，把思想之船摇回到上世纪三四十年代的阳澄湖畔。

方圆120公里的阳澄湖，位于苏州城的东北。早先叫阳城湖，以湖之南一座墟荡而名。这里的许多聚落都称为“城”，其实只是村，因为它们是被视为古吴阖闾城的沿江临海的屏障，有些军事作用，就呼为城了。如何雅化为阳澄湖，现在不清楚；民国时的乡镇志书《湘城小志》记道：“阳城湖，或作阳澄湖。”当时的地图，仍作阳城湖。1940年年初建立的抗日民主政权，称洋澄县政府。这以后，“洋澄”与这一段历史永远地进入了人们的记忆。

苏州沦陷后的第二年5月，毛泽东致电项英：在广德、苏州、镇江、南京、芜湖五区之间广大地区创建根据地，发动民众的抗日斗争，组织民众武装，发展新的游击队是完全有希望的。中共江苏省委派遣了一批优秀干部来到苏州乡村阳澄湖。

沦陷之初，名目众多打着抗日旗号的武装队在阳澄湖地区蜂拥而起，有国民党的残兵败将，有帮会组织，有地痞流氓，有“忠义救国军”，有流民自卫武装。这些草头霸王纠集徒党，少则二三十，多亦二三百，各据一方，设卡收捐，杀人越货。矮瘦身段的胡肇汉就是这块地面上数一数二的角色。他是湖南人，原在江苏省第一区水上警察队当过中队长，在青浦县水巡队当过队长，“八一三”事变后，流落到太湖，与地方乡绅搭上了关系。阳澄湖湘泾地方，有一支陈味之的游击队。1938 年秋，胡肇汉以陈味之涉嫌汉奸之名，将其石沉阳澄湖底，掌握了原陈味之的不足 300 人的武装，组成 1 个大队，自封为阳澄湖游击队司令。胡司令的大队，下设 3 个中队，配备 1 挺机关枪；还有 1 个地方自卫队，才合 100 多人，半脱产，也归他控制。

1938 年，国民党顽固派的武装不断进入沪宁铁路沿线，阳澄湖的游击队抗日遭遇了困难。1939 年 5 月，新四军六团由叶飞率领从茅山出发，以“江南抗日义勇军”之名，挥师苏南东路，到达无锡梅村。

胡肇汉对“江抗”不放心，借口鬼子要扫荡，带着主力“隐蔽”到铁路以南的敌伪据点附近，可能要投敌。共产党员翁迪民带领政治部和一些地方武装，留在铁路以北。地方武装的人不能长期脱产，时间长了呆不住。一天晚上，在渭泾塘遭到敌伪的突然袭击，最后只剩下不到 10 人。翁迪民约请胡肇汉吃茶，为坚定他的抗日信心，进行最后一次努力。同去的还有另外两位，一位是国民党吴县第七区的区长姚育才，另一位是胡的旧上司汪寄萍。三人谈得还热乎。谁知第二天晚上，翁迪民突然被胡肇汉抓了起来，理由是翁迪民要拉走队伍。

胡肇汉对“江抗”的人还是有些惧怕，最后商定将翁迪民交给汪寄萍看管。不到 1 个月，翁迪民悄悄搭上“江抗”派来的营救船，离开了洄泾镇，时在1939年的端午节，公历6月21日。这个月的江南茶馆里，百姓们都在议论着“江抗”的神奇。他们拿着6月10日的《申报》，传播着最新的消息：

> 本邑通至常熟之苏常公路，计长四十三公里，系旧元和官塘改筑。虽为锡沪公路之支线，但其地位极为重要。自该线被日军占领后，日方即利用该线，运输军火及商品，甚为重视。本月一日夜十二时左右，有华军四五百人，乘船十余艘，分批将该线最大工程之桥梁七座，纵火焚毁，旋仍向原路而去。待翌晨日军发觉，被毁之七座桥梁，已全部化为灰烬。计烧去吴县境内渭泾塘地方二十六号等三座，常熟洞港泾一带三座。又被毁之桥梁，桥基亦已毁坏，故一时极难收（修）复。

该月底，上海各大报纸又登载了更加令人振奋的消息：6月24日子夜，“江抗”部队神不知鬼不觉地开进了苏州门户浒墅关，在几十分钟内，毙伤敌警备队长大丸等20余人，烧毁2座营房，炸断100多米铁轨，盘踞黄埭的王海晏部被连锅而端。

7月底，“江抗”副总指挥叶飞进入胡肇汉的驻地太平桥，胡部被正式收编为“江抗”四路独立第一支队，胡肇汉成为“江抗”领导下的司令，行迹大为收敛。3个月后，“江抗”奉命西撤，胡肇汉也随部撤至无锡鸿山。

“江抗”西撤没几天，人们发现，胡司令又回来了，左右只剩下五六个亲信。太平桥不太平了。人们怀念起“江抗”驻守的日子。

“江抗”的人没有全走。“江抗”西撤以后，在阳澄湖畔留下了一座后方医院，医院里有36个重伤病员。刘飞将军后来在《阳澄湖畔》中回忆道：

所谓“后方医院”，是既不在“后方”，也不成其为“医院”的。我们经常流动在横泾、陆巷、消泾、长浜、张家浜、西董家浜一带，最远的敌伪据点离我们不过一二十里，近的只有几里。情况较好时，农家的客堂、厨房、牛棚、猪圈是我们的病房，卸下的门板，是我们的床位。情况不好，就只能常在阳澄湖上漂泊，数叶渔舟，就是我们的一切。这里，药品和医疗器械也非常缺乏，由于敌人的重重封锁，红汞、碘酒、棉花、纱布也不容易买到。然而，只因为有党的关怀，有人民的爱护，有同志间砍不断、打不烂、愈炼愈深的阶级感情的相互鼓舞，我们不但在艰苦险恶的环境里生活下来，而且生活得很好。

负责护理这批伤病员的医务人员，为了保障治疗，他们把药品放在盛咸菜的罐子里，上面放些蔬菜伪装，然后分别送到各户保存起来。只要一有空，不论是医生、护士，或是乡亲们，马上蹚着河浜大渠，到船上来给我们换药。

……秋后，天气渐渐由凉转寒，阳澄湖的芦苇大部分被割光了，再没有一点遮风避寒的地方。张家浜的乡亲们把我们从船上接了下来，不顾生命危险，把我们分散安置在稻草棚、草垛里，既隐蔽，又暖和。

有一天，日军突然偷袭，几乎逼近村头时，我们才发觉，顿然间，枪声四起，群狗狂吠，眼看日军占领了村边。部分轻伤员和村里的自卫队向枪声迎面赶去，准备阻挡一阵，掩护重伤员撤退。乡亲们和护理人员把我们几个重伤员抬了起来，迅速向河边撤退。当我们快到河边的时候，日军已经占领了整个村落。敌人看得见我们，我们也看得见敌人。正在这火烧眉睫的时候，乡亲们把一只船飞速划来，转手就把我们抬上了船，射箭似的隐入湖中，脱离了险境。

阳澄湖不能成为日伪、地痞的天下，民族抗日的大旗必须重新举起。1939 年 11 月 6 日，在东唐市的一座破庙内，地方党负责人张英传达了叶飞关于重组东路抗日武装的通知，会上当即宣布成立“江南抗日义勇军东路司令部”，夏光任司令，杨浩庐任副司令兼政治处主任，黄烽任政治处副主任。第二天，阳澄湖畔到处出现了钤有“新江抗”关防的布告，有人说“江抗”回来了，也有人说“江抗”根本没走。

“新江抗”不久就与日军在洋沟溇村遭遇。

那年大年初一是个阴寒的天气，阳澄湖波光潋滟。人们走出战争的阴影，陶醉在节日的氛围中。然而，灾难正向他们逼来：

河边的瞭望哨发现，洋沟溇村正前方的湖荡中间，有一只木船慢慢地向驻地的村庄驶过来，因为没有发现它后面有其他船只，人们认为无非是一只渔船，让它靠岸也没关系。哪知这只船上载的是日军，在船舱面上的两个，身上披着蓑衣，酷似渔民。好几个全副武装的，却躲藏于船舱底下，还带着一挺轻机枪和一个掷弹筒。当这只木船靠岸时，船上的日军立即跳上岸来，抢占湖岸边的有利地形。一刹那间，噼噼啪啪的枪声响了起来，步枪、机枪、掷弹筒猛烈地向村庄打来，战斗就这样开始了。原来，在离村庄不远的芦苇荡边，还有3只敌人的汽艇隐蔽埋伏在那里，当听到村庄里枪声一响，那3只汽艇就开足马力，急速地向村庄驶来，同时开枪，猛力射击，掩护已经登陆的小部队。

亲历此战的追忆者黄烽后来知道，这是驻昆山巴城的日军得到密报后组织的一次偷袭。据原日军翻译陆再贵陈述，偷袭由日警备队长萨一岛率领，计约80人，以4条渔船为掩护，直冲洋沟溇，企图一举消灭“新江抗”。

敌我双方均凭借民房，在村庄河汊之间背水而战，战斗空前艰苦。直至夜幕笼罩，敌人才撤去。这次战斗，有17名战士牺牲，但敌酋萨一岛被击毙。人们坚信，“江抗”真的回来了！

1940年下半年，在投降和倒退的时局面前，胡肇汉公开投向了国民党，被委任为江苏省第二区保安第一团团长。这时的“江抗”已在5月改名“江南抗日救国军东路指挥部”，由谭震林任书记的东路军政委员会直接领导。

1940年12月12日，江抗东路指挥部宿营于湖桥渡船头，狡猾的胡肇汉闻讯后，即派人密报了太平桥日军，江抗为此付出了巨大的代价，90余名战士壮烈牺牲。阳澄湖的百姓们这才明白胡肇汉的汉奸嘴脸，然而，他们对这个活阎王本能地感到恐惧。

在1941年2月19日的《大众报》上，李国芬记下了这样的情形：

一个下午，我们到洋沟溇去找保长，老百姓谁也不肯说保长在哪里，好容易找到了一个老头子告诉我们，保长到苏州去了，再问甲长又不知道了。明明最近胡肇汉去收过捐钱，但都说没有收，胡肇汉已一年没有去了。走遍了整个洋沟溇，花费了半天时光，没有得到一些真情实况。最后在我们摆渡回来的时候，在一个摆渡的老头子那里才得到一些实情。

"你们觉得新四军怎样？对你们老百姓好吗？"

"新四军是好呵。"

"那么为什么新四军的同志来问讯，你们都不敢把实情告诉我们呢？"

"同志，你不知道我们的苦处，胡肇汉要来杀人的，所以我们不敢多说什么。"

"那么到底新四军好，还是胡肇汉好呢？"

"新四军好，新四军弟兄不拿我们一根稻草，对我们也很客气，讲道理。胡肇汉不讲理，乱杀人，他们弟兄对我们也不客气，总毛手毛脚来拿东西的。"

"那么，你们欢喜不欢喜新四军呢？"

"新四军来我们是欢喜的，但是最好新四军来了之后不要去，胡肇汉不敢再来。"

同一天的《大众报》刊登了这样一则称为"秘字第元号"的命令，驱散了人们脸上的阴霾：

案奉

江南抗日救国军政治部通令节开

兹委派陈鹤为苏南第一行政区洋澄县县长。此令。

中华民国三十年二月十一日

洋澄抗日民主政府在 2 月 10 日发表的成立宣言中，义正辞严地呐喊：

洋澄湖地区盘踞着顽军胡肇汉，勾结敌伪，阻挠抗战；近且奉其主子反共投降派的命令，与西面顽军遥相呼应，企图司（伺）机而动。——我们设立洋澄县，是为了以政权的力量配合军事力量来扫除东路抗战途上的一大障碍，并击破亲日派、顽固派的投降阴谋，使东路抗战顺利地坚持下去！

今天，洋澄县政府成立的今天，是杀人魔王、地方恶霸胡逆肇汉开始灭亡的一天；是我们反胡肇汉斗争开始走入胜利的一天；是洋澄湖 10 万老百姓开始得到初步解放的一天。

新生的抗日民主政权与胡肇汉完全决裂，斗争趋于白热化。胡肇汉长期混迹阳澄湖，熟悉地形，耳目众多，洋澄县政府经常遭到他们的“游击”。在湘城镇，地方干部张晨曦被捕杀，“江抗”三营俘获助捕凶手湘城镇镇长并将其公审处决。湘沺、消陆、太平桥等区，敌我双方都贴出标语布告：

“活捉胡肇汉！”——洋澄县政府；

“活捉夏光！”——江苏省保安团。

胡肇汉没捉到夏光，陈鹤县长倒真的被捉去了。那是 1941 年 4 月 1 日的清晨，陈鹤在毛家浜村给部队集中上课，巴城伪军突然来袭，部队边打边撤至曹家尖休整。傍晚时分，胡肇汉率 200 多人围困驻地，陈鹤等 13 人被捕。

两个月之后的一天，下午 3 时，一条小船装着陈鹤，摇向渭塘肖家浜河西岸的坟地。陈鹤被押出船舱，双手缠着绳，颈项里套了绳，绳子系在一棵柏树上，胡匪手中的日本军刀剜向陈鹤心胸，剜出了一颗 24 岁年青人的心，扒下他的短衫，包裹而去。

陈鹤，原名潘承岳，祖上是苏州望族。传至父辈，每况愈下，及至父殁，全家顿陷困境。陈鹤依靠“潘松鳞义庄”的贴补，读完了小学。17 岁，母亡，托亲友介绍到上海一家化妆品工业社当职员。日本进逼华北，上海成立职业救国会，陈鹤参加了工业社对门的惠大典当救国会小组。抗战全面爆发，工业社停办，陈鹤辗转沪、锡、苏城乡之间，躲避战祸。贫苦交加的哥哥承祜在黄埭投河自尽，陈鹤掩埋完

位于苏州常熟沙家浜革命历史纪念馆前《军民鱼水情》群雕

相濡以沫的兄弟，日军就进了黄埭。

1939 年，陈鹤在上海加入了中国共产党，以“江南抗日义勇军”的身份回到苏州，组成一个党支部，为抗日宣传奔波。仇恨的心被烧得滚烫，他说，抗战总有危险的，但也不是个个要牺牲，牺牲是可以避免的，可是为了国家，为了民族，要有牺牲的准备。

人们不禁要问，什么时候，以什么方式，歹毒残忍的胡肇汉受到了应有的制裁？1994 年 2 月版《吴县志》记道：吴县解放前夕，胡逆逃往台湾，受训后被派回浙江舟山，委为“江苏省人民反共自卫救国军第二纵队”副总指挥。1950 年 4 月 13 日潜入上海，发展特务人员近百名。5 月 21 日，苏州市公安局在沪将胡逮捕归案。同年 11 月 30 日，被苏州专区人民法院判处死刑，于苏州金门外望树墩伏法。

1941 年 1 月 7 日，国民党顽固派制造了震惊中外的“皖南事变”，宣布“解散新四军”。为了回击国民党顽固派，维护和发展人民抗日民主事业，苏南各部队奉命编为新四军六师，“江抗”7 个支队，分别组编为 6 师 8 旅共 4 个团。这支英雄的部队投入了更艰苦的斗争。阳澄湖畔，一首《你是游击兵团》之歌开始传唱：

阳澄湖畔，虞山之麓，
三九年的严冬，
三十六个伤病员，背负着党的旗帜，
在暗影笼罩着的鱼米之乡，
埋着头，流着血呀，流着汗，
辛苦地耕耘着被野狗蹂躏的田野。

东路人民的救星生长了！
你的威名震彻了江南，
你的钢刀刺破了敌汪的心房！
……

◎ 第七章 ◎

文化乳汁

一、徐枕亚："发乎情，止乎礼"

在清末民初的洋场，出现了一个新的通俗文学流派，叫"鸳鸯蝴蝶派"。根据地域的差异，鸳鸯蝴蝶派分为以上海为中心的南派和以天津为重镇的北派。南派的大本营虽在上海，但作者却大多是苏州人。这并非偶然的巧合。范伯群先生在《试论鸳鸯蝴蝶派》中详论渊源：

> 一、写鸳鸯蝴蝶派的作品，大抵要一点旧学根基，这在苏州那个所谓"人文荟萃"之地，出身于书香门第的才子是不乏其人的；二、苏州在旧时有"上有天堂，下有苏杭"的天堂之称，原是个地主官僚纸醉金迷的安乐享用之乡，这些才子从小耳濡目染，对鸳鸯蝴蝶派所要求的题材，有相当的了解；三、苏州在地域上与上海为邻，这些才子跑到洋场上去的机会，比其他地域的人来说算是得天独厚；四、上海洋场上的名妓，苏州人很多，一口吴侬软语，简直是爬上名妓宝座的必备条件之一，这样，苏州才子们又以同乡之谊，更容易对沦落风尘的女子滥用自己的感情，俨然以才子佳人自居，这是言情、哀情之类的绝好素材；五、……苏州才子中产生的鸳鸯蝴蝶派作者多，除了其它各种原

因之外，同乡亲友的相互影响大概也是一个原因，像出外学生意一样，有的苏州才子到了洋场，学的就是做鸳鸯蝴蝶派小说。

徐枕亚，历来被目为鸳鸯蝴蝶派的鼻祖，1889年诞生在常熟的虞山脚下。这里是言子的故乡，相传，公元前453年，22岁的言子离开虞山故土，游学中原，入孔门，治礼学，独得大同、小康之传，晚年回到吴地故国，开文学之嚆矢，从游弟子以千计，正宗儒学以此流衍而下，泽被后世。在此儒雅之区，徐枕亚的家庭备受乡里人的敬重。祖父鸿基，为邑中鸿儒，有“善人”之称；父亲懋生，勖学励行，治举业有声。枕亚幼承家学，5岁入馆，8岁填词，负“神童”之誉。1904年枕亚从常熟虞南师范学校肄业后，在父亲办的善育小学堂任课。从18岁开始，徐枕亚大量阅读古典名著，热衷于旧体诗词的创作，积诗800余首。枕亚承继了诗礼之家的遗绪。

1909年，徐枕亚至无锡西仓镇一学校执教。他没有料到，一生的生活基调竟永远地定位于这里！

1912年，徐枕亚来到上海，经其兄天啸介绍，出任《民权报》新闻编辑。对于长期浸渍于传统文化髓液的徐枕亚来说，十里洋场的意义，只是宣泄生活苦难的庭院，而不是改变命运的锁钥。

在编报之余，徐枕亚开始编写言情小说《玉梨魂》，在《民权报》的副刊上连载。《玉梨魂》叙述了一个年青才子何梦霞与美貌寡妇白梨娘的爱情悲剧，故事情节甚为简单：何梦霞在无锡富绅崔家做家庭教师，崔家的守寡媳妇白梨娘，乃多情佳人。两人互相倾慕，书信往来，诗词酬答，热恋不已，为避瓜李之嫌，他们发乎于情，却止乎于礼，不肯越礼犯分，结为一体。为了医治梦霞的“情病”，梨娘僵桃

徐枕亚像

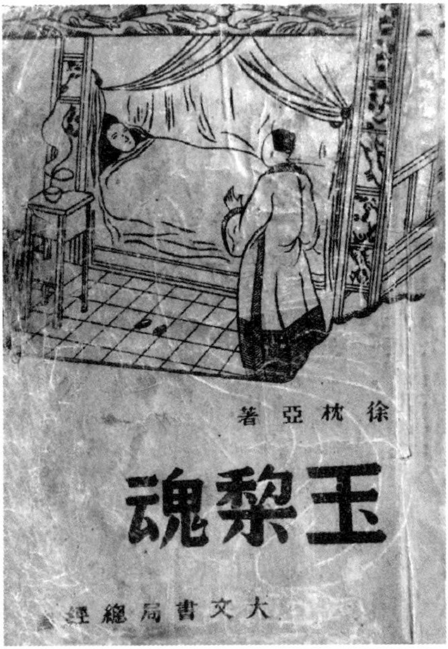

代表作《玉梨魂》书影

代李，将小姑筠倩许配于梦霞，自己以身殉情。失去梨娘的何梦霞情不能已；思想新派、向往自由的筠倩，也因不满包办婚姻，郁闷而逝。历经爱情磨难的何梦霞，东渡日本求学，辛亥革命时回国参加武昌起义，以身殉国。临死前，还念念不忘为情而殇的梨娘。

清末民初的一段故事，如今有人感到遗憾：一个绝妙的具有反封建意义的题材，却被处理成一部传道说教的作品。然而，这哪里是背负感情重债的徐枕亚所能写得出来的呢？徐枕亚在为后来的一部小说《雪鸿泪史》作序时，明告读者：“使以小说视此书，则余仅为无聊可怜、随波逐流之小说家，则余能不掷笔长吁，椎心痛哭？”

枕亚在《玉梨魂》中款款自述——

在鸿西小学时，枕亚班上有一学生叫蔡如松，是西仓镇蔡姓大族之后。如松母亲陈佩芬风姿绰约，书香门第出身，知书达理，却年青寡居，为枕亚所怜爱。侄女蕊珠，幼失怙恃，也由陈佩芬扶养。对于如松，枕亚怜其孤而爱其慧，悉心教授，陈佩芬深为感激，也倾慕枕亚之才，遂挽族叔蔡子平执柯，将蕊珠许配与枕亚。

枕亚不敢越过传统礼教的雷池，自然也就无法得到倾心爱恋的陈佩芬，陷入了无以自拔的痛苦之中。

父亲病故后，枕亚母亲谭夫人体弱多病，性情暴戾。蕊珠婚后来徐家不满半年，为随嫁奁资纠纷，常被婆母训责，每每因无法忍受而返归娘家。枕亚惧母忧妻，以酒浇愁，作诗遣怀，经历了一段无法名状的感情纠葛后来到上海，来到了《民权报》，写下了《玉梨魂》。

在枕亚的笔下，流泻而出的是自身家庭的血泪，是当时千万个家庭的血泪。《玉梨魂》的故事真幻难辨，言人人殊。文史家时萌教授在1997年第1期的《苏州杂志》上，为我们大白真相：最近从一徐姓藏家处发见徐枕亚与青年寡妇陈佩芬的往来书札唱和诗词九十三叶，考核《玉梨魂》内容，对照徐氏流传于世的笔迹，并以笺纸上所印宣统年号、无锡北门塘经纶堂刷印字样为佐证，可以确证这些旧件乃《玉梨魂》故事蓝本，也可以认定这确是纪实性文学，是一篇人性受扼的血泪史。

可以列举其中数例。

比如主要角色：《玉梨魂》中男主角名何梦霞，盖枕亚又名枕霞，陈佩芬诗信初署“霞君文几”“吾弟心鉴”，情感由浅入深。徐致陈函，则署“芬卿贤姊爱鉴，辱爱弟枕霞手书”。由此主要角色都可

“对号入座”：“梦霞”即枕亚自况，“梨娘”即陈佩芬，“筠倩”影射蕊珠，“石痴”影射蔡子平。

比如生活环境：徐枕亚寓蔡家后院，与陈佩芬内室仅一墙之隔。自从隔窗偷窥之后，双方情丝袅袅，《玉梨魂》述：“帘中人影，窗内书声，若即若离，殊有咫尺天涯之感。”陈氏有诗描写此种心情：“粉墙隔断如天涯，痛我深情独自嗟，身轻若能随鸟去，飞南飞北乐无耶。素娥意愿属王孙，蜂蝶迷花久断魂，无限柔情终不解，衾寒月冷夜谁温？”年轻寡居独处，情何以堪，陈氏借《兰歌》抒诉这种寂寞：“我独爱兰兮，朝暮伴我兮，青香牵我兮，娇姿欲笑兮，赏花兮，尔何不能解语兮，观花兮，对我可消无聊意。”

比如恋爱经历：《玉梨魂》中有梦霞啮指挥血作书以表深情之举，两人信札中确也有之，陈氏含泪向爱弟作复之札云：“昨午接血书，如摘我心肝，见字此时心实痛难至（按，原文如此），不如速死……”又云：“午得手书，悉欲我从，岂有不肯相从之理，感情不弃，后为久聚。亦有一言，须梦儿成婚，不死当从。忆昔至今，两情愿不是独活的局面了，再加各存血迹，作可算铁证，此生血点惟尔能得，手迹更为独取，身亦为汝有，心为情死，何事不可。”

在徐枕亚笔下，《玉梨魂》中的一对才子佳人为避瓜李之嫌，一生只在万不得已之时，两次晤面。徐枕亚在小说中理智设置的森严的礼教之防，在生活中给他冲垮了。徐、陈两人多次深夜约会，情景生动曲折。佩芬有书云：“后场相见，非万全之计，防有看见，两人同行，反为不美，况此时我处后门不能开，有鹤高兄弟在家，开恐误事，又义庄前后门更不可开……君若能出义庄内墙门否；若不能，待到黄昏，以先将内墙门外，小庭中半壁处，傍一只茶几抵脚，然后人静，从小厅庭中，东首屋边，垂一云梯，可出此门。不必虑别，虽有两重备拢门，庄里用人掌握，君自开不妨，一直向东行，又有门，君可止行，此门开不得……转北行二三尺地，有门，虽老姑握持，我可以开候。再行五六尺地，向东首门，便我内室，西首门切不可敲，敲亦误矣。”

徐枕亚并不隐讳《玉梨魂》纪实的成分。后来《玉梨魂》由上海民兴社编演为话剧，徐枕亚观后，情不自禁地写下《情天劫后诗》六首：

> 不是著书空造孽，误人误己自疑猜，忽然再见如花影，泪眼双枯不敢开。
>
> 我生常戴奈何天，死别悠悠已四年，毕竟殉情浑说谎，只今无以慰重泉。
>
> 今朝都到眼前来，不会泉台会舞台，人世凄凉犹有我，可怜玉骨早成灰。
>
> 一番惨剧又开场，痛忆当年合断肠，如听马嵬坡下鬼，一声声骂李三郎。
>
> 电光一瞥可怜春，雾鬓风鬟幻似真，仔细认来犹仿佛，不知身是剧中人。
>
> 旧境当年若可寻，层层节节痛余心，“梦圆”一幕能如愿，我愧偷生直到今。

缠绵悱恻的《玉梨魂》，10年间发行了32版，一时风靡海内，不知赚取了多少青年男女的眼泪。周作人读后，只觉得“文章很是肉麻，为鸳鸯蝴蝶派的祖师，所说的事，却可算是一个社会问题”。

《玉梨魂》涉及了一个什么样的“社会问题”呢？范烟桥在《民国旧派小说史略》中说得很清楚：

> 辛亥革命以后，“父母之命、媒妁之言”的传统婚姻制度，渐起动摇，“门当户对”又有了新的概念，新的才子佳人，就有新的要求，有的已有了争取婚姻自主的勇气，但是“形隔势禁”，还不能如愿以偿。两性的恋爱问题，没有解决，青年男女，为此苦闷异常。从这些社会现实和思想要求出发，小说作者就侧重描写哀情，引起共鸣……徐枕亚的《玉梨魂》，就是当时的代表作。

1914年，徐枕亚主编《小说丛报》时，托言获得何梦霞的日记，矫正《玉梨魂》之误，写成《雪鸿泪史》。误在何处？病中的何梦霞作书于白梨娘：“渠是遗嫠，我非荡子，纵心怀坦白，迹不类乎桑中。而人约黄昏，嫌已多于李下，既知相见之时，亦至于清谈而止，悠悠良夜，空台不着行云，彼此无心，则亦何必自处于嫌疑之地位。”徐枕亚把两人变成了合乎礼教的正人君子！继《玉梨魂》之后的小说主人公，几乎都是这样的君子。

作为鸳鸯蝴蝶派的“南派”始祖，徐枕亚用浓蘸血泪的笔墨，在历史上留下了那个时代的那个吴地。他不堪哀情，让《玉梨魂》中的何梦霞和白梨娘双双死亡，一为殉情，一为殉国，合二为一，斩断孽缘，一死了之，何其快哉！

然而，生活中的徐枕亚继续着感情的磨难。1915年，枕亚嫂嫂不容于谭夫人而自缢身亡，令蕊珠惊惧不已。谭夫人怔忡症大发，枕亚与亲友磋商，与蕊珠假离婚，暗中在上海另组小家庭。时隔 1 年，谭夫人又找上门来问罪；蕊珠生子无咎，谭夫人稍稍息怒，可无咎 3 岁时不幸坠楼，枕亚只得与蕊珠第二次离婚以平母怒。蕊珠迭遭凌辱，抑郁成病，于 1922 年去世。言子故里又堆起一座新茔。

对于蕊珠的永远解脱，枕亚感到幸运，所谓“先我逍遥脱尘网”，可见创痛之深巨。这还不够，徐枕亚孽缘未尽，不得逍遥。

其时，远在京师的末代状元刘春霖之女刘沅颖，无意中读到枕亚的《玉梨魂》和《悼亡诗》，竟至废寝忘食，失魂落魄，顿生爱慕之心，便作书于枕亚，求为入室弟子。困顿之中的枕亚，“却从蕊珠碎沉后，又遇花愁玉怨人”，互相唱和起来。殿选公之千金，下嫁贫贱文士，自是使不得的。只是沅颖乃一烈性女子，“愿魂化蜀鸟，啼血在君前”，决心为此殉情。专制的门庭也有变通之法，先是枕亚拜刘春霖莫逆之交樊山为师，再由樊翁出面，总算玉成了这门亲事。

1932 年，枕亚挈妇将雏回转常熟故宅。不过一年，重蹈婆媳覆辙，名门出身的沅颖小姐忧郁成疾，终至香消玉殒，是为 1935 年。两年之后，枕亚溘然离世于战乱之中。

二、程小青:“揭开一切罪恶的底细”

鸳鸯蝴蝶派的小说，充斥着鸳鸯、蝴蝶、可怜虫、同命鸟之类的香艳词句，让人觉得肉麻兮兮，再加之一些淫邪儇薄的货色羼杂其间，所以被划为这一派的作家，总认为有些不光彩。在许多文学史书中，都把包天笑和周瘦鹃称作鸳鸯蝴蝶派的代表，可他们自己却极力否认。周瘦鹃认为：我是编辑过《礼拜六》的，并经常创作小说和散文，也经常翻译西方名家的短篇小说，在《礼拜六》上发表，所以我年青时和《礼拜六》有血肉不可分开的关系，是个十足的、不折不扣的礼拜六派。事实上，在五四运动之后，“这一派中有不少人也来‘赶潮流’了，他们不再老是某生某女，而居然写家庭冲突，甚至写劳动人民的悲惨生活了，因此，如果用他们那一派最老的刊物《礼拜六》来称呼他们，较为合式”。这是茅盾的意见。

在礼拜六派作家中，程小青是写侦探小说的宗匠。本来，他写的也是哼哼唧唧的题材。关于这一转机，有一个未经考证的说法：程小青年轻时曾与一位富家淑女相恋，因为门户悬殊，最后未成眷属。心力交瘁的程小青，不愿再提那些痛苦的经历，不想再去抨击罪恶的传统婚姻，而转向从技术方面去揭示那罪恶的社会。

侦探小说的发轫，可追溯到 1841 年美国小说家爱迪加·埃伦·坡的《杜宾探案》第一篇，名《麦格路凶杀案》。后来，英国著名侦探小说家柯南·道尔在他的作品中塑造了大侦探福尔摩斯的形象，侦探小说遂风靡世界。进入近代世界的中国读者，对节奏明快、离奇曲折、刺激过瘾的侦探小说表现出了极大的兴趣。在辛亥革命时期翻译的作品中，绝大部分是侦探小说。20 世纪 20 年代，在上海的程小青，通过不断翻译，与无数的读者分享着自己从侦探小说中获得的乐趣。

程小青是靠自学而成才的。他 16 岁时经人介绍，入西人开设的亨达利钟表店当学徒，每天干上 10 多个小时，再到附近的青年会补习英文。从菲薄的薪金中，居然能省下一点钱买来几本二手货的古典名著。小师兄家里有许多书，有《小说月报》《小说大观》，有《文心雕龙》《古文观止》，还有国外小说《哈姆雷特》《茶花女》……程小青贪婪地阅读这些中外经典，也模仿着写一些小文章，得到的稿酬，差不多可以缴英语学校的学费了。程小青的处女作《鬼妒》，说的是一位私家侦探，侦破“鬼怪”作案的故事。稿子投寄到上海商务印书馆出版的《小说月报》，主编恽铁樵大为赏识，函邀晤谈。在恽先生的指点下，程小青开始有计划地阅读中外文学名著，对《礼记·檀弓篇》费力尤多。经此勖勉，程小青沉浸其间，一发不可收拾。从这时起，他接触、研究、翻译柯南·道尔的《福尔摩斯探案》；进一步，又另辟蹊径，塑造出中国特色的福尔摩斯——霍桑。

大上海给他提供了机会。1914 年秋，上海《新闻报》副刊《快活林》举办征文比赛，规定不得超过 2 000 字。程小青一算，如果主人公的名字只有两个字，就可省出不少字来充实作品的内容了。于是，他给作品中的大侦探取名为“霍森”，助手包朗，题目叫《灯光人影》，正好 2 000 字。《灯光人影》一出来，程小青马上买来一张报纸。让他惊讶不已的是，文中“霍森”变成“霍桑”！他想：或许是编辑改动过，或是排字工人误植了；霍桑就霍桑吧。霍桑从此登上文坛，在程小青笔下获得了永生。

喧腾的上海让默默无闻的程小青成了名，成了名的程小青却有些消受不了上海的喧闹。1915 年，当苏州东吴大学聘请他担任附属中学英语科教员时，便欣然应聘，举家迁苏，投入了一个梦想的天地。程小青与美籍教师许安之（Sherejz）相约，互教互学中英文。上海的程小青把奶声奶气的苏州话，连同山温水软的苏州城，传达给了一对年轻域外夫妇；从许安之夫妇那里，程小青也学到了道地的英文，阅读英语文学作品和翻译侦探小说的能力大大提高了。外国作品的原汁原味的吮吸，把程小青对西方侦探小说的理解带入了一个新境界。

1919 年《霍桑探案》中的《江南燕》被上海友联影片公司拍成电影。1922 年，程主编《侦探世界》。1923 年，名声日进的程小青被一向看重学历的东吴大学附中破例聘为正式语文教员。1923 年，在葑门望星桥北堍筑成新居，门上钉着一块铜牌，自题“茧庐”。晚年程小青也自号茧翁，寓“作茧自缚”之意。茧庐拓地亩许，楼屋数楹，中间是客厅，左右卧室。屋前垒有花坛，四季名花，姹紫嫣红，花下种些菜蔬，临时佐餐不求于市；屋畔树木连荫。“茧庐”完全是苏州庭院风格，雅致小巧。程小青的卧室在后进书屋楼上，四周安窗，夏日晶窗俱启，凉风习习，神奇的故事便在这怡然自得中缀成了。临窗墙外，沃野一片，风送土香，远处炊烟袅袅，农夫耕耘，妻女馌饷。安逸钟灵的乡土苏州！40 年后，程小青曾赋词“一剪梅”《茧庐（咏家园）》，浅吟着一个曾经存在过的属于苏州、属于文人的家园：

桥畔幽居鲟水西，
曲岸风微，
小巷人稀，
向阳庭院有花蹊，
春日芳菲，
秋日纷披。
高阁窗前绿树低，
晓接朝曦，
暮送斜晖，
闲来读画更吟诗，
家也怡怡，
国也熙熙。

人们无法想象，惊险恐怖的《霍桑探案》就流淌在这小桥流水之间。郑逸梅先生在介绍程小青创作过程时说：每当构思设想，他经常于清晨昧爽，跑到杳无人迹处，冥坐水边石畔，动着脑筋。及群鸟出林，他已粗具结构，归家命笔，且把亲身经历的，耳闻目睹的，和所设想的打成一片。据称，一进书房，他娓娓道来，别人一一记下，自己再加修整润色。

但切莫以为程小青的侦探小说就是闭门造车之作。在苏州，他以文会友，参加了吴中星社。星社的同仁们几乎每人编有刊物，程小青也办了一份《太湖》，朋友见面，常常问“近来强盗捉得怎样？”其实，太湖里是真有强盗的，并且还很出名。当时（1933 年 3 月 12 日）的一份《申报》随笔就是侦探小说的好题材：

程小青像

代表作《霍桑探案》书影

提起太湖强盗，大家总有点不寒而栗，什么轮船被劫啰，村庄被抢啰，报纸上常有记载……那么，他们的存在与活动，靠着什么呢？原来是利用繁复综错的港汊。他们没有壁垒，没有山寨，甚至没有固定的帮伙。住在沿太湖山上、湾上的许多客民，平时藉耕种打渔艰苦过活的，都有加入的可能。只须由大头目发起，再由小头目分头活动，在村间的小茶馆里接洽一下，就可由小股结成中股，由中股合成大帮，把预先埋藏着的枪械分配使用，其势不难攻掠大镇，岂仅拦袭轮船。等到劫罢，把赃物一分，除开大头目，仍留都市作“阔人”外，其余均各散归原地作“良民”，又好像其他安分的人一样了。

原来，错落在太湖洞庭七十二峰之间的渔村水乡，并不只是菱塘、菰田、桑堤连成的世外桃源。作为侦探小说家的程小青也想揭开这里的罪恶谜底。

身在苏州的程小青涉足上海影坛，把电影这一现代大众传媒媒介带到姑苏古城。上海是现代化的都会，人文荟萃，颇具规模的电影制片厂就有数家，居全国之首。可是1927年之前的苏州，没有正规的电影放映院，当时只在青年会、乐群社、新民社和城外普益社等教会礼堂临时租片放映。迷恋上电影的程小青与徐碧波、叶天魂集资在五卅路公园内创办了一家电影院。苏州那时经常停电，公园路电影院配备了发电设备，至少可以保证日场放映。毕竟只是几个书生，不善经营，电影院不久就停歇，令人遗憾。

1937年，程小青盖了新房，房子落成的时候，日本人已经打到上海了。在9月新学期开始之前，程小青随东吴附中的一批教师辗转来到徽州的黟县，以避寇氛，第二年秋天，东归“孤岛”上海。程小青怀念苏州的拱桥城垣，然而，它不是无筋无骨的流水，可以汩汩无阻地越过城池，淌经水巷，滋润庭院。苏州城有日本侵略者当关，进出城门的人须向他们鞠躬，程小青受不了这样的侮辱。自由的地方是家园，他不肯回到属于自己的苏州，一直到抗战结束。

留在上海的程小青整理《霍桑探案》，翻译侦探小说。许多年来，社会上出现了无数的霍桑知己，程小青称他们“霍迷”。本来，侦探小说是有一定的套路的，程小青却在其中匠心独运。范伯群教授透辟分析道：“侦探小说虽有较为固定的模式，但读来却并不觉得单调化、划一化、公式化，就像万花筒中随着彩色玻璃珠的滚动，幻出各个不同的图案一样。程小青的《霍桑探案》也总是多线索、多嫌疑犯的错综矛盾的结构。总是在嫌疑与排除、矛盾与解脱、偶然与必然、肯定与否定、可能与不能、正常与反常的对立之中开展和深化情节，几经曲折反复，最后落实到似乎最不可能、最意外的焦点上，令读者瞠目结舌。此时作者却为此而作出无懈可击的逻辑推理，使读者口服心服。侦探小说的最大魅力就在于组织之严谨、布局之致密、脉线之关合等技巧的自如运用。程小青在这方面是有一定的功力的。他的作品在‘启智’的悬念中使读者进入迷宫，而在‘山重水复疑无路，柳暗花明又一村’中豁然开朗，在这一进一出之间培养‘霍迷’。”

“霍迷”们走入程小青布置的迷阵，无法逃逸，常常把霍桑等同于程小青。时常有人跟他打趣：“程先生，最近又在侦查什么案子呢?”

程小青还真的当过一回侦探。他从上海买回一辆老头牌镀铬自行车，一天晚上，骑着它去公园影院。电影散场时，车子不见了。“霍桑”遇上了贼，有些为难：报警吧，本来就瞧不起官方警察局，他们还不是和《霍桑探案》中的汪银林和警长倪金寿差不多的能耐？非得他亲自侦破此案了。程小青初步分析：电影院门口只有他那辆镀铬的车子遭窃，作案者想来不是贪财起念之流，多半是追求时髦，却囊中羞涩而又缺德的小青年所为。根据经验，程小青做出 3 条判断：一、镀铬自行车在苏州极为稀少，容易暴露目标；二、自己很少去别处，作案者可能就在公园附近，或者经常路过此地；三、作案者一定要把车子改头换面才会骑上街。一日，程小青在一家自行车修理店发现一个反常现象：一副新的挡泥板却涂上了漆，师傅告诉他，板子上印有一个老人头的商标。事情已经十分清楚。程小青守株待兔，偷车的果真是位利令智昏的小青年!

树棻在《校园坠机》中讲到这样一件事情：1948年秋，程小青在东吴附中教书。有一天，一架杭州笕桥空军航校的教练机坠毁在校园，飞行员当场殒命。一位学生奔进程小青办公室，便叫："程先生，外面操场上死人了！"

程小青略一抬头："听说了，飞机失事摔死的。"

"兴许有什么案子呢？"

"没啥好查的，那架飞机掉下来不是没起火吗？看来是汽油用完了，想降落在操场上，结果在降落的时候失事了。"

"那你不去检查一下那个死人吗？"

"那是法院验尸官的事情！"沉吟一下，又说："血淋淋挺怕人的，没啥好看的。"

位于苏州望星桥北堍23号程小青故居

看来，程小青跟霍桑和包朗不一样，对尸体不感兴趣！

其实，程小青与霍桑又有许多相似和一致。程小青穿衣皆为国产料子，造房皆用国产木料和中式砖瓦。据其子程育德先生列举，霍桑吸的纸烟是南洋兄弟烟草公司生产的白金龙牌烟，用的牙刷是梁新记双十牌牙刷，牙刷杯是江西景德镇的产品，穿西服的面料是章华毛纺厂出品的羝羊牌毛料，甚至连他寓所会客室里的地席也注明是温州产。

程小青笔下的霍桑是安徽人，与助手包朗在中学、大学同窗6年。后来包朗执教于吴中，霍桑因父母先后谢世，“孑然一身，乃售其皖省故乡之薄产，亦移寓吴门，遂与余同居”。程小青简直就是在叙诉自己苦难的童年：他祖籍安庆，太平天国战乱时，全家迁至上海；11岁时父亲在贩报途中暴卒，从此全靠母亲针黹维持生活。书，当然无法再念下去了。就是包朗任教的吴中也与他后来所在的东吴附中暗合。

霍桑是程小青理想中的英雄，具有察微见著的非凡悟性。

少年程小青就具有这样的“私家侦探”的素质。江元舟先生在《小说家程小青》中描述了这样一则故事：

> 他蹲在小摊旁，好奇地看衔牌算命的把戏。一位30多岁的妇女，从算命先生的一叠纸牌中，抽出一张，看了一眼牌上的字，默记在心，然后交给算命先生放进那叠牌中，算命先生把牌砌了几次后，竖直放进木匣中。接着，算命先生把手边的小竹笼移到匣前，把小竹笼的门打开，一只羽毛浅褐色的小鸟，长长的颈脖，尖尖的嘴巴，黑黑的小眼睛东张西望，呷呷叫了几声，并

不去叼牌子。算命先生轻轻地抚摸小鸟的头，小鸟的嘴乖乖地向牌伸去，真的把那妇女看过的牌叼了出来……接连几天，程小青都蹲在小摊旁，揣摩聪明小鸟的灵感。一次，他发现算命先生的手指上染有一种气味物，捏那妇女看过的牌时，气味留在牌角上，鸟闻到特有的气味，就能正确地把它叼出来。小鸟衔牌的秘密给程小青揭穿了。

程小青发现，柯南·道尔的写作背景与他生长的十里洋场十分相似。在《请君入瓮》中，他借包朗的脑袋思索道："我又想起近来上海的社会真是愈变愈坏，侵略者的魔手抓住了我们的心脏。一般虎伥们依赖着外力，利用了巧取豪夺的手法，榨得了大众的汗血，便恣意挥霍，狂赌滥舞，奢靡荒淫，造成了一种糜烂的环境，把无数的人都送进了破产堕落之窟。"跟柯南·道尔一样，程小青塑造的霍桑形象，寄托着他改造社会的殷殷希望。

在程小青先生的墓碑上，陆文夫先生这样写道：

有一位正直而善良的作家在此长眠。他曾经走过漫长的人生之路。艰难、曲折、自强不息，用一枝秃笔与那邪恶和卑劣搏斗。他写下了著名的《霍桑探案》，企图揭开一切罪恶的底细。但愿他留下的智慧能使善良的人们变得聪明一些。

三、叶圣陶：心底永远的苏州

不是因为叶圣陶，历史学家们不会注意这个“不要太普通”的家庭。叶圣陶的父亲为一家姓吴的地主经营田租，苏州人称这行当为“知数”。有机会经常接触社会上层，然而又处于社会底层的叶家，从给三四岁的叶圣陶教最初的几个汉字起，就在精心叠垒通向科举进身的阶梯。1905 年，父亲决定让他经历考场。一个 12 岁的孩子，跨进考棚，全然不明白这是一个决定命运的所在，只一心想着小食篮里的两个马铃瓜，终于未能抵挡住瓜的诱惑，吃起瓜来。至于作文，勉强凑了 306 字完事。就在这一年，清廷发布上谕，从 1906 年起，科举废止。第二年春天，叶圣陶坐进了长元吴公立小学的教室。这是最早的新式学堂，执教的章伯寅、朱遂颖、龚庚禹诸先生，以前经受了戊戌维新思潮的洗礼，留学日本时又呼吸了明治维新以来的新鲜空气，办学完全是新的气派。叶圣陶晚年追忆这一段生活时，说起这样几位师友：“章伯寅先生教育我们说：要爱国就得先爱乡土，晓得乡土的山川地理、名人伟业；要爱国就得先晓得我国的自然地理、历代英杰。所以，每逢礼拜天，我总与元善、颉刚等同学在一起，或聚于园林，或集于茶馆，谈苏州的人物地理，谈‘天下兴亡，匹夫有责’，把顾亭林引为骄傲，奉为楷模。章元善的父亲章珏，号式之，是清朝的进士、校勘家、书法家，又是苏州府学务处的监督，他常常给我们讲我国在鸦片战争、中法战争、中日战争中‘割地赔款’，教育我们立志救国。”（商金林《叶圣陶年谱》）

叶圣陶只读了一年小学，1907 年，他以优异的成绩考入新创办的草桥中学。草桥中学的第一位校长蔡俊镛是一位教育家，在去日本考察中学教育后，他按照现代教育的思想在苏州开办了这所学校。学校里有些课程让旧式腐儒们摇头：就连掮枪、骑马、军操也列入其中，教员魏旭东是辛亥革命时的苏州商团总司令，他同时还在上海南洋公学和苏州东吴大学教兵操。单说骑马这事儿，就让许多人大不以为然。叶圣陶小时候，苏州还没有人力车，人们代步的是轿子和船。一些墙门人家的女眷，即便要去的地方就在本城，出门也要依靠这两种交通工具。男人呢，为了比较体面地庆吊应酬，出门大都坐轿子，往城外乡间去上坟访友大都坐船。这是道地的苏州交通风尚。而骑马的意义就不在代步了，那是“玩主”才做得出来的：虽然多数的马也由马夫饲养，但是很有几个浮华的名门的败家子也养着马，所以大家都把马看作要不得的奢侈品。谁如果要骑着马在路上经过，有些相识的人就不免窃窃私议，某人堕落了，他竟骑起马来了。中学生们没想到这一层，一时高兴，竟迷上了骑马。学校近旁有一片兵营里的校场，校场东边是一条宽阔的道路，两旁栽着柳树，正是试马的好所在。马夫养马的草棚又正在校场的西北角，花一角钱，就可以去牵一匹出来，骑它一个钟头。学校鼓励学生参加体育运动，只当不知道。

崇武尚文的学生，素质毕竟不一样。1910 年秋天，学校组织到南京去参观南洋劝业会，正走进会场的正门，忽然来一阵粗大的急雨。

青年时代顾颉刚、叶圣陶、王伯祥合影

他们好像没有这回事一般，立停，成双行向左转，报数，搭枪架，然后散开，到各个馆去参观。次日《会场日报》刊登特别记载：某某中学到来参观，完全是军队模样，遇到阵雨，队伍绝不散乱，学生个个精神百倍，如是云云。

1912 年冬，叶圣陶从草桥中学毕业。家贫父迈，他不能继续求学，几经周折，来到干将坊言子庙小学担任二年级的级任教员。然而经过新式学校熏陶的叶圣陶实在适应不了言子庙的憋屈气氛，精神极为痛苦。他给好友顾颉刚写信倾诉心绪：“昨倚阑干观鞋匠之工作，一刹那间，感想潮涌：以为以正当之腕力，做正当之事业，及其成功，当有无限快乐……如彼鞋匠，我力能以为鞋，则别无他之假借，他之思虑，抽其麻丝，持其皮刀为之不已；一鞋告成，此时之乐为何如哉！与我相较，则我始必托人引荐；得业矣，又必规规于课程；修身也，必有崇拜；同事也，必作寒暄；省县视学来，又必受牵制：百不自由……视彼制鞋人，羡之不已，效之无才，复自叹耳！”

叶圣陶所向往的创造性生活开始于 1917 年。这年春天，吴县县立第五高等小学校校长吴宾若（草桥时的同学）邀请叶圣陶到该校任教。“五高”位于苏州近郊的甪直，四周环水，出入必假舟楫，自苏城搭船，水程 36 里。方圆仅 1 平方公里的小镇人家，依河傍水，黛瓦白墙，石桥相连，相传唐代诗人杜荀鹤的“人家尽枕河”“水港小桥多”就是吟咏甪直的。乡镇人的内心似乎非常安定，非常闲适；就是一个卖菜的老妪，与别人讨价还价，也仿佛随意为之，一点也不紧张。叶圣陶开始领略水乡情趣，几成画中之人：吃茶于万象春，其肆虽简陋，而镇上所谓士绅者颇趋之，临河踞座，高谈阔论。饮酒于财源店，店在保圣寺山门外。财源为店主之名，其妻善治馔，鱼虾蔬菜皆可口，而索值不昂。有时至殷家听弹词，有时至某公所听昆曲。殷家是镇上之大族，英文教员殷康伯亦草桥同学，其族中常邀苏州说书人来镇，弹唱者每日下午到殷家说一回书，合族男女共听之。镇上人多嗜昆曲，其闲暇者集于某公所，延曲师教授昆曲，进而至于串演。镇外四五里有张陵山，名为山而无石，灌木自生，高树无多。假日清明，数人偶或一往，聊寄游山之意。各村敬神演草台戏，亦尝往观数次。(叶圣陶《〈甪直闲吟图〉题记》)

茶馆、书场、庭园、庙戏、木船，诸如此类的作为苏州文化表征的基本物象，叶圣陶从小耳濡目染。他从七八岁起，私塾里放了学，常常跟着父亲去“听书”。到十三岁进了学校才间断。这几年间听的

“书”真不少，“小书”如《珍珠塔》《描金凤》《三笑》《文武香球》，“大书”如《三国志》《水浒》《英烈》《金台传》，都不止听一遍，最多的听到三四遍。书场设在茶馆里。除了苏州城里，各乡镇的茶馆也有书场，听众多是市井细民，20 世纪 30 年代，连女子都进了茶馆听书。同为吴方言演唱艺术，弹词大众化一些，昆曲则是彻头彻尾的士大夫阶层的娱乐形式。昆曲演唱时地上铺有一方红地毯，算是剧中境界，乐器只是一品竹笛，辞藻故实典雅，载歌载舞，调子异常迂缓，在悲欢离合的故事中，以娱寓教。逢到星期日，没什么事，叶圣陶就到演唱的厅堂里，消磨一个下午。

苏州是园林之城，叶圣陶趟过石桥流水，回转碎石曲巷，爬过假山亭榭。晚年的叶圣陶以独特的审美视角，充满深情地谈起苏州园林：游览者无论站在哪个点上，眼前总是一幅完美的图画。为了达到这个目的，就要讲究亭台轩榭的布局，讲究假山池沼的配合，讲究花草树木的映衬，讲究近景远景的层次。

谈到水乡的船，叶圣陶在《三种船》一文中如数家珍：从前，姑奶奶回娘家哩，老太太看望小姐哩，坐轿子嫌吃力，就唤一条快船坐了去。在船里坐得舒服，躺躺也不妨，又可以吃茶……想到附近乡镇去或者逢春秋佳日，游山玩景，以及清明上坟，叫一条船最写意。船家做的菜是菜馆比不上的，特称“船菜”。船菜只准备一席，小镬小锅，做一样是一样，汤水不混合，材料不马虎，自然每样有它的真味，叫人吃完了还觉得馋涎欲滴。

叶圣陶去甪直当教师，与绍兴人的“哨哨船”有了缘。所以有这奇怪的名字，因那船上备着一面小铜锣，开船的时候就“哨、哨、哨”敲起来，算是信号；中途经过市镇，又“哨、哨、哨”敲起来，招呼乘客。“啮啮船”属于“乌篷船”的系统，方头，翘尾巴，穹形篷，横里只够两个人并排坐，所以船身特别见长。篷纯黑色。舵或红或绿，不用，就倒插在船艄，上面歪歪斜斜标明所经乡镇的名称。船夫都是健壮小伙子，不懂得爱惜力气，一开船就拼命划。从苏州到甪直 36 里，4 个钟头就到。

谈到航船，比“啮啮船”大，船身开阔，舱作方形，木制，不像“啮啮船”那样只用芦席。艄篷也宽大，雨落太阳晒，船夫都得到遮掩。头舱中舱是旅客的区域。因为风篷极大，顺风的日子，苏州到甪直只需三个半钟头。旅客们大多奉行的是“反正总是一个到”主义，早上了岸，似乎还有些怅然若失。

事实上，故乡任何一种具有特质的物事都足以勾起叶圣陶的缕缕乡情。1923 年的新秋，他与朋友喝着酒，嚼着薄片的雪藕，眼前便浮现出一幅浑凝的画境：或许那是在产藕的池塘里，或许那是在城外弯曲的小河边，乡民们把布满污泥的藕一再洗濯，洗得如雪洁白。若在故乡，门前一定有许多乡人经过：男的胳膊紫赤，小腿肌肉突起，躯干高大且挺直，看起来十分健康；女的往往裹着白底青花的头巾，虽然赤脚，却穿着短短的夏布裙，躯干固然不及男的那样高，但是别有一种健康的、美的风致；他们各挑着一副担子，盛着鲜嫩的、玉色的长节的藕。

比雪藕更让人系念的是莼菜。晋时吴人张翰的“莼鲈之思”，成为后世恋乡的代词。莼菜系多年生宿根性的湖沼草本植物，产于太湖。它本身无味，味道全在好汤。在故乡的春天，叶圣陶几乎天天吃莼菜。嫩绿的颜色与丰富的诗意，无味之味真足令人心醉。在每条街旁的小河里，石埠头总歇着一两条没篷的船，满舱盛着莼菜。

心间常常涌动的深浓的恋乡情潮从何而来？叶圣陶索引出一个浅

显的解释：因为在故乡有所恋，而所恋的又只在故乡有，就萦系着不能割舍了。若无所牵系，更何所恋念。原来，所恋在哪里，哪里就是我们的故乡！

在1923年春天迁居上海之前，叶圣陶虽然没有久离过苏州，却常常出入于苏州。1921年暑假后，叶圣陶离开甪直“五高”，先后到上海中国公学、杭州第一师范和北大预科短期任教，接触了许多当时或后来的著名文化人，其中包括周建人、蔡元培、郑振铎、郭绍虞、杨贤江、朱自清、柔石、冯雪峰等。即使在苏州，他也时刻与外部世界保持紧密的联系。1913年6月，就读北大的顾颉刚回苏州度假，谈起北京诸种情状，叶圣陶愤然作诗：

北方是长安，冠盖属朋党。
白日妖霾现，杀人弃沟壤。
鸡鸣上客尊，狗苟公道枉。
……

1918年前后，新文化运动在北京兴起，叶圣陶与在北大读书的顾颉刚、俞平伯书信往来频繁，深受影响。1919年3月，由顾颉刚介绍，叶圣陶加入以北大学生为主体的文学团体“新潮社”。新潮，即Renaissance，意为文艺复兴。鲁迅认为，新潮社的一批作家，没有一个以为小说是脱俗的文学，除了为艺术之外，一无所为。他们每作一篇，都是“有所为”而发。这其中，叶圣陶却有更远大的发展。1921年年初，叶圣陶与沈雁冰、郑振铎、王统照、王鲁彦、许地山等10多人，一起发起成立了文学研究会，这是中国第一个新文学社团，接着就有了第一份新文学杂志《小说月报》。作为小学教师的叶圣陶是在甪直小镇通过郑振铎的函约，成为文学研究会发起人的，但不久即成为这事业的中坚。

1919 年在北京发生的五四运动很快传播到江南的深巷小镇。教师们从报纸上看到了北京和各地集会游行及罢课罢市的情形，当然很激奋，都说应当唤起民众，于是在学校门前开了一个会。这样的事在甪直还是第一次。日作夜息的镇民们为时代的氛围所激奋。6 月 16 日，上海《时事新报》上，赫然刊载着来自一份苏州的乡下小学的郑重宣言，称作《甪直高小国民学校宣言》，这是叶圣陶与甪直另外两个小学的教师们共同拟定的：

> 政府横肆摧残，务拂民情，吾三校感此潮流，五中愤结……顾倒行逆施，曾不少悛，吾三校忍无可忍，于六月十一日一致罢课，非特为对待日本之表示，作释放学生之要求，根本解决乃在满足民众之希望。标的既悬，誓必践之！

逐渐融入外部世界的苏州古城，新潮人物亦不时光顾。1921 年，美国人杜威先生也来了。这位风靡一时的实验主义哲学大师，通过学生胡适、陶行知等时代健将的绍荐，在中国各地演说其思想。6 月 21 日，杜威在苏州演讲时，叶圣陶亦欣然前往。从叶圣陶小说《欢迎》中，我们还能听到杜威的演说大意：我知道你们这里是历史上文化先进的地方，所以很愿意到这里来。你们能根据这一点，使文化永远持续，进步，才是你们的光荣，也是我的私愿。

这时的叶圣陶正在甪直乡下“实验”着杜威式的“学校即社会”

的教育思想。他们在学校里办农场，开商店，造戏台，设博览馆……学校一派新气象。

从《倪焕之》中，我们也能发现，叶圣陶还曾经有过更为积极的以学校改造社会的设想：对于一个两万人的乡镇，你要是有理想有计划的话，把它改变成一个模范的乡镇也不见得难。现在有我们这学校，又有五个初等小学，一个女子高小。只要团结一致，大家当一件事情做，十年，二十年，社会上就满布着我们的成绩品。街道狭窄呀，河道肮脏呀，公共事业举办不起来呀，只要大家明白，需要，那末，就是把那些凌乱简陋的房屋通体拆掉了，重新打样，重新建造，也不是办不到的事。

1925 年五卅事件发生时，叶圣陶就在上海。直接受到五卅运动急雨泼浇的叶圣陶，对苏州专制势力有了更为清楚的认识。为了唤起民众，革新苏州社会，他与王芝九等几人，于 1926 年初创办《苏州评论》。在五卅运动一周年之际，叶圣陶在《苏州评论》上发表纪念文章，指出：

> 苏州邻近上海，交通便利，每逢全国有一种什么运动，苏州也往往响应得很早的；然而也不过很早的响应而已，至于沉寂起来较任何地方（穷乡僻壤自然不算）为快，这是谁也看得出的，无庸多言。而且所谓响应，也带着敷衍的色彩，事前既无广泛的宣传，当时也没有激昂的举动，不过“虚应故事”而已……
>
> 我们也并不希望苏州有怎样慷慨激昂的群众运动，因为苏州的地位以及苏州人的习性，是于此道不十分适应的。不过五卅运动断非上海一隅的事，也不是去年“五卅”一时的事，是几十年

来中国人民生活凋敝，精神痛苦，受足内压外侵后的一点挣扎的呼声，这意义是确定不移的。所以“五卅”事件虽发生于上海，而全国人民应当一致声援；“五卅”流血，虽已事过境迁，而我们当永远继续此种精神。

叶圣陶不仅仅是一位编辑，作为一位作家，他以其特有的手段把江南乡村的社会结构动态地传达给世人。在甪直的5年，他以许多文学体裁表达出了乡镇社会的美丑哀乐；小说是最重要的方式，而小说所关注的是作为乡村主体的农民。

20世纪30年代中期的中国农民陷入了丰收成灾的怪圈。在风调雨顺的年头，一亩田多收了三五斗，却因为米行商人的操纵、洋米洋面的涌入，农民们受到了极大的伤害。不朽名篇《多收了三五斗》就是在这特定的背景下诞生了：自然经济瓦解之后，被抛进了市场的农民本能地感到恐慌，于是，离村的问题产生了，抢米风潮出现了……

外来压迫只是乡村社会问题的宏观成因，乡村社会的亚文化则是因果相依的扣结。在公认为中国小说扛鼎之作的《倪焕之》中，叶圣陶以教育家的眼光观照了这一文化现象：为了给儿童们“布置一种适宜的境界”，学校里雇工开垦一片荒坟丛集、瓦砾堆积的荒地，准备在这里种菜、植花，栽下麻、豆和西瓜，成为学生们学习与实践合一的农场。小小的变革在乡镇社会掀起了轩然大波！什么垦荒移坟，拆散骸骨，颠荡了浪鬼，则群鬼合作，横冲直撞，瘟疫降临云云，改革者们一下子成了危害全镇的公敌！极善于窥测并利用乡村亚文化的劣绅蒋老虎乘机兴风作浪，于是，讥讽、指责、哄骂、控告等，劈面而来……

倪焕之的理想教育就在愈掀愈大的风浪中归于幻灭。值得提出的

叶圣陶像

代表作《稻草人》书影

是，乡村亚文化丝毫也没有损害乡村在叶圣陶心中质朴、自然的美感，对“自然乡村”的追求成了他一生的社会理想。《病夫》中，久受肺病困扰的编辑最终感悟：“疾病的地方，牢狱似的都市，金钱独霸的商场，今天与你离别了！你给我难堪的病，或竟是致死的病，我永远恨着你！我要去求我的新生。”新生的曙光在乡间。

面对儿童，叶圣陶的心态是矛盾的。在著名童话《稻草人》中，有贫穷、有病苦、有乞丐、有不公、有轻生，他认为，中国儿童从小就应该正视苦难，但他不忍在天性爱美的儿童心灵上加载重负。叶圣陶笔下的稻草人最懂得孩子的心，最清楚夜的田野：他知道露水怎样凝在草叶上，露水的味道怎样香甜；他知道星星怎样眨眼，月亮怎样笑；他知道夜间的田野怎样沉静，花草树木怎样酣睡；他知道小虫们怎样你找我、我找你，蝴蝶们怎样恋爱……

1937 年 7 月 7 日，那越过卢沟桥的日寇铁蹄，碾碎了叶圣陶的温馨和宁静。9 月 21 日，叶圣陶全家告别苏州青石弄。此后，叶圣陶再也没有在苏州长住过。1 年后，他在《抗战周年随笔》中回忆说："那天走出家屋，几时再回来是未可预料的，也许回来时屋已被炸被烧了，可是当时我自己省察，并没有什么依恋爱惜之感。我以为抗战要本钱，本钱就是各个人的牺牲，具有积极意义的牺牲就是所谓'有钱者出钱，有力者出力'，仅有消极意义的牺牲就是不惜放弃所有，甘愿与全国同胞共同忍受当前的艰苦。"叶圣陶虽甘愿牺牲，但心底充溢着对故居的眷恋。在葑门内滚绣坊青石弄 5 号的家，是 1935 年秋从上海迁回时新造的，说不上讲究，倒还清爽，屋前屋后，遍植花树，四时不断地有花可玩。在这里住了 3 年的叶圣陶，被日本侵略者赶出了家园。青石弄永远地留在叶圣陶的记忆里：青石弄小屋存毁无殊，芳香无挽，惟有永别。遥想梅枝，应有红萼……

◎ 第八章 ◎

市井生活

一、茶馆：苏州本色

茶馆，普遍存在于近代中国社会，而江南的茶馆以其独特的社会意义格外引人注目：“江南，那（哪）个较大的城市与集镇上没有这样中国的俱乐部？把吃茶看成一种了不得的罪恶，或者提到苏州人，就联想到他们的游惰生活，上茶馆居其一。”（秋文《坐茶馆》）在江南，确实有许多城市“闲人”，终日孵泡茶馆，成为日常生活的固定公式，所谓“白天皮包水，晚上水包皮”即指此：白天孵茶馆，晚上泡澡堂。郁达夫嗅出了其中的味道，把玄妙观的孵茶馆视作“是苏州人风雅趣味的表现”，他在《苏州烟雨记》中如此描述：

> 早晨一早起来，就跑上茶馆去。在那里有天天遇见的熟脸。对于这些熟脸，有妻子的人，觉得比妻子还亲而不狎，没有妻子的人，当然可把茶馆当作家庭，把这些同类当作兄弟了。大热的时候，坐在茶馆里，身上发出来的一阵阵的汗水，可以以口中咽下去的一口口的茶去填补。茶馆内虽则不通空气，但也没有火热的太阳，并且张三李四的家庭内幕和东洋中国的国际闲谈，都可以消去逼人的盛暑。天冷的时候，坐在茶馆里，第一个好处，就

是现成的热茶。除茶喝多了，小便的时候要起冷痉之外，吞下几碗刚滚的热茶到肚里，一时却能消渴消寒。贫苦一点的人，更可以借此熬饥。若茶馆主人开通一点，请几位奇形怪状的说书者来说书，风雅的茶客的兴趣，当然更要增加。有几家茶馆里有几个茶客，听说从十几岁的时候坐起，坐到五六十岁死时候止，坐的老是同一个座位，天天上茶馆来一分也不迟，一分也不早，老是在同一个时间。非但如此，有几个人，他自家死的时候，还要把这一个座位写在遗嘱里，要他的儿子天天去坐他那一个遗座。

苏州城乡，茶馆林立。城里不论，就说乡下，也让人惊讶：乡镇每条街上，总有几家茶馆，俗谓“没有茶馆不成‘市’”。20世纪三四十年代，常熟城厢内外，大小茶馆不下百余爿；这不算多，在丝绸巨镇盛泽，晚清就有百家茶馆，里人有《盛湖竹枝词》状其盛：“五楼十阁步非遥，杯茗同倾兴自饶。”从吴江档案馆的一份茶馆业登记材料上可以看到，1949年，盛泽尚有茶馆73家。

茶馆聚合了不同行业的社会角色，所谓“往来三教九流客，进出五湖四海人”。在有点规模的茶馆里，茶客们一般都明白自己应该落座的地方。北局的“吴苑深处”是清末兴起的苏州著名茶馆，规模大，堂口多，对其间的诸色分类，尤玉淇老人颇知其详：

它是五开间门面，西是香烟店，东是饼馒铺，从中间一条甬道进去，抬头即见朱底金字的匾额“吴苑深处”。左旁有一转折的大楼梯，可登前楼，楼上也是五开间，推开北窗就是热闹的太监弄。这里茶客都是一般的市民。从楼下正中进去是“方厅”，中间以精致的“挂落”分为前后两部，前部的茶客大都是“白相人”，常常在这里“吃讲茶”、“讲斤头”；后部是报社记者时常吃茶的地方。西侧门内的一座院落，可谓是别有天地，中间是一座很大的四面厅，四面都是大玻璃窗，非常敞亮，且绕以围廊，廊上都有“吴王靠”式的栏杆，搁有小几，可以靠着吃茶。这厅上的茶客，都是苏州的地方士绅、工商巨子、知名律师、文人墨客，如做过教育总长的张一麐，就经常在这里吃茶，画家颜文梁、胡粹中、朱士杰、陈迦庵、樊少云等，也常聚于此。每逢夏季，卸下四周的玻璃窗，更是清风送爽，厅旁有假山、石笋、花木、小亭，环境清幽，使人流连。“方厅”之东是一个书场，场子很大，献艺的都是评弹界的响档。绕过书场再往东，里面也有一座楼，楼上是“话雨楼”，楼下即所谓“爱竹居”，因厅外有一静静的竹院。“话雨楼”是作家、画家、教师、学者晤叙的所在，周瘦鹃、范烟桥、程小青、范子明等都是这里的常客。“爱竹居”的茶客则常有变化，有律师，有士绅，但四十年代初期，则常为一些年轻的作家、画家作为谈文论画的地方。由于竹院里凤尾森森，凉风习习，后来干脆就将茶桌搬到院子里，这些茶客曾自侃为“竹林群贤”。

盛泽茶客自然归类，各有去处，显示出明显的职业特色：庄面（丝绸专业交易市场）近处的茶馆为丝、绸、领商人所占据，得意楼、同羽春、迎宾楼为外帮客商和旅客所据，万云台为绍帮（在盛泽专营练、染、轴业的绍兴籍人士）所聚，快活林是丝织工人的去处。一乐天茶馆是僧人们的聚集处，旧时找和尚拜忏无需到寺庙只需到此处去请。僻远的茶馆大都是机户、僦船人的歇脚处，如嘉兴王江泾来的都在东隅，新塍、虹阳来的多在南端，坛丘、严墓来的多在西荡一带。茶馆中以文明阁档次最高，该阁位于长庆坊南岸，闹中取静，其三层阁楼是清末民初盛泽的最高建筑，可鸟瞰五桥市色，阁内陈设精致，古朴典雅，成为乡绅文儒雅集之处。(周德华《绸乡话茶馆》)

旧时苏州的娱乐生活相对较少，除了庙会，最普通的消闲去处就是茶馆。在苏州，书场一般都设在茶馆，夜茶尤其如此。书场表演主要是苏州评弹，间唱昆曲和滩簧。苏州评弹是一种地方性曲艺，用苏州话说唱，流行于江南吴语区。评即评话，俗称“说大书”；弹为弹词，俗称“说小书”。苏州评弹，本是江南城市市民的消费品。历来苏州人有到茶馆喝茶的习俗，随着评弹的兴起，一些茶馆就兼营书场。20 世纪初，随着城市生活的近代推进，电子媒体等现代化娱乐手段次第出现，苏州评弹这种“带有大众色彩的地方艺术”，经历了一个由城市茶园向乡村茶馆的扩散过程：

> 近一二年来（20 世纪 30 年代初），无线电盛行，几位光裕社头儿脑儿，顶儿尖儿的人物，都舍掉了书场，改往播音台。只不过要有产有闲的阶级，才置备得起无线电收音机，至于乡下茅草屋的小茶馆里，聚集了许多黄泥腿的乡下人，静悄悄地恭候着说书先生上台，一块醒木，一只弦子，是安慰劳苦大众的恩物；那里的说书，才是大众艺术，说书先生的报酬虽然菲薄，可是价值却超出了专在播音台上侍候有闲的太太小姐们的所谓说书名家。

这一过程是艰难的：“据说那些不曾成名，或是新近出师的，才肯去到小码头上弹唱或者开讲，至于成了名的，是发誓不肯再跑码头的了。”（恂子《在乡下听书回来》）苏州评弹的“下嫁”，提高了乡村人的余暇生活水准。因为，所谓余暇，虽被定义为能自由利用的时间，但在这里，人是处于用自己的热情实现自我、用创造性的方法表现自我的状况中的。

茶馆里的评弹书目，无非是《珍珠塔》《杨乃武与小白菜》《玉蜻蜓》《英烈传》《岳传》《双金锭》《孟丽君》等，茶馆书场断档的时候，主人也邀请一些说唱艺人，演出“小唱”、“清曲”或“说因果”等，其内容不外乎“闺阁千金有宿缘，私订终身后花园；落难公子中状元，御赐结婚大团圆”之类，充满了轮回报应、因果循环等说教。

旧时乡间茶馆书场

在近代中国社会中，农民阶级的思想也只能是统治阶级思想的翻版；统治阶级的意志通过乡村茶馆这块跳板，潜入农民的心田。士大夫精心设计的、僵硬的纲常伦理，被融泡在一杯复一杯的茶水中，滋养着乡村人：农人见闻陋隘，心地单纯，受戏剧之潜化力为最易，豆棚茅舍，邻里聚谈，父诫其子，兄勉其弟，多举戏曲上之言词事实，以为资料，与文人学子之引证格言历史无异。

茶馆不是专供人“白相”的。商人在茶馆里洽谈生意，报人在茶馆里猎取信息，文人在茶馆里高论学术，苏州人叫它“茶会”。最著名的莫过于玄妙观西脚门的三万昌米业茶会。三万昌茶馆有三开间，四个堂口，米业茶会就在南堂口，一般米粮上下两市，食油下午一市。对此，丁健先生在《漫谈苏州米业》一文中有一番描述：米行、米店的老板、经理或代理人，他们每天像上班那样准时去那里吃茶谈生意……如果今天是卖方，就要先出样品包，在包上注明品种，供货方的行名、店名或厂名，还有可供的数量，一包包放在台子上。尽管样品都是拣出来的好货色，包装却极不考究，好一点的用绵筋纸，马虎的旧报纸包包就算了。还有，样品包上不标价格，绝对不肯明码标价、童叟无欺，是要凭种种情况随时涨落的。坐在样品包位子上的代表人物，内行叫“卖头先生”，由他评论米质，向在座的本地商人以及外地来苏采办的客商“开盘”兜售。他们如果今天是要进货，就由一位称作“成货朝奉”的代表，东张西望，吃几口茶，起来走走，等到看准了，于是双方讨价还价，成交为止。

在玄妙观三清殿左首的两家茶馆，与三万昌茶会风格完全不同。这里卖鸟的摊子最多，买卖双方的品评和洽谈就在茶馆里进行，那情形让你感受不到那是在做生意，正如浮萍在《苏州观前大街的黄昏》

中描述的那样：

> 你坐在那儿可以看见一个人将栗子向上抛去，膀上的黑鸟会追到空中将那栗子将嘴接了；你又可以看到一个人将一叠香烟包里的画片放在桌子上，从笼中放出一只麻雀来，它会将嘴从那一叠中衔出一张画片；你可以听到一只鹦鹉对着你高声地说："倷阿要买之我去？"

茶馆里达成的买卖未必需要双方都在场，这时，掮客就有了活动的余地。吴凤珍老人《茶馆闲话》道：我父亲便是个专做布生意的掮客，腋下夹的破皮包里带着像杂志那样大的簿子好几册，翻开来里面贴满了一块块的布样。他"上茶会"总是带着我一同去的，一进茶馆坐在便于眼观六路耳听八方的那只老位子上。他的眼睛向所有的茶客看去，有时皱着的眉毛一松，眼睛一亮，站起身来向某只桌子走去，双手捧出布样涎着笑脸找人洽谈。如果生意顺利，他回到桌子旁便脸现欣喜之状，若生意无望，便闷闷不乐地回来，颓然落了座。

在吴江同里，沟通民间艺人与雇主之间的掮客有一个专门的名称，叫做"牌话"，大多数就是茶馆老板。"牌话"，顾名思义，就是以牌传话。"牌"挂在茶馆壁上，粘贴其上的红纸上写着诸如"同里·双禄堂堂名"之类的字。挂牌多少，要看"牌话"的能耐啦，少则一两块，多至十几块；挂挂摘摘，时常更换。街坊或乡间操办红白喜事，祭神拜佛，常常要请艺班助兴，这就得去茶馆看牌了。挑选到合适的就与"牌话"联系，预订日期和剧目，"牌话"传话给艺班，双方都无异议，就至茶馆填单签字，算是成交了。（徐文初《茶馆

“牌话”》）

茶馆里的商业信息往往随季节的转换而变换内容。蚕茧上市，茧行开秤，茧价就是茶馆里的中心议题。胥门外枣市的明园茶馆，这时营业陡旺，横塘、木渎、香山等村子里的蚕农都来此吃茶探价，等候归径桥的韩蕲王庙茧行来此开秤。洞庭西山盛产梅子，由镇夏街上的山地货行收购。每到梅子上市季节，桥堍下那爿茶馆里就坐满了一屋子乡下人，在悠闲地喝着茶，高谈阔论地讨论一些山地货行市、农村新闻。

文人的茶会就高雅多了。清末的时候，苏州就有一种茶会，在胥门养育巷的一家茶馆里，每月约定日子，至少聚会两次。在聚会的时候，便无天无地地讨论一切，有什么新问题、新见解，便互相研究，互相辩难，像一个学术座谈会了。那个茶馆里，往往有一种圆桌，文人们开起圆桌会议，笑语喧哗，庄谐杂出。或者组织一个文会，轮流值勤，出一个论文题目，或是属于文史的，或是属于时事的，大家又回去写了一篇，特地送给当地名人去指点批评。

有些报纸简直就把茶馆当作他们的编辑部了。观前街市中心，是各路新闻的汇集地。民国年间在宫巷口的汪瑞裕茶馆的三楼，《大光明报》的主笔们常常驻足于此，一边喝茶，一边编报。记者们一旦探得消息，直冲茶馆三楼，汇报编者，形诸文字，成为特快新闻。

乡村茶馆里的新闻，可不能当回事。在那里，虽间或涉及诸如孙中山先生的民生主义、天下为公，或棋琴书画等高雅话题，是为清谈；但更多的是流长飞短的荤说，有的讲昨天的赌局，打出了一张什么牌，就赢了两底；有的讲自己的食谱，西瓜鸡汤下面，茶腿丁煮粥，还讲怎么做鸡肉虾仁水饺；有的讲本镇新闻，哪家女儿同某某有私情，哪家老头儿娶了个 15 岁的侍妾；有的讲些异闻奇事，说鬼怪之事不可不信，不可全信。

这些社会新闻的传播者，擅长使用非语言符号，特别是体语来吸引听众，称为“唱新闻”。从语言的角度分析，这些社会新闻的叙说，推论和判断多，客观反映少，主观性非常强。茶客当然也是姑且听在耳里，随便传播开去。就在这种传播和交流中，茶客获得了莫名的满足。1936 年，秋文发表在《盛京时报》上的《坐谈茶馆》精辟地揭示了茶馆人际交流的社会意义：

> 类如这些不是一个人的，而愿合起众人的会聚，除却他们专有的因素，是音乐的激动，喜怒的表现，谈话的趣味，交易的需要，迷信等等之外，我仍然武断地说，他们都多少有点社会意义。假如一个人看戏，一个人在市上选购物品，一个人作赛会的观众，怎么样？……果有这等事，他一定意味索然，赶快向回头跑。世间的一切，“独乐”两字不能通用，即在“乐”，也竟觉得有天地茫茫之感。

到茶馆里来理论是非曲直的，称作“吃讲茶”。“吃讲茶”是社会冲突的一种，甚至还伴之以武力炫耀，但并不具有阶级压迫的性质，因为它是同一阶层的人们相互认可的解决民间纠纷的方式。“吃讲茶”是个切口语，“朋友”之间，略有纠纷而不能立时解决，就会“吃讲茶”。它含有“讲”开算数，“茶”以敬客之意。因为约定的地方，多半是双方常去的茶馆之类，故名。不难看出，“吃讲茶”的原意并不坏，是极端和平的手段，要把大事化小，小事化了。但后来大多数

“吃讲茶”违背了初衷。民国时期，在苏州乡村茶馆里，这样的场面屡见不鲜：有几个人围坐一张台上，放大了喉咙，你一句我一句地说个不休，一言不合，大演全武行，拍台击凳，抛壶掷杯，没有旁人调解，“战争”决不停止。所以茶馆的台凳壶杯，有缺角的，跛足的，残破不堪，就是这个缘故！（钟岳《乡茶馆》）

茶馆跑堂的，叫堂倌。堂倌最拿手的本领是冲水，童年时的吴凤珍随父亲孵茶馆时，最感兴趣的便是欣赏堂倌的冲水：

> 那时泡茶都是茶壶，喝茶另有白瓷的茶碗，跑堂拎了把吊子来续水时从来没有先把茶壶盖拿下放在桌上后再冲的，他左手拿起茶壶时用一只手指勾起盖头，右手将吊子嘴凑近壶口，待水柱出来，他右手将吊子一拉，一条白练从一尺多高的半空里飞泻进壶，待壶中的茶到一定高度时，吊子陡然落下近壶口时打住了，此时茶壶里的茶刚好近壶口，壶外边是滴水不沾的，那功夫才叫绝啦。

对于一班老茶客，堂倌自然个个叫得出姓名，某少爷，某先生，什么来头，有何嗜好。他们的香烟钱、点心钱、雇车费，都由茶倌代付，笔笔记入各人“折子”，逢年过节与客人总算。

来茶馆的并不都是喝茶的。破落子弟前来兜售古玩书画，也不知其真伪；贩卖小吃的头顶藤匾，藤匾里是咸丝草蒲包，蒲包里藏着色香味俱佳的小吃。还有操吴侬软语的卖烟女，提着一只小皮箱，飘过茶客身旁，曼声问道：“阿要香烟、雪茄烟？”

……

二、庙会：传统生活底色

庙会萌芽于西周时代的社祭和蜡祭，是一种以庙宇为依托的祭祀神佛、交易货物、娱乐身心的集会。宋代以后，中国民间诸神系统大为丰富，商品经济空前繁荣，庙会从都会名刹逐渐向村镇小庙转移。明清两代，江南庙会迅速成熟起来，遍及村村镇镇，成为江南社会生活中一个不可或缺的组成部分。历史进入近代，即使在烽火连天的岁月，苏州庙会仍然没有中断。20 世纪 30 年代，世界经济恐慌的浪潮冲击着中国农村的每一个角落，随着农村经济的衰落和破产，庙会也一年一年地减少了。

庙会具有多重功能，但休闲娱乐始终是其中的重点，它集中反映了苏州社会的闲暇生活。对于生活在不同时代、不同社区的人们来说，闲暇时间的分布是各不相同的。分布情况不同，闲暇活动的安排也就不同。庙会一年四季都有，但大都选择在风和日丽、桃红柳绿的春天，或是天高气爽、硕果累累的秋天。太湖一带是蚕乡，农谚曰：“小满动三车，谷雨两边蚕。”每年谷雨一过，蚕农们就要投入到饲养春蚕的劳作中去了。所以，这里的庙会多在清明至谷雨这段时间里举行。

七八月里举行的庙会总是具有特殊意义的。祈雨会常常在夏日久旱不雨的时候召开，为向菩萨求雨，拣个黄道吉日，人们把当地庙里的菩萨抬出去巡行。这属于临时叫差，降下了甘霖，少不了要演戏相酬。

1934 年，江南大旱，苏州庙会之盛，异乎寻常。据 7 月 26 日的《申报》报道，仪仗花色，愈赛愈烈，24 日计有盛会两起：周王会，晶玉仪仗名目，有四十余项，参加人数达三万人，并殿以刀枪剑戟等古兵器，气象肃穆；猛将会，除高跷满街走外，多扮演黑白无常、抢羹饭、钱笃笤求雨、唐僧取经、白蛇传水满金山等，沿途滑稽表演。25 日又有两起：东山会，特点有辣椒扎成之旗伞，由麻面瘌痢掮持，名麻辣班，及妙龄女子稚年童子穿臂挂花篮；春申君会。26 日则有花王会等，闻铜观音定于 31 日送归光福镇，城区各神会也须赛至 31 日为止。

作为闲暇生活方式的庙会节奏，明显地体现出农业社会的特征。农民靠天吃饭，各种农事周期是根据节气来安排的，庙会便被纳入了这种节奏之中。

庙会不是一般的民间集会，它必须以庙宇为中心，没有庙宇就无所谓庙会。庙宇是庙会产生的必不可少的条件。庙宇一般集中在苏州城中和乡下小镇上，庙会也就以城镇为集聚点，四方生民共同娱乐。在这里，闲暇生活的结点与人们日常生活的结点，两者是吻合的，城镇不仅是经济中心，也是宗教中心。但出会也有不在城镇上的。位于今张家港西北境的香山，是名播江南的宗教名山，当地有所谓“一观二院三寺四殿五庙六堂七庵”之说。每年农历三月十二至十八日，历时一周的庙会风靡了周围一二十个村庄。苏州西南的上方山，有楞伽寺，囿限于山、河、湖之间，处在新郭、越溪、横塘三镇交界处，偏于一隅，交通不便，平时人迹罕至，一到中秋后，江南各地的善男信女蜂拥而至，形成较大规模的庙会，迄今亦然。诸如此类的闲暇生活结点是在庙会期间即时营造起来的。

这样的闲暇生活结点，有些后来发生了变化，成为一方生民赖以为生的经济文化中心，升格为镇。在这里，张家港新苗头镇的形成具有典型意义。据传，有郑经者，中丁酉（1897 年）科解元。他倡议在张家港设 36 个半坛，新苗头的长寿庵名为至善坛，为其中之一。1911 年，翻建后的长寿庵供奉刘猛将、观音菩萨和蚕丝娘娘等神像。当时，庙宇周围并无多少住户，不过，时常举行的猛将会及其他法事，逐渐吸引了居民，形成市集。至民初，这里已开设小染坊、茶馆、酒店和小杂店等，更加便利香客和居民。在张家港，沿着这条路径发展而来的乡镇还有许多：西徐市、年丰镇、雁鸿镇、猛将堂镇、晨阳堂镇、盘明镇和土地镇。日本学者田仲一成也注意到这一现象的普遍性：在江南，有些“农村村落宗族联合据点（大多为乡村寺庙所在地）直接发展成为市镇。在这种条件下，以农村共同体为基础形成的村落联合、宗族联合也就具备了不断地向市场地转化的因素”。

庙会特有的休闲娱乐功能，使城镇与乡村腹地之间连为一体，强化了城镇中心意识。吴江平望农历四月十四的朱天会，出会的队伍向例要绕镇一周。庙神出巡遵循的固定路线，称为“路由”。昆山巴城每年农历七月十五日举行盛会祭祀城隍，在十四日抬神坐社船，西行折北，出里观看烟火，并去西坛义冢坟祭祀孤魂。祭毕，神船北进至斜堰闸，谓“巡阅边防”，而后回渡巴城湖，其时龙船衔接候迎，齐绕三圈后，开始竞渡。十五日抬神上岸看戏，观赏龙船、拳船表演，至深夜回庙置原座。常熟赛会前，各庙都要先期发出“路由”，宣告赛会的日期和路线。由于路线基本上是固定的，所以“路由”也就一成不变。所经大多为窄街深巷，在那里，住着翁、庞、杨等大家族，这些主宰乡镇命运的大户人家不能不过。

这种异神周游的庙会，称“巡会”，俗称“迎神赛会”，与“坐会”不同。坐会常常是神佛在庙接受香火，一般烧香、诵经以祀，与生产贸易的结合较为密切，所以有人从经济民俗的角度，称它为“庙市”。巡会的娱乐性更强，场面也更大些。在苏州，最大的巡会莫过于吴江的双杨会。吴江双杨会，始于清中叶，十年一度，准备数年，以为一逞。会期半个月，盛泽、梅堰、震泽三地合计耗资万余元。双杨会有个规矩，坐龙头船的就是当年在双杨村缫丝比赛中夺魁的新媳妇状元，称“先生娘娘”。陈廉德《余音》留下了1924年一位“先生娘娘”的所见所闻：农历五月二十日清早，一乘小轿将我抬到元鹤荡边。一条约莫四五丈长的龙头大船靠在岸边，船舱正中搭一个六角飞檐、四面漏空、琉璃瓦顶的亭子，里面有一把龙椅，椅里端坐着常年供在双杨庙里的城隍菩萨。亭子上空扎着十字彩练，两边船舷各插数十面彩旗。船尾左右各有旗帜，一面是学校的，一面是丝业公会的。紧贴琉璃亭后面，一根桅杆高入半空，竖挂一面杏黄流苏大旗，上面写着：“敕封国昭灵普庇广佑王”。从村里选出来的十条壮汉，前四个撑篙，后六个把橹。村长和庙里的主持大觉和尚将我请上船。我恭恭敬敬地向菩萨行了三拜九叩礼，然后两个漂亮的护花小使者，将我扶到一只用木头做的四不像兽背上。我的身后立着四位“吊肉香”的大汉。三个“天地响”“砰嘭”六响，很利市。这是头炮，二炮过后，龙头船驶离庙场前的水荡。三炮响过，只见一条条打扮得漂漂亮亮的会船从港里摇出来。有的船上搭起楼台亭阁，有的船上由少年人扮演戏文中的戏子，有的船上用活动机关做成的木偶、草偶，能演成缫丝、摇经、采桑、赶鸭、捕鱼等各种动作。每条船上都有一两个打扮得特别艳丽的年轻妇女。这些会船都是村里各个圩头的，大约有二十几条。它们隔夜就赶来了，按次序藏在港湾里，等龙头船出发，才轮到它们。一条条会船尾随龙头大船，连成一个船队。船队一路经过的地方，又有各地赶来看会的船参加，差不多每一条横港里都有船出来，船上挤满男女老小。有的村里也有庙，他们也把庙里的菩萨抬出来，在船上搭了亭子让“他”坐在里面。只是他们的船要比龙头船小得多，搭的亭子也显得寒酸。船队行到震泽镇，我回过头去一看，傻了眼，只见船连船，看不到尾，弯弯曲曲总有几里路长。照双杨会老规矩，会船在镇上停留四天，到十里外的梅堰镇又要停三天。这些地方的镇上和商会早已作好迎接准备，搭起彩牌楼，请来了戏班子，分几个地方演戏，有京戏、绍兴戏、木人头戏。船队经过坛丘小镇到达盛泽大镇。我看见街道两边摆满生丝和各式各样绸缎的摊子，上摊下摊当中，挂满五颜六色的招贴纸。赶会的人差不多都带了新缫的土丝，用它换各种各样的东西。

苏州庙会，花样繁多，踵事增华，耗资甚多，以壮观瞻而资笑乐。顾颉刚先生儿时生活在苏州，后来到了北京，他在研究北京城西妙峰山庙会时，将其与当时盛行于南方的另一种形式的庙会——迎神赛会进行了比较：赛会是南方好，因为他们文化发达，搬得出许多花样，而且赛会得斗心思，一个地方有了几个赛会，就要争奇斗胜，竭尽他们的浮华力量。

庙会经费来自社会各阶层，其中又以社会富裕阶层——工商业者和地主为主。工商业家和地主可以从庙会中获得可观的利益，他们常常慷慨解囊，一掷千金。即如平日节衣缩食的平民百姓，此时也“阔绰”起来。庙会时节，农民正搁闲，手头也比较宽裕，逛庙会之际，除购买一般的生活必需品外，少不了诸如小孩玩具之类的额外花销。因此，庙场上摊贩云集，商品应有尽有，平时买不到、卖不掉的东西，这时都能各得其所。

还有一项开支，亦与庙会有关。时逢庙会，四面八方的亲朋好友前来赶会，主家自当款待，以尽地主之谊，此为人之常情。苏州近郊的唯亭，每逢“三二八”龙墩山庙会，于廿八、廿九两日演戏，周围百里内各村庄的老妪皆与此会，达十万之众。其所以能臻此盛，源于一项俗例：凡新嫁娘，于此庙会，均须赴会，偕新郎归宁，赴母家宴，以陪桌愈多为愈有面子，同时新婚夫妇由亲友辈伴乘快船，开赴龙墩山观剧，若新式婚礼中度蜜月一样，视为紧要之礼节。亲戚朋友来了，自不能只有小菜一碟，总要以饭酒相待。会期一过，主家为此开销心疼不已，故乡例有“懊恼龙墩山”之谚。又据《常熟日日报》报道，1919 年 6 月，常熟莫城镇赛城隍会，原定于旧历初五六两日，届期适遇阴雨，遂顺延一日，乡人以鸡黍款客，因之大费，甚至有典钗质衣，以尽地主之谊者。

虽口称懊恼，但逢到庙会，人们还是兴高采烈。他们希望通过庙会，了却一桩心愿。据说，丝行的祖先蚕花娘子是庙会供奉的神之一，盛泽的生丝商行出资演“小满戏”以酬神，让蚕花娘子能保佑四乡农民所养的蚕有好的收成，蚕的收成一好，丝业和绸业在经营上就会顺利一些。说到猛将神，苏州人都知道姓刘，是一位骁勇的驱蝗大将军。因为天旱容易发生蝗灾，1934 年的旱季，猛将也上阵了。“毕竟猛将面子大，出会以后便洒了一阵毛毛雨。善男信女这般说：‘关帝闯不进南天门，所以求雨无效，猛将曾封上天王，他是玉皇大帝的外甥，可以直入南天门，嬲着他娘舅降些雨水，所以猛将一出堂，天空便有雨意了。”虽说是见神见鬼的痴话，一般人听了，也点头摆脑。

要说赶会的人信仰有多少虔诚，那是值得怀疑的。在某种意义上，只不过是以酬神之名，行娱人之实。胡朴安所记吴江黎里赛会时的场面是常见的：善男信女凡数百人，老幼男女，各手执塔香一柄，尾随于后。有穿红衣插犯条者，有手带铐链者，奇形怪状，不可思议。最可骇者，中有一人，伸其右臂，臂上挂香炉钩入皮肤，不知痛楚。其后有一对挂锣，锣重亦十余斤，不仅提锣而走，且须照例击十三记。提者泰然走数步，保护者一为烹水于挂处，惨不忍睹。（胡朴安《中华全国风俗志》）此即所谓“吊肉香”。人们扮鬼作囚，作践肉体，沿街游荡，被一种神秘的氛围笼罩着，内心荡漾着神秘的快乐。

每逢庙会节场，聘请戏班演戏，谓之“节戏”。一次庙会演戏时间长短不一，短者一天，一般三天左右，也有长至七八天者，演戏剧种丰富，以京戏居多。

看到这热闹的景象，叶圣陶先生笔下的倪焕之感慨系之：“一般人为了生活，皱着眉头，耐着性儿，使着力气，流着血汗，偶尔能得笑一笑，乐一乐，正是精神上的一服补剂。因为有这服补剂，才觉得继续努力下去还有意思，还有兴致。否则只作肚子的奴隶，即使不至于悲观厌世，也必感到人生的空虚。有些人说，乡村间的迎神演戏是迷信又靡费的事情，应该取缔。这是单看了一面的说法；照这个说法，似乎农民只该劳苦又劳苦，一刻不息，直到埋入坟墓为止。要知道迎一回神，演一场戏，可以唤回农民不知多少新鲜的精力，因而使他们再高兴地举起锄头。迷信，果然；但不迷信而有同等功效的可以作为代替的娱乐又在哪里？”

庙会上的发泄和狂欢实际上也是一种休闲方式。时人在研究迎神赛会心理时窥测：愚民心理，平时畏官如虎者，一旦聚众，则恃众以自壮其胆，而可图一日之不畏。畏于平时者愈深，则求得不畏之心愈切，乃至不惜牺牲其财力、心力、体力，以图此无意识之一快；若不迎合众心，则众不我助，而傲睨官厅之一快，永不可得。在苏州，过去人们经常可以看到，在庙会出巡队伍后面，杂有一个扮着喝夜壶水的官太爷。痴官形容不整，烂醉如泥，挤眉弄眼，路过酒店必讨酒，酒店视此为好兆头，也乐于施舍。只有在这时，人们可以大胆地揶揄，放声地大笑，在笑声中玩味。

节戏而外，奉神像出巡的仪式是大同小异的。除了首末仪仗，作为最主要部分的中间仪仗是杂艺表演。苏锡交界处的甘露，杂艺表演丰富而精彩。首先是一班“高跷”，扮演者踢飞腿、左右开弓、跳跃、停步等。突然听到爆竹声由远及近，原来是护饷的“猎户班”。他们一手托鸟枪倚肩，一手燃放腰间围着的大小爆竹。一阵喧闹之后，“清客串”到了。他们是甘露镇上的业余丝竹好手，各执擅长的乐器，吹奏着《梅花三弄》《四合如意》《柳青娘》《龙虎斗》等曲子，笛声清越，箫声悠扬，琵琶铮铮，八音合奏。接着是一班“掼担”，由一批青年农民组成，扮演一对对情侣，每人肩担一副农担，表现劳动之余的欢乐。“逍遥伞”“轮车队”之后，“抬阁”跟上。“抬阁”约高出屋檐一二尺，花团锦簇，上立孩童若干，扮成才子佳人。不知不觉之中，一阵阵幽香飘来，原来是“香亭”及近。“香亭”要六人抬着，亭内焚燃陈年檀香，烟雾缭绕，古雅庄严。行会快要结束了。

乡村社会的人们还利用会船进行竞技比赛活动，整个庙会散发出醇浓的水乡生活气息。苏州庙会中的竞技比赛主要有赛力量和赛技巧

庙会杂艺表演

两类。会船竞技属于赛力类。许多庙会都少不了这项活动。昆山周庄三月廿八的会汛里，附近农村派出“小川条”“浪里钻”等快船与赛，两岸观者如潮，呐喊助威，节日气氛陡增。吴江平望的网船会是渔民举行的水上赛会，主要活动就是赛船。网船会于每年农历七月十五日举行，由三老爷庙周围十个自然村（圩）的十坊逐年轮值。届时每坊雇用快船参加，把神像供奉在大船上，周游一圈。最后，各方网船集中到莺脰湖赛快船，名为“踏白浪”。十坊的快船均可参加比赛。快船的船身较长，左右安上四至八支档桨，在船艄左右两边都有橹。两橹中央伸出一条跳板，在外档跳板站立一个强汉，两手抓住橹梗，一起用力协调推扳，名为“出跳”。每支橹上有四至五人，加上舱里人，一道划桨，船快如飞，扣人心弦。莺脰阁上，沿湖的楼房上，人山人海，热闹非凡。

闲暇时间是能够自由利用的时间，但在庙会中，客串演戏、竞技比赛的人们，并不是无所事事，虚掷时光，他们用热情实现自我，用创造性的方法表现自我，在实现自我和表现自我的过程中，发挥了个人才能，丰富了乡村社会闲暇生活。在小生产条件下，小农的经济生活以家庭为单位，其生产方式限制了他们的相互交往。苏州与生俱来的保守性格，常被人们谈起，城里的闲暇生活也很单调。处于近代化前锋的苏州人，迫切需要摈弃小生产的交往方式，发展起广泛的网络式交往方式，交流思想，愉悦身心。明清以来就有的“轧神仙”是苏州城里最热闹的庙会。据说，农历四月十四日这一天，八仙之一的吕纯阳，会化作褴褛乞丐，下凡点化世人。于是城乡数万人，都赶到阊门下塘街的吕祖祠，彼此倾轧，希望沾点仙气。19 世纪 20 年代，在苏州教书的翟璟真正领教了那个轧劲：

> 我在人潮中轧了老半天，鞋后跟被人踩脱都无法俯身拔起，只得趿拉着鞋子，夹紧脚趾，小心翼翼地继续往前轧。终于，我也轧到了吕祖祠的大殿门前，但只见香火弥漫，熏得整座大殿一片乌黑，人们已经难以瞻仰吕祖的仙颜了。
>
> 我站着转身环顾，只见人头济济，大家已经轧成一团。不过，其中仍然还有人挣扎着双手合十，有人高举香火，甚至还有人伏地叩头，真是不可思议。我也在人潮中挣扎，既来之，亦为之，费了九牛二虎之力，我也总算勉强伫立殿前膜拜了一下，接着就回头向人说尽好话，才好不容易地从善男信女们中挤出一条缝隙，脱离了人潮。

特别值得一提的是，传统社会里的妇女长期处于伦理纲常的压抑之下，人性受到极大的扭曲，庙会为她们提供了一个合理合“法”的机会纵情娱乐。吴江王江泾网船会汛，时值阳春三月，江浙渔户驾船举家赴会，苏州城乡民众争相前往，以妇女居多。《盛湖竹枝词》云：

网船赶会艳阳春，雁荡湖边多丽人。
争向陶家甸上去，衣香鬓影一时新。

客观地说，作为传统苏州特别是乡土社会主要闲暇生活方式的庙会，也存在不少问题。庙会期间，人口哄聚一区，少者数百人，多至数万人，大多系自发而来，因为缺乏组织，秩序混乱，惨剧时有所闻。1934 年 5 月 20 日的《申报》报道了发生在太仓的惨闻。农历四月十六、十七、十八这三天为城内赛会，日夜举行，四乡庙宇一致加入，赴会者达数十万人之多，为空前未有，交通为之阻断。十六日晨，有北乡乡民名阿生者，乘船来城看会，因船中乘客过多，被挤落水，当场捞摸无着，翌日尸身发现于盐铁塘内。

盛泽位于江浙交界处，地夙富侈，素为土匪觊觎之区。1929 年农历七月十五日的童子赛会前后，土匪颇为猖獗，竟致函地方当局，进行恐吓。一镇风声鹤唳，一夕数惊。当局为确保会期安全，未雨绸缪，特电请县政府遣派大批巡船来镇震慑，把守各路要隘，并率队游行，荷枪实弹，始得平安无事。

1927 年，国民党政权建立以后，一度曾严厉禁止庙会，但结果是禁而不止。因此到 1930 年，在国民党中央执行委员会颁布的《推行国历办法》中，对庙会的举行，就听之任之了：查庙会制度，虽系旧俗，今盛行于各地，此种庙会，不过假庙宇为贸易市场，早已成为纯粹商业性质之集会，并无迎神赛会种种迷信夹杂其间，实为集镇墟市集会，中下层社会，日用所需，每多取给于此，与民众关系至切，苟能改其会期，令从国历，则于国历之推行，自易收效。

民间社会对于庙会的争论着重于其社会意义。有人在《申报》发文说，迎神赛会“原是乡愚无知的俱乐，没有何等价值可说”，不应该再出这种劳民伤财的赛会；“此种娱乐与公众娱乐无丝毫实益，亦不合现世之潮流”。因此，他们“奉劝祈神和要行赛会的人，不要把有用的金钱消耗在无凭的迷信上，总须一面勤俭，一面储蓄，安分守己，不生妄想，才是消灾降福的不二法门呢。”实际上，把庙会之举行等同于落后的迷信活动，是当时许多人反对庙会的重要原因。

但是，也有很多人，包括素来提倡改良风化的新进人士，对庙会大为赞赏。就说双杨会究竟应否举行，当时谁也不能给个明白答复。有人说，不管怎样劳民伤财，农民十年一次的娱乐，也未始绝对的不可。不少人为庙会的民众文艺所吸引。盛泽南社人士徐蔚南在《我之赛会观》一文中为这种民众艺术大唱赞歌——

> 近时颇有一种半解之徒，反对赛会，以为赛会乃迷信之一种，与科学相反，不合时宜；通俗的赛会观亦只从迷信一点出发。我所欲加以纠正者，即在此也。唯没有说到赛会之我观之前，我要预先声明的，就是我并不替迷信辩护。我觉得赛会除迷信之外，且有艺术的重大意味。要晓得艺术并不是知识阶级所能独创，艺术赏鉴的力量并非知识阶级所独具有的；赛会这件事，

出发点虽在迷信，但同时就是除开知识阶级以外的民众之艺术表现。即就本区童子会考察一考察，我们就可知道我所说这句话并非毫无根据的。童子会的行列是这样：金罗丝竹队、拜香队、旗伞队、香亭、韦陀轿、观音轿、抬搁、龙船、高脚人等等。我们看这一行列，试问哪一种不是艺术的表现？其中常被世人所忽略的，且以为是最迷信的，最无聊的，如拜香队和香亭，就我见来，更却是艺术的。那拜香队是一队男女孩子，穿着一色的衣服，嘴里唱着最婉转和谐的赞辞，和着那手中悠扬的钟磬的声音。看到我们的眼里，多么的好看！听到我们的耳中，多么的好听！至于香亭呢，更显示精巧的艺术作品！铜的香炉和雕刻的香亭。童子会除了日间这样美丽的行列以外，夜间还有乡间农民摇一只船到市河里来对唱山歌。死读《桃花源记》《春夜宴桃李园序》的书呆子，自然听不惯这种乡下人的歌曲，可是脱下了你的书呆子的面目，张起你的耳朵来，细细地听去，你就可欣赏这种“乡曲”的音节是何等的和谐！词句是何等的率真！布局是何等的自然！再就文艺上来说话，诗经中的“风”，不就是乡曲吗？德国的“尼勃龙”、法国的“罗来歌”、英国的 Beowulf，在世界文艺坛上认为宝玉的，不就是乡曲或民间传说吗？这样说来，我们大抵可以同意于赛会同时是艺术的表现罢。总言之，赛会的出发点是迷信，可是由迷信而归结到民众艺术之创造与欣赏，这是我所深信的。

徐蔚南既指出赛会所包含的迷信色彩，又不因此而全盘否定赛会。他为庙会所散发出的幽美的艺术芬芳所陶醉，充满激情地肯定庙会作为传统闲暇生活方式的存在价值。

事实上，随着社会现代化程度的提高，传统庙会也在变异的过程中。盛泽每届纪念蚕王日、清明、上元、中元观音会、盂兰盆会、十年一次之双杨会等令节讳日，总要举行赛会，但这种庆祝宗教性节日的民俗正发生蜕变。原先的庙会是为了驱鬼酬神而连日演戏，随着时日的推移，迷信的色彩逐渐淡薄。如1923年中元赛会，东社庙内陈列名花异卉，人们歌唱各种名曲，对唱山歌。有人甚至提倡取法美国之华盛顿纪念会，南洋、菲律宾之嘉年华会，扮演新奇，暗寓讽劝。1924年的一次双杨会期间，不仅上演京剧、昆剧、湖剧、文明戏、木偶戏、草偶戏，展览采桑、缫丝、络纬、卖绸的生活场景，盛泽绸业公所还举办农业物产展览会，特别是生丝及丝织成品，各地竞相端出清样，琳琅满目。对于传统闲暇生活方式的变化，时人已经觉察：对于庙会，不能仅仅看作是乡愚无知、迷信神权的事。他们认为，迷信确是原因之一，不过乡民无论做什么事，都须得张着迷信的旗帜才行，譬如演戏，原是娱乐人民，却要说酬神。表面上是迷信，其实只是他们苦中行乐罢了。跨省区的双杨会，还促进了蚕农、机户和绸商之间的交流，联络了感情。至于物产展览和物资交流，能使农民得到观摩的机会，收他山之石可以攻玉的实效。可以看出，随着时代的前进，昔日的闲暇生活方式正日渐徒具形式，为新的内容所替代。

三、烟火吴门人家

近代苏州，既经革命的风暴，亦蒙乱世的血雨，百转千回，留下了中华儿女奋力前行的地方印迹。透过世纪的烟尘，现在，我们将目光投向千门万户，烟火盛处，那里还生息着和雅乐生的吴门儿女，他们的生活充填出一份风土志，书写了近现代苏州的日常史纪。

苏州人性情和润。早期吴人“轻死易发”，随着经济文化中心的南移，江南开发，物质财富不断增长，自然生态得以充分改善。山温水软的环境重新塑造了人们的性情，近世以还，他们以和雅温润为世人所闻知。1944 年，华留以“苏州女儿”为题，在《新女性》上这样描画苏州人的性情：

> 城市的苏州女儿，有着传统的大家风范，因为苏州在以往是科第不绝的，所谓“书香”，所谓“乡绅”，这两种因素，是使苏州女儿成就“大方”“文雅”的气派。因此“治下”和“对外”，都是极有礼貌，极有法度的。尤其是基于伦理的素养，待人接物，都从温和恳挚的热情里出发的……因着苏州女儿的热情，对于同居和乡邻，都是亲密得和自家人一样，有无相通，痛痒相

关。苏州有一句老话："金乡邻，银亲眷。"她们竟把睦邻看得如此的重要，这一种教训，就是造成坊里间的合作互助，推一家而到一街。

至于乡野的"苏州女儿"，哪怕在特殊的年代里，"或许连布衣暖菜饭饱都求不到，但是她们处之泰然，真有'安贫乐道'的精神"。总之，她们显得静穆而幽娴。柔婉的吴语更能体现苏州人的性情："不单声音柔软，并且说话的技术也是圆妙的，同样一句骂人的话，从苏州人嘴里说出来，似乎轻松得多。要是隔着墙壁听苏州人的'白话'，包管娓娓动听，久而不倦，如坐春风中。"于是辛弃疾有词云："茅檐低小，溪上青青草。醉里吴音相媚好。"含有醉意的吴侬软语与苏州人和雅温润的性格互为表里。

和雅温润并不等同于软弱或柔弱。叶圣陶说，在苏州，不但士大夫重名节，敦礼信，细民百姓亦谨悫自将，特别在一些大是大非的问题上，他们的刚强就表现出来了。1938 年 10 月，叶圣陶发表小说《我们的骄傲》，意在呼吁遭遇战乱的苏州人挺直民族的脊梁。小说的原型是叶的小学老师章伯寅。1937 年苏州沦陷后，当地的敌伪组织诱惑、胁迫章伯寅参加伪维持会，被他坚决拒绝。章伯寅称："人各有志，不能相强。你们要这么做，我没有那种感化力量叫你们不这么做，可是我决不跟着你们这么做"。作为教书先生，章伯寅无法"糊糊涂涂的，没有一点儿操守"，顶着教育的名义去唆使群众当顺民、当奴隶。其高节如此。

苏州风物清嘉。竹林深处，小桥流水，水稻桑麻。因此，说起苏州，人们就想起"三吴文物""富庶之区"之类的俗话。旧时水乡苏州人家常常沿河聚居。20 世纪 30 年代，许幸之在《现代》杂志上介绍的一处渔村，离苏城仅 12 华里水路之遥，全部陆地面积共有 50 亩，其余都是环绕着村庄的河流。308 户人家，十数家自然村落隔岸凝视，彼此的家族关系大家都非常熟识。这种处于自然状态下的家族组织，在吴地乡村非常普遍，他们通过河流松散地联系在一起，但人际联系却不稍减。枕河人家的日常生活自有一番独特风情。在陆文夫的笔下，苏城人家的购物是这样的：

河两岸都是人家，每家都有临河的长窗……那些做买卖的单桨的小船，慢悠悠地放舟中流，让流水随便地把它们带走，那些船上装着鱼虾、蔬菜、瓜果。只要临河的窗口有人叫买，那小船便箭也似的射到窗下，交易谈成，楼上便垂下一只篮筐，钱放在篮筐中吊下来，货放在篮筐中吊上去。

讲究日常享用的苏州人特别注意饮食的时令性。清道光时顾禄所记苏州时新食物即指此："蔬果、鲜鱼诸品，应候迭出。市人担卖，四时不绝于市，而夏初尤盛，号为'卖时新'。"赵筠《吴门竹枝词》云："山中鲜果海中鳞，落索瓜茄次第陈。佳品尽为吴地有，一年四季卖时新。"出生于嘉兴乌镇的汤国梨随丈夫章太炎寓居苏州，有诗吟："故乡虽好不归去，客里西风两鬓秋。不是阳澄湖蟹好，人生何必住苏州?"乌镇同为江南水乡，风物亦佳，但鲜美的阳澄湖蟹，让其更加贪恋苏州。苏州生活之闲适于此可见一斑。

苏州崇文尚华。崇文不仅仅表现在教育的发达、科第的兴旺和士大夫的学术上，也体现在生活品质中。明清以来，昆曲以其精英品位构成苏州生活情调的基本元素，叶圣陶因此称昆曲是“彻头彻尾的士大夫阶级的娱乐品”，比如，“听昆曲先得记熟曲文；自然，能够通晓曲文里的故实跟词藻那就尤其有味”。直到20世纪30年代中期，苏州还有一些曲社在传习昆曲。热衷于此的人确实与传统“士大夫阶级”颇多相像：退休的官僚，现任的善堂董事，从课业练习簿里溜出来的学校教员，专等冬季里开栈收租的田主，还有诸如此类的一些人，都是那几个曲社里的社员。号称苏州“最后的闺秀”的张允和曾经问昆剧“全福班”艺人徐惠如：“昆曲的唱词，像《琵琶记》那样文绉绉的，乡村人不一定听得懂。是不是《荆钗记》靠做工，乡村里比较欢迎吧？”徐惠如大不以为然：“不是这么回事，还是《琵琶记》最受乡村欢迎。我在全福班吹得最多的就是《琵琶记》，它连台一唱好几天……别瞧乡村人不懂昆曲，他们才会挑毛病呢！”苏州乡人亦作如此格调。

旧书业是吴门的文化符号。民国年间，在一向被称作文化古城的苏州，旧书、古玩碑帖、裱画等店的数量，除了北平与上海，可以说是甲于其他地方的。全城旧书铺不下10余家，多数开设于城中最长的护龙街上，所以护龙街当时被称之为“文化街”，四面八方的访客、书画古董爱好者总是兴奋地来此拜访。论者谓：“买书藏书是需要在顺平的时代，有着多余的钱，才能享受到这种清雅之福的，旧书业的兴衰正可以象征着国家的升平与乱时。”（张益林《苏州的旧书店》）近代乱时不少，苏州的旧书业却以顽强的生命力，始终给世人昭示着承平的光景和希望。

士大夫的文气自然弥漫于日常中，让生活具有仪式感。在苏州，送稚儿进学堂也有“颇为隆重”的仪式。包天笑《钏影楼回忆录》载：

> 外祖家的男佣人沈寿，到了那天的清早，便挑了一担东西来。一头是一只小书箱，一部四书，一匣方块字，还有文房四宝、笔筒、笔架、墨床、水盂，一应俱全……那一头是一盘定胜糕和一盘粽子，谐音是“高中”，那都是科举时代的吉语。而且这一盘粽子很特别，里面有一只粽子，裹得四方型的，名为“印粽”；有两只粽子，裹成笔管型的，名为“笔粽”，谐音是“必中”。

与精神层面的崇文相对应的，是物质享用上的尚华。明清时期，苏州的物质享用，如绣衣绣鞋、纨扇骨扇、红木家具、小件清供等“苏州样”，为他方所欣羡和效仿，“吴装”“苏裱”“苏意”等成为时尚语汇，所谓“破虽破，到底还是苏州货”“苏州样，广州匠”等，正反映了苏州尚华习俗的辐射。清乾隆时人沈复《浮生六记》云：

> 吾乡素尚繁华，至此日之争奇夺胜，较昔尤奢。灯彩眩眸，笙歌聒耳，古人所谓“画栋雕甍”“珠帘绣幕”“玉栏干”“锦步障”不啻过之。余为友人东拉西扯，助其插花结彩，闲则呼朋引类，剧饮狂歌，畅怀游览，少年豪兴，不倦不疲。苟生于盛世而仍居僻壤，安得此游观哉！

这印证了学界业已形成的共识：俗谓“吴下风俗之奢靡”，始于清康乾之间。1918 年，“久客吴门”的王德森即称：苏州风俗“日趋于卑污，非一朝夕之故也”，其竹枝词“二百年来风俗移，愈迁愈变愈迷离”，所注目的正是雍正以降的清代风俗之变。言语之间，似感忧虑。事实上，对于苏州民俗的尚华倾向，一些人简单地将之等同于奢靡，又根据“奢侈与资本主义”的逻辑进行推理，极力肯定奢靡的近代性。在这里，严迪昌先生的看法纵横捭阖，引发我们的思考：

> 如果说先民在此地域曾经创造过原始的精美物品，那么五百年前吴地文化人和各类工匠艺师，在裁制、刺绣、雕刻、烹饪、建筑、盆栽，当然还有书画、篆刻、曲艺、戏剧等等，举凡物质生活和精神生活诸领域全方位地再一次历史性重现智慧心气，而且是在更高层面上施展文化飞跃……奢靡不成文化，只是追求物质享受和官感刺激的一种生活形态。奢侈不德，无美可言，更非雅之属……但是，与奢侈挥霍如夸富斗豪仅有一纸之隔的追新逐奇或广聚博藏却是文化，奢靡者物质享受之硬件遗存则每透有艺术文化的积淀。

由此可见，伴随经济繁荣而衍生的奢侈消费，未必会产生资本主义，但在日常生活层面，勤劳致富的苏州民众，追求物质享用上的高品位，应该是无可厚非的。在数百年的历史时段里，物质享用的文化品位，已经成为苏州人的生活特色。

所有地方生活特色，在文化的意义上，都体现为一种稀缺资源，从而彰显自身的存在价值。吴门人家的生活别有一番风情在。

◎ 结　语 ◎

历史传承与当代发展

第二次世界大战结束以后，在全球范围内，特别是在不发达国家，各种现代社区发展模式异彩纷呈。由此，隐含着“西方中心论”的“现代化即西化论”，遭到了许多从事发展问题研究的中外学者的质疑和批判，他们提出了诸多崭新见解。其中，日本社会学家鹤见和子教授的“内发型发展论”格外引人注目。内发型发展论特别强调，对现代化的追求必须依靠各地区的人和集团，依据原有的自然生态环境，根据自己的文化遗产，参照外来文明，自律地进行创造。无疑，这一理论具有重要的思想方法和社会实践意义。那么，就苏州而言，其自然、社会乃至思想的历史沉淀究竟是什么呢?

这首先倚赖于对苏州社会特质的整体把握。在对苏州走马观花地了解之后，也许，每个人的心中都留下了一份属于自己的苏州，一如郁达夫、曹聚仁、余秋雨。1932 年秋末冬初，陈醉云先生来到苏州。这位对江南历史文化极为熟悉的学者，在醇浓的乡土气息中，认识了一个“乡土苏州”。他在《姑苏散曲》中说，上海的繁荣依仗工商业；杭州的繁荣依仗游客；苏州的繁荣，却是依仗农业。

在欧风美雨浇灌了几十年之后的江南，还有这么一个性格顽强的所在，他为之震撼：苏州的住户，除了外来的寓公外，所谓本地人，多半靠着田租地租过活。土地的“主人”构成了城市主体。

土地环绕着太湖：苏州最得地利的是太湖，雨多时靠它涵蓄，雨少时靠它灌溉，不愁水灾，不愁旱灾，农业遂有所赖。稻麦蚕桑，即提供了美食锦衣；而水泽宜于养鸭，湖中饶有鱼虾，也正是肴馔的资

苏州太湖

源所在，再加沿湖河道复杂，舟楫往还无阻，产物的交换自更便利，文化的积淀也就更容易。

水乡苏州的物质文化景观由此铺开伸展：周围三四十里的苏州城，四面都有河道环绕，除了流贯城内，更是远通四境。轮船所直达的重要路线，较远的如上海、杭州、湖州、嘉兴、常熟等地，落乡的如木渎、甪直、黄埭、荡口、东山等处，每天都有多量的行人往来。至于定时开行的航船，藉以装货载客的，也有百数，城市与乡镇可畅通无阻。

乡镇就是乡村的一部分，乡土气息更浓：苏州各乡镇的市梢上，每有黑色墙垣的巨厦门上挂着“周□□堂栈”或“王□□堂栈”等牌子，到了秋收时节，更会在门上贴出大红纸条，写着“某月某日开栈”等字样。这所谓“栈”，原来就是地主们征租的场所。

依靠这连系着土地的条条脉线，苏州城的有闲生活生生不息：那些以田租为生的人，生活自然颇为闲暇，于是适于消闲的东西，就随着产生。同时又因农业都市的收益，还停滞在手工生产的阶段，不像工商业都市用机器生产那样饶有巨大的进益，高度的浪费势有所不能，所以物价也受相当的限制了。苏州有三多，一是茶馆，二是糖果，三是雀牌。这三样东西，同具着消闲的功能，也就是构成苏州生活的染色细胞。

顾颉刚先生以历史学家的持重，在《苏州的历史和文化》中揭示了“乡土苏州”的文化根底：“从前苏州人生活于优厚的文化环境，一家有了二三百亩田地就没有衣食问题，所以集中精神在物质的享受上，在文学艺术的创造上，在科学的研究上。一班少年人呢，就把精力集中到科举上，练小楷，作八股文和试帖诗，父以此教，兄以此勉，每个读书人都希望他由秀才而举人，进士，翰林，一步步的高升。所以满清一代，苏州的三元一人，状元多至十八人，有的省份还盼不到一个呢。”

生活在温柔乡里的苏州人，便养成了安土重迁的脾性：“苏州这块地方，是最高度的农业文化，又是全国商业的交通中枢。所以，一家只要有了几百亩田或几十间屋，就一生吃着不尽，不必到社会上去奋斗立业，更不必到外地去寻求生活的出路。一个孩子读书应举，只要得了科举，就可以做个乡里中的绅士，戴着顶子去见官员，全家和他的姻亲都满足了。”素性“四方负贩”的徽州人到了苏州，竟也

“踏上了苏州人的覆辙。近百年来，浙江、江西、广东、四川等省人也就踏着安徽人的足迹而享受着苏州的安富尊荣了”。（顾颉刚《玉渊潭忆往》）

于是在“乡土苏州”，近代工业遇到了意想不到的冷遇。腰缠万贯的苏州豪绅富贾，宁愿滋润在广阔的土地里，游刃于无数的典当中，却不习惯于轰隆的机械。当终于有一位“状元”出来主持创办苏纶、苏经厂，却“人人策其必败……附和者少，指摘者多”。于是陆润庠到1898年服阕届期，就赴京做他的官去了。几经周折之后，还是上海的资本家严裕棠使奄奄一息的苏纶纱厂起死回生。

但是，合乎历史逻辑的是，乡土工业应运而生。费孝通先生说，苏南地区的历史传统可以概括为人多地少、农工相辅。这里人口稠密，人地矛盾突出，所以要富起来，不可能完全靠庄稼，在粮食之外要种其他经济作物，并从事农产品加工性的家庭手工业。这就是农工相辅这一历史传统的本质。但随着自然经济结构的瓦解，乡土工业的衰落，封建剥削制度却依然如故，甚至更加狰狞。苏州农民面临着生死攸关的选择。这种选择不可能是别的，它必须植根于既往的传统社会经济结构中；但是，这种选择又不可能是传统经济结构的翻版，而只能是承袭传统经济结构中的合理成分，而又有所创新。经过重新整合的现代乡土工业，既保留了“农工相辅”的传统形式，又更新了生产技术和生产方式的性质。在苏州农民的眼中，它们是似曾相识的东西。

之后数十年，历经多少战争的灾难，政权的更替，人事的兴废，乡土工业的历史传统绵延到20世纪60年代末，又一次进行了自我扬弃。对此，费孝通先生起初颇觉意外，后来听了一些社队工厂的开办发展史，才了解到，大城市里动刀动枪地打派仗，干部、知识青年下放插队这两件使城里人或许到现在还要做恶梦的事情，从另一面来看，却成了农村小型工业兴起的必不可少的条件。（费孝通《小城镇　大问题》）这就是后来举世瞩目的乡镇工业的缘起。

到20世纪90年代初，有人自豪地宣称：如今的苏州靠“老乡”。1978年，苏州市的乡镇企业产值只有13.42亿元，仅占全市工业产值的19.3%；1991年高达441.7亿元，占全市工业产值的63.03%，三分天下有其二。乡村完成了对城市的包围。

乡土工业开启了苏州经济的长足发展。20世纪80年代中期以后，苏州经济从量态扩充转向内涵发展，从内向型向外向型拓展，区域经济在较高的起点上呈现出持续发展的态势。1992年，在社会主义市场经济模式确立以后，苏州经济深入到制度创新的阶段。作为密集的国际资本、集聚的现代产业和区域经济辐射源的载体，经济技术开发区全面推进。仅在几年的时间里，苏州已经形成5个国家级开发区和10个省级开发区，古城也由此插上了腾飞的双翼。

一翼是位于古城之西，作为新的经济增长点的新区。经过多年的发展，这里聚集了一批高科技企业和国际著名的跨国公司，带动了全市产业结构的提升和产业布局的调整。

另一翼是位于古城之东的工业园区。这里起初成为致力于开发海外经济的新加坡重点投资和转移“软件”的窗口，从1994年5月12日启动开发至今，一批国际著名的跨国公司，如美国超微半导体公司、哈里斯半导体公司、三星集团、西门子公司等陆续被招引而入；同时引入的还有全新观念、现代管理机制和运行机制。早已完成了对城市包围的乡村开始自觉接受城市的辐射。苏州属下的县、市（区）

在整个区域经济的发展中确立自己的位置，进而形成苏州全市经济共同繁荣的局面。

在传统经济结构中，“农工相辅”之“工”，不单指丝棉纺织业，还有特种产品。曾经养活甚至富裕了一方生民的特种产品，由于其特殊性，如今，成为现代乡镇工业和专业生产的历史依据，促成了社区产品的开发。在吴江平望胜墩村，20 世纪 70 年代末成立了鱼网厂，1979 年全村有 996 人从事该项副业，共生产 10 100 条鱼网，人均结网收入 100 元。在吴县焦山，1984 年以来先后成立了藏书乡花岗石料厂、藏书联营采石加工厂和吴县花岗石标准板材厂。在浒墅关及其附近乡村，中共十一届三中全会之后，四乡草席专业户以专业市场为依托，大量生产“浒墅席”，年产各类草席 200 万条以上，其中一部分出口到东南亚地区，盛誉空前。取代近代绣庄的是苏州刺绣厂和刺绣研究所等现代企业，从属于它的数万名绣女，仍然以传统的形式，散布于四乡，乘隙而绣，计件取资。全苏州绣品年总产量逾亿元。作为我国优质名砚之一的澄泥砚，随着人们书写工具的改变，市场逐渐萎缩，市区逐渐停止了专业生产，乡村则在时断时续的生产中，把这项特异的工艺保存到 80 年代。在这之后，因为砚雕绝技的复苏，吴县藏书一带的澄泥砚从日常工具砚向高档观赏砚方向发展，焕发起勃勃生机。在苏州城东的郭巷，以前只是作为照明、蓑衣材料或迷信耗材的灯草，在改革开放以后，因为国外市场的开拓，种植规模越来越大，成为社区特种产品。据称，这种出口东瀛的抢手货，一亩创汇近 1 000 美元。

中国地主制经济的特殊运动规律与江南社会特定历史环境的交互作用，使得苏州社会的商品经济特别活跃。近代以降，沟通和联结地方市场与外部世界的城市和乡镇商行由此而生。绸行是专事经营丝绸交易的商行。民国年间，盛泽绸行迎接着来自全国各地的客商：广庄经营闽广沿海交易，再转销南洋及印度一带；店货庄专销沪、京、津等大城市；下县庄则以江浙一带中等城市及县以下镇、乡为经营对象。绸行的交易地点多在庄面，这是一个封闭式建筑，格局类如科举贡院。庄内系一式的砖木结构矮房，由绸行租用。室外陈设除柜台外，仅设账桌、坐凳、钱柜等，其他备有秤具、量具及算盘之类，每天收市之后，绸匹及现金均由绸行各自携回，庄面内由绸业公所雇佣的老年工友守夜。

世纪初的庄面演变成世纪末的中国东方丝绸市场。改革开放以来，在资源丰富、技术力量雄厚、产品声誉卓著的绸都，迫切需要一个丝绸经营的窗口，蔚成一派“门泊东吴万里船”的气势。始建于1986年的中国东方丝绸市场发展至21世纪，占地近30万平方米，建筑面积约15万平方米。市场拥有固定经营部2 600户，经营丝绸、仿真丝面料和化纤原料等2 000多个花色品种。场内有9个交易商区和3个分场，配有食、宿、运、托多种服务设施和交通、邮电、金融等服务系统，建立了遍及全国的通兑汇网点和快捷、安全的运输站、铁路、公路联运业务，辟有数十条专线，每天为客户起运数百吨货物至全国各地。更建立了现代信息网络，商品辐射至31个省（区、市）。10余年间，商品销售总额达到500多亿元……中国东方丝绸市场把昔日的庄面抛向了历史的暗角。置身于常熟虞山招商城，张家港妙桥羊毛衫市场，相城区渭塘的珍珠市场，吴中区东山果品市场，我们只能发出同样的历史喟叹。

地处东南沿海的苏州乡村最早受到外国资本主义经济势力和近代

化都会的渗透。对于市场，农户们并不陌生。经过市场的枢纽，经济作物和庭院产品小获其利，生活为之裕如，他们窃窃自喜。可当世界资本主义市场的不景气波及到僻乡小镇，地方商行操纵更烈，农民们陷入丰收成灾的怪圈，他们深感市场变幻莫测，徒唤奈何。叶圣陶先生的《多收了三五斗》反映的正是这种情形。

由此不难看出，近代江南农民的经济生活离不开市场，他们熟悉市场行为。承袭着这一历史传统，当代江南乡村很快地与市场接轨，乡村经济呈现出勃勃生机；但历史与现实同时警告我们，小农仍然是脆弱的，他们需要政府的介入，规范市场行为，提供市场信息，需要社会化机构的服务和社区领袖的沟通，推动乡村产业化进程。

太湖流域的蚕丝区，直至 20 世纪 20 年代，仍然沿袭着千百年来的土制种，收成毫无把握，在国际生丝市场上渐渐处于劣势，无法与日本竞争。以郑辟疆先生为校长的“江苏女子蚕业学校”的师生们，于 1923 年冬，雇两条大船，抵达吴江震泽，在地方人士的支持下，在双杨、开弦弓等 6 个村巡回展览。每至一处，均以庙宇的大殿或学校的教室，展览科学蚕种、蚕具标本模型和图表浅说，利用戏台或板门架台作讲台。郑校长发表演讲，其余人员接待蚕农参观。“女蚕”更与震泽地方人士讨论，以开弦弓村进行科学育蚕的试点，成立蚕丝改进社。1926 年，生产改良丝 8 担多，卖价每百两 75 元，比土丝价格高出 1/3。农民得到了实惠。

到了 30 年代，乡村改革理论家提出，当由地方当局、技术专家和农民几方联合，发展蚕丝事业。在这种较高层次的“合作”中，特别强调政府职能的发挥。政府应该高屋建瓴，了解市场信息，制定政策，扶持势单力薄的市场主体，这对于社会化程度低的乡村社会显得尤其重要。

今天，我们已经废除了地主土地私有制，但小农经济的形式一仍其旧，在某些乡村，农民对市场信息掌握不足，驾驭市场的能力不够。因此在生产力水平不可能很快得到提高，生产方式不可能很快改变的情况下，我们需要加快推进农业的产业化进程，这就是：以市场为导向，进行生产、加工、销售一体化经营；龙头企业按照市场要求，与农民签订产销合同，建立生产基地和社会服务体系；产供销结成风险共担、利益均沾的经济共同体。

走向现代化的苏州城市景观，是一种什么样的格调？这是苏州人的经常话题之一。唐代诗人杜荀鹤的《送人游吴》被人们传诵了千百年：

君到姑苏见，人家尽枕河。
古宫闲地少，水港小桥多。
夜市卖菱藕，春船载绮罗。
遥知未眠月，乡思在渔歌。

诗中字里行间传达出“乡土苏州”的独特神韵；苏州人、苏州乡亲、苏州友人都希望保留这份古韵。这种恋恋不舍的传统情绪，实际上是厌倦了整齐划一的钢筋混凝土“积木”的城市人向自然的回归。作为苏州基本现代化的目标指向之一，“东园西区，古城居中，一体两翼，四周山水”的城市格局，构架起历史传统与现代文明融为一体的城市形态框架。

古城之躯，是祖辈给予我们的一份无法拒绝的馈赠，我们将她珍存，整饰一新，传之后世。1991 年启动的十全街改造工程和 1992 年开始的桐芳巷小区试点改造工程，就是沿着这条思路探索而来的。1994年，作为古城主骨架和大动脉的干将路拓宽改造工程竣工，通过它，现代城市所必备的基本设施从城市中心地带向两侧辐射，为街坊的改造提供了先决条件。现已改造完毕的街坊，还是“前店后坊，枕河人家”的传统民居格局，还是“粉墙黛瓦，小桥流水”的水乡建筑风格，消失掉的是淤塞经年的水浜，也不见了马桶、浴桶、吊桶和煤球炉。这是老苏州，还是新苏州？这是现代苏州！

作为古城伸延和扩张出去的两翼，园区和新区，一者依水取景，一者靠山得势，青山软水相映生辉，构成了一幅现代苏州平江图。

苏州躲不开乡镇。余秋雨先生说：如果把它们全都躲开了，那就是躲开了一种再亲昵不过的人文文化，躲开了一种把自然与人情搭建得无比巧妙的生态环境，躲开了无数中国文人心底的思念和企盼。岂止是中国文人！居住在现代化城市中的人们思念和企盼她；居住在偏僻乡村的农人也思念和企盼她。这是时代的企盼，未来的企盼。江南小镇，乍看起来，都是古色古香，细加品味，却各具特色。拥有900年历史的昆山周庄本来也想引进项目，大力发展乡镇工业，同济大学的学者们建议开发旅游业。著名画家陈逸飞以周庄为题材的作品在美国展出，轰动了媒体，周庄从宁静的渔村变成了旅游大镇。实际上，10多年前，上海等地的报纸上就有连篇累牍的对周庄的介绍。“深闺”中的周庄一旦为人所识，厚重的文化便转化成了可观的经济效益。在苏州西郊，随着太湖大桥的建成通车，花果从西山源源运出，游人向“桃源”岛镇源源涌进，原来的孤岛与光福、木渎、胥口、东山连成一片，形成了一个颇具整体效应的度假观光区。

苏州古城鸟瞰

苏州的文化太厚重，踩在脚下的都是历史。今天正在开发中的工业园区，斜塘街道有元末吴王张士诚墓，娄门外官渎里有干将墓，娄江有双桥，金鸡湖有李公堤……人们呼吁善待这些名胜。大运河的苏州河段，文物古迹近 20 多处，著名的寒山寺、宝带桥、吴门桥、横塘古驿站、新郭越城遗址，都在沿线。在大运河的整治过程中，为了保护宝带桥的安全，河道北移了近百米，另开一条 100 米长的新河；为了防止越城城垣和墩基的泥土流失，河道又北移 350 米；拓宽到横塘段时，将清代三孔彩云桥“整旧如旧”，实行移建，使其由东西走向横跨运河变成南北走向横跨胥江，风貌依旧。

古城区简直是历史博物馆，还没有埋入地下、获得“文化层”意义的历史就十分可观。在一般苏州人都没听说过的马大箓巷，太平天国时期的军械所在这里，辛亥革命时期“洗程会”骨干蒯际唐的老宅也在这里！干将路改造工程中所牵动的古宅、古井、古桥、古树、古楼实在太多，动工之前，市文管会和干将路工程指挥部的有关人员对工程区段逐个走访，逐个登记、摄影、录像、收藏，最大程度地把它们保留了下来。与其说他们在保存文物，毋宁说是在保留苏州。

顾颉刚先生一再指出过的苏州人安土重迁的文化心态，在乡村更为明显。但是，毕竟是安土重迁，也是安居乐业，而不是流离失所，人们没有过分指责的理由！倒是另外两种情况让人忧虑。20 世纪 30 年代之后，随着乡村经济的破产，一部分无以为生的苏州农民抛弃了“安土重迁”的习惯，“轻迁离土”了，到上海去做保姆，拉东洋车，进工厂。上海人满为患，有些人流落街头，有些人狼狈返里。令人庆幸的是，加入这支队伍的苏州农民还在少数。

更严重的是地方人才的流失。费孝通先生在《乡土重建》中指出：在我们传统的乡土文化中，人才是分散在地方上的。中国落叶归根的传统为我们的乡土社会保持着地方人才。这些人物即使跃登龙门，也并不忘本；不但不损蚀本乡的元力，送往外洋，而且把对于根源的保卫和培养时常看成一种责任。因之，常有一地有了一个成名的人物，所谓开了风气，接着会在相当的时期中人才辈出。这种人才的循环作育，蔚为大观。人才不脱离草根，不仅使中国文化能深入地方，也使人才的来源充沛浩阔。可是近代中国乡村社会不断地被损蚀和冲刷，以前保留在地方上的人才被吸走了；原来应当回到地方上去发挥领导作用的人，离乡背井，不回来了。一期又一期的损蚀冲洗，腐化了中国社会的基层乡土。

苏州乡村也经过了同样的损蚀，但留下来的地方领袖在那里发挥了巨大的作用。叶圣陶、柳亚子、陈去病和金松岑等人的活动已经说明了这一点。

如今的乡村子弟又回来了。据说，在教育发达的常熟，20 世纪 90 年代末输送出去的大学生每年数以千计，他们普遍要求回乡工作。在现代信息日益通畅的时代，高层次人才在乡村有了更多的用武之地。

苏州的生活环境也曾散发着“乡土气息”。苏州由密如蛛网的河道构架而成，河道被污染的记载一定远远早于叶圣陶在 20 世纪 30 年代初的一段描画：城里的河道非常脏，有人家倾弃的垃圾，有染坊里放出来的颜色水，淘米净菜洗衣服刷马桶又都在河旁边干，使河水颜色和气味变得没有适当的字眼可以形容。这种令人作呕的环境之形成，不只在于技术力量的落后，更在于人们麻木不仁的环境意识：“这些，在姑奶奶老太太等人是不管的。只要小天地里舒服，以外尽不妨马虎，而且习惯成自然，那就连抬起手来按住鼻子的力气也不用花。”

80 多年过去了，在迈向现代化的过程中，政府部门出台了环境保护规划，已经实施了包括疏浚河道、污水截流和处理、引水冲污、河道管理、垃圾分类处理等一系列整治工程，除此之外，生活在小桥流水之间的苏州城镇人该做些什么呢？

主要参考文献

包天笑：《钏影楼回忆录》，中国大百科全书出版社 2009 年。

陈映芳：《资金流向与苏州绝纱厂的兴衰》，苏州大学硕士学位论文，1987 年。

陈醉云：《姑苏散曲》，《东方杂志》1933 年第 30 卷第 8 号。

董蔡时：《太平天国在苏州》，江苏人民出版社 1981 年。

段本洛、张圻福：《苏州手工业史》，江苏古籍出版社 1986 年。

段本洛：《历史上苏南多层次的工业结构》，《历史研究》1988 年第 5 期。

樊泱：《日军在洋泾角村大屠杀暴行调查记》，《苏州史志资料选辑》第 1 辑，1984 年。

范伯群：《礼拜六的蝴蝶梦》，人民文学出版社 1989 年。

顾颉刚：《苏州的历史与文化》；《苏州史志资料选辑》第 2 辑，1989 年。

顾颉刚著，王煦华整理：《玉渊潭忆往》；《苏州史志资料选辑》第 2 辑，1984 年。

胡觉民：《抗战时期苏州见闻》；《苏州文史资料选辑》第 14 辑，

1985 年。

潘家驹：《抗战时期的苏州“自治会”》，《苏州文史资料》第 1–5合辑，1990 年。

吴和士：《辛亥革命苏州光复小记》，《苏州文史资料》第 1–5 合辑，1990 年。

金云良：《张一麐先生轶事》，《吴县文史资料》第 4 辑，1987 年。

蒯大禄：《追忆先父际唐、先叔左同在辛亥革命光复苏州中》，(苏州)《文史资料选辑》第 7 辑，1981 年。

孙筹成：《辛亥革命回忆》，（苏州）《文史资料选辑》第 2 辑，1964 年。

刘莹：《先父刘运龙小传》，（苏州）《文史资料选辑》第 7 辑，1981 年。

来新夏编著：《林则徐年谱》，上海人民出版社 1981 年。

列宁：《俄国资本主义的发展》，《列宁全集》第 3 卷，人民出版社 1984 年。

刘飞：《阳澄湖畔》，《雨花》1961 年第 7 期。

柳亚子：《南社纪略》，上海人民出版社 1983 年。

柳亚子文集编辑委员会主编，柳无忌、柳无非编：《柳亚子文集 自传·年谱·日记》，上海人民出版社 1986 年。

陆允昌编：《苏州洋关史料 1896—1945》，南京大学出版社 1991 年。

毛羽满：《记苏垣爱国耆绅张仲仁先生》（上），《苏州文史资料选辑》第 10 辑，1983 年。

毛羽满：《记苏垣爱国耆绅张仲仁先生》（下），《苏州文史资料选辑》第 11 辑，1983 年。

朱公亮：《“救国会”案在苏州审判经过的回忆》；《江苏文史资料集萃　政治卷》，1995 年。

浦亮元、徐鹤亭：《苏纶纱厂的回顾》，《苏州文史资料选辑》第 9 辑，1987 年。

任传济：《陈去病与家乡之新剧活动》，《吴江文史资料》第 4 辑，1985 年。

商金林编：《叶圣陶年谱》，江苏教育出版社 1986 年。

沈叔羊：《爱国老人沈钧儒》，浙江人民出版社 1981 年。

王稼句选编：《吴门柳——名人笔下的老苏州》，北京出版社 2001 年。

王卫平：《俞樾与中日文化交流》，《浙江学刊》1992 年第 3 期。

王宗拭编：《我说苏州》，古吴轩出版社 1997 年。

文牧：《〈芦荡火种〉创作札记》，《吴县党史资料》第 2 辑，1990 年。

徐云：《苏州日租界述略》，《苏州大学学报（哲学社会科学版）》1995 年第 3 期。

严迪昌：《吴文化雅而清、俗而通》，《人民论坛》2000 年第 4 期。

杨天石、王学庄编著：《南社史长编》，中国人民大学出版社 1995 年。

叶至善、叶至美、叶至诚编：《叶圣陶集》第五卷，江苏教育出版社 1988 年。

张潜九：《吴县焦山石宕访问记》，《东方杂志》1935 年第 32 卷第 16 号。

中共苏州市委统战部等：《七君子在苏州狱中》（内部资料），1986 年。

周天度：《七君子传》，中国社会科学出版社 1989 年。

后记一

苏州史纪，顾名思义，是对苏州社会进行历史的考察。《苏州史纪（近现代）》基本上限于近代（1840—1949 年），从历史传承与现代发展的关系角度，延及当代。根据我们的理解，史纪不是一般的通史，不能面面俱到、泛泛而论，而应该选择能够说明苏州社会特征的典型史实，加以述论。这样的选择，实在是一件见仁见智的事情。我们展示的子目，自认为是具有典型性的，但极可能的情况是，还有一些重要的史实，应当却没有进入我们的视野。之所以会如此，不外乎：眼光限制，篇幅限制，内容限制，或者还有别的。眼光就这么个眼光，那是没有办法的；一本小册子的容量是可以想见的，我们宁愿少说几个问题，却想把想说的问题说清楚；一些内容比较庞杂的人和事，难以缀为一个专题的，只好忍痛割爱了，尽管有些问题，从某种角度来说，还是有相当分量的，比如“五四运动在苏州”“五卅运动在苏州”“共产党人在乐益女中的活动”“中共苏州支部的建立”等。诸如此类的内容，有些尽可能在其他的专题里进行了适当的侧面讨论，或者作为论述的背景。好在这些内容，前人论述已经很多，想必我也说不出什么新东西。对于像“杨荫榆苏州殉难”一类的题目，最初觉得有点意思，甚至连初稿也写好了，一放到整个框架里，又显得它不是一个层次的问题，只能舍弃了。

史纪不是史话，更非随笔。史实不是作者的“反刍物”，更不做无根据的信口开河、空泛议论。材料必有所自，只有这样，我们才感到踏实。议论不是就事论事，而是力求与本书的整体框架和思想旨趣相关合。唯其如此，才能凸现苏州社会的特质，个别的人物和事件的发生才能找到合理的解释，历史传承与现代发展之间的关系才会显得那样紧密。这样做，也许会散发出浓重的学院气息。为了松弛绷紧了的历史面孔，除了在行文上“轻松”一些外，引文的注释，也跟正统的学术著作有所区别。偶或涉及的论著随文说明；重要的参考资料，于书末列出参考文献目录，不敢掠美；有些容易引起误会的部分，文中和书末一并列出。关于注释，不能说毫无疏漏，但我是诚恳的。如果说有什么思想的话，都是从这些思想材料出发的；有些思想就是别人思想的引用。在此，对原作者表示感谢。

作　者

1999 年 3 月 23 日于苏州

后记二

著书立说是文人的存在方式，《苏州史纪（近现代）》意在与读者分享我关注近现代苏州后的孔见，而立说之作，其实有两类，至少根据我的撰述经验是这样。一类是，确定一个写作对象，事先列好提纲和框架，按部就班地写，在一个相对集中的时段里完成，不妨称为“编著”；另一类，按照一个主题，先进行专题研究，写出论文，然后整合专题，自洽逻辑，勒为一书，是为“专著”。《苏州史纪（近现代）》属于前者，相类的，我还写过《吴地庙会》（南京大学出版社1994年）、《胡适传》（与季进合作，团结出版社1999年）、《南浔：通津桥外贩船多》（与汪建红合作，中国林业出版社2007年）等；后者，我写过《在神圣与凡俗之间：江南庙会论考》（人民出版社2002年）、《风土与时运：江南乡民的日常世界》（中国社会科学出版社2020年）等。与“专著”相比，“编著”面向社会一般公众，涉及的问题大众些，推演过程简单些，引用材料通俗些，文字表达活泼些，总之，希望普及性强一些，读的人多一些。

25年前，《苏州史纪（近现代）》初版时，笔者就是按照以上要求撰写的，效果如何，没有统计分析，但此书后来一印再印，在一定程度上说明，这样的定位是合适的。此次修订，仍然坚持了这样的定位。修订的方面大体包括：（1）改正错误，如原书将日本与汪伪政权“交收”苏州日租界的时间误植为“1934 年”，事实上是“1943 年”；极少数错漏别字的校改。（2）删除了相当多的注释，这些注释，或者在行文中表出来源，或者在书末参考文献中统一列出；删除了一些觉得冗余的引文。（3）改变了术语表达，如“封建”一词，基本上以“专制”或“传统”进行替代，个别地方直接删除。（4）增加了一些段落。最明显的部分是，在第八章（市井生活）增加了“烟火吴门人家”一节，基本考虑是：与其他各章相比，此章显得单薄一些，因此，在“茶馆”“庙会”两节之外，加强了对于日常家庭生活的叙述。这样，增减相抵，保持了修订本在篇幅上与原书基本相当。

小　田

2024 年 8 月 28 日于苏州